上海市文物保护研究中心

水下考古译丛

# 水下沉船遗址形成过程

## Site Formation Processes of Submerged Shipwrecks

【美】马修·E.基思 编

赵荦 译

**内容提要**

本书聚焦水下沉船遗址的形成过程分析和研究，主要分为三部分：第一部分介绍影响沉船遗址形成的自然因素，包括地质地貌、沉积环境、水流冲刷、海洋腐蚀和有机物降解等；第二部分介绍影响沉船遗址形成的文化因素，譬如海洋能源开发、捕鱼、海洋保险与打捞等；第三部分简单说明了沉船遗址形成研究在遗产管理和研究方面的应用，特别是有助于遗产管理机构制定水下遗产管理策略方面。本书可供水下考古、沉船考古专业学者参考，对水下沉船感兴趣的读者也可翻阅了解相关内容。



**图书在版编目(CIP)数据**

水下沉船遗址形成过程/(美)马修·E. 基思(Matthew E. Keith)编；赵荦译. —上海：上海交通大学出版社，2022. 7
(水下考古译丛)
Site Formation Processes of Submerged Shipwrecks
ISBN 978－7－313－25601－0

Ⅰ. ①水… Ⅱ. ①马…②赵… Ⅲ. ①沉船—考古—研究 Ⅳ. ①K85

中国版本图书馆 CIP 数据核字(2022)第 018711 号

**水下沉船遗址形成过程**
**SHUIXIA CHENCHUAN YIZHI XINGCHENG GUOCHENG**

编　　著：[美]马修·E. 基思(Matthew E. Keith)　　译　　者：赵　荦
出版发行：上海交通大学出版社　　地　　址：上海市番禺路 951 号
邮政编码：200030　　电　　话：021－64071208
印　　制：苏州市越洋印刷有限公司　　经　　销：全国新华书店
开　　本：710mm×1000mm　1/16　　印　　张：19.5
字　　数：260 千字
版　　次：2022 年 7 月第 1 版　　印　　次：2022 年 7 月第 1 次印刷
书　　号：ISBN 978－7－313－25601－0
定　　价：158.00 元

# 水下考古译丛
# 编委会

# 总　序

国际水下考古的历史可以追溯至 1535 年意大利内米湖罗马沉船调查，弗朗·西斯科·德·马其用简陋的设备潜入水中并发现了沉船，确认了部分铺砖甲板和锚。随着潜水设备的发展，特别是 1943 年自携式水下呼吸装置（self-contained underwater breathing apparatus，SCUBA）的发明，考古学家能够较长时间地潜入水下进行调查和发掘。1960 年，美国考古学家乔治·巴斯在土耳其格里多亚角海域拜占庭时期沉船遗址的考古工作中，开创性地在水下实践了考古学方法，成为水下考古发展史上的又一个里程碑。此后，法、英、美等西方国家的考古学家又在多个海域开展水下考古工作，不断发展和完善水下考古的技术与方法。

伴随着水下考古实践的开展，各类水下文化遗产被发现和认识，其中数量最多的是沉船遗址，如著名的历史沉船瑞典瓦萨号、英国玛丽·罗斯号、韩国新安沉船、印尼黑石号沉船等。与此同时，水下考古实践的对象也不断在时间和空间上进一步拓展，如美国在阿留申群岛、珍珠港海域对两次世界大战期间沉入海中的战舰和飞行器的水下考古调查；英、法两国海军也与水下考古学家合作，对第二次世界大战期间海外沉没战舰进行了水下考古和发掘。不仅如此，美国还对内河和水库中的水下文物进行了抢救性水下考古，于 20 世纪 40 至 70 年代对其境内主要河流和 28 个州的 213 个库区进行了调查，记录了约 2 350 处考古遗址，发掘了 30 余处遗址。

水下考古不仅是考古调查与发掘，船舶的移动性还延伸出了以水下文物所有权为代表的法律性问题，譬如1985年，沉没于北大西洋近4 000米深海底的泰坦尼克号沉船的打捞权被独家授予普利尔展览旗下的皇家邮轮泰坦尼克号公司子公司，超过5 000件包括瓷器、银质餐具和船体构件的实物资料被打捞出水，引发了船只和飞行器等水下文化遗产所有权等法律问题。

水下考古还伴随着对出水文物的保护和展示的思考。各类文物在长期的水下埋藏过程中，不断与海水产生化学、物理和生物的交互作用；在发掘出水以后，又面临着严峻的脱盐、脱水和防腐等需要解决的问题。出水文物保护是水下考古工作中不可或缺的重要组成部分。无论是水下沉船还是人工制品，在完成保护修复以后，最常见的展示方式是在博物馆中将沉船遗骸、机械装置或船载文物呈现给公众。但是，水下文化遗产的展示方式也必须是多样性的：以第二次世界大战期间沉没于珍珠港的亚利桑那号沉船为代表，美国在沉船遗址原址上建立了纪念馆，以此来缅怀在战争中丧生的军民；还有一些国家和地区采用水下考古径和沉船潜水等方式向公众展示水下文化遗产。

我国的水下考古事业始于1987年，30余年来取得了非凡的成绩。广东南海Ⅰ号沉船、辽宁绥中三道岗元代沉船、广东南澳Ⅰ号沉船、海南西沙华光礁Ⅰ号沉船、宁波象山小白礁Ⅰ号沉船、辽宁丹东致远舰、重庆白鹤梁水下题刻遗址等水下文化遗产的发现、研究和展示，丰富了我国海江的历史文化内涵，扩展了古代文明的尺度。近年来，随着“一带一路”倡议和“海洋强国”战略的深入实施，国家对水下文化遗产保护、水下考古事业的支持力度逐年加大，水下文化遗产保护事业已经成为文博事业发展的新增长点和亮点。

近些年，上海积极开展水下考古调查、水下考古科技创新和摸清水下文化遗产家底工作，在长江口海域已经确认了长江口一号和二号两艘具有重要历史价值的沉船，为海上丝绸之路和长江黄金水道研究提供了全新的实物证据；智能化水下考古科技创新取得新进展，成功申请了发明专利，并获得了上海市技术发明奖；

根据历史海图和文献资料，梳理出上海长江口和杭州湾水域近200处水下遗迹点，建立水下文化遗产地理信息系统。上海一跃成为我国水下文化遗产较为丰富的省市之一，这对我们水下考古实践和研究都提出了更高的要求。

深海、沿海、内水和水库内淹没水下遗迹的调查和研究，近现代沉没的船只和飞行器，水下考古遗迹遗物的保护和展示，都是值得讨论和研究的话题，国外有着丰富的案例和著述。"水下考古译丛"便是对国外水下考古工作和研究的"局部呈现"。我们已经实施了囊括国际水下文化遗产法律法规、国际水下考古和海洋考古概况、水下文化遗产保护和管理、出水文物保护、古代造船技术等领域多部著作的翻译出版计划。希望借此迈出"请进来、走出去"的步伐，把国外同行的研究和工作展现出来，一是实现国内外同行的交流，为下一步我国水下考古全面走向世界略尽绵薄之力，二是希望国内水下考古从发现研究中加入阐释展示和利用的因素，从传统的历史考古研究，扩充至社会、文化和经济的共同发展，提升学科的价值。

丛书编委会

2018年12月

# 目　录

引言　沉船遗址形成过程 …………………………………… 1

**第一部分　自然过程** …………………………………… 11

第一章　沿海和内陆的地质地貌演变过程 ………………… 13
第二章　海洋环境的沉积和遗址形成 ……………………… 35
第三章　海洋环境中非黏性沉积物的冲刷 ………………… 57
第四章　腐蚀产物和遗址形成过程 ………………………… 73
第五章　木材的降解 ………………………………………… 93

**第二部分　文化过程** …………………………………… 107

第六章　人为因素对近海环境下考古学发展导向的影响 … 109
第七章　拖网对沉船影响的量化分析 …………………… 128
第八章　文化遗址形成过程对沉船和航运事故遗址的影响 …………………………………………………… 145

**第三部分　遗址形成和遗产管理** ………………………… 169

第九章　英格兰遗产委员会与沉船遗址形成过程 ………… 171
第十章　墨西哥湾深海二战沉船的声学定位与遗址形成 … 191
第十一章　U－166和罗伯特·李战场：遗址分布方程…… 203
第十二章　结语 ………………………………………… 212

参考文献 ………………………………………………… 216
索引 ……………………………………………………… 292
译后记 …………………………………………………… 298

# 引言　沉船遗址形成过程

伊恩·奥克斯利[①]、马修·E.基思[②]

数千年来，人们一直对沉船充满无限遐想，随着过去半个世纪海洋考古学的不断发展，通过系统研究水下沉船遗址，我们开始了解更多的过去。与其他所有研究领域一样，技术、工具和方法日益成熟，我们的知识库也在持续累积扩展。尽管从一开始，人们就把沉船遗址的形成过程看作是海洋考古学领域的重要问题（Dumas，1962；Frost，1962；Throckmorton，1965；Nesteroff，1972），但是沉船遗址形成研究的发展却相对缓慢（Bass，1980；Gibbins，1990；Murphy，1997；Stewart，1999）。

沉船遗址的形成包括一系列大量的间断或持续的事件和过程，这些事件和过程会在既定的时间点对沉船遗址的状态造成影响。水下遗址的形成始于最初的淤积事件，并根据自然环境和后续人类活动的影响逐渐演变。这些过程先受到沉积（如船体下沉、船体破裂）和沉积环境（如水深、海底组分）的影响，然后受波浪、风暴、生物扰动作用、压力、盐度、温度、化学反应和人类活动等后作用的影响。全

---

① 伊恩·奥克斯利（Ian Oxley）的职业生涯始于1980年，当时他是玛丽·罗斯基金会的一名考古潜水员，后来成为考古学家。之后，他加入了英国政府设在圣安德鲁斯大学的考古潜水部，担任副主任。在此期间，他在（现）东伦敦大学（University of East London）获得了考古学学士学位，并在圣安德鲁斯大学获得了理学硕士学位。在转到苏格兰历史古迹监察局后，他于2002年加入英格兰遗产委员会，成立并管理海洋考古组。现在，他是英格兰历史建筑和古迹委员会海洋历史环境情报分析的负责人，负责预测长期问题、评估对海洋历史环境的威胁和影响，并提供可行且经济的应对措施。

② 马修·E.基思（Matthew E. Keith）是Tesla Offshore公司副总裁兼地球科学经理，佛罗里达州立大学硕士。他的专长是水下考古资源和遗址特征遥感数据分析和墨西哥湾历史沉船及史前水下考古景观的遗址形成过程研究。

面透彻地了解遗址形成过程，可以最大限度地提高考古解释的有效性。对遗址形成过程进行深入研究，能使考古学家可以更好地理解遗址的环境背景，遗产管理者能更好地保存和保护考古遗址，文保人员能采取更合适的方法维持文物和遗址组分的稳定（包括在考古现场和实验室中）。

## （一）海洋考古学中遗址形成理论的发展

沉船考古的田野实践和理论研究之间的关系，主要表现为其发展与接受之间的滞后性，以及理论概念与主流沉船考古实践的整合。多年来，沉船遗址调查报告很少涉及遗址形成。而那些讨论这一问题的文章往往并不关注理论，对具体的遗址形成的研究更是少之又少。当然，其原因之一是大多数海洋考古遗址报告仍是中期成果，世界范围内也很少有关于海洋沉船遗址的全面报告[参看雷德贝湾(Red Bay)沉船、玛丽·罗斯号沉船]。近年来，有学者呼吁建立一种包括以综合性的遗址形成理论为基础的统一的海洋考古学方法和理论（Gibbins，1990；Stewart，1999；Martin，2011），但情况并不乐观。

1. 早期

沉船考古学是从过去人们不加区分地收集文物、打捞珍宝、破坏遗址等活动中慢慢建立起来的。最早的沉船遗址考古调查表明，海洋生物对岩石底物的破坏作用明显比无菌的沙质环境更严重（Nesteroff，1972）。弗罗斯特（Frost，1962）和杜马（Dumas，1962）最早对遗址形成进行了研究，提出了古典时期船舶沉没和失事的一般模型，即所谓的“古墓遗址”（tumulus sites）（指覆盖在遗址上的压舱石）；而同时期的思罗克莫顿（Throckmorton，1965）通过对希腊西南部迈索内(Methone)一系列有年代和文献记载的遗址的研究，发展出了实证模型。

2. 20世纪70年代

20世纪70年代，人们为了寻找适于在海底埋藏核废料的材料，意外推动了深海环境形成过程的研究（Tylecote，1977）。这一时期，转换（transform）概念被引入了陆地考古学。希弗(Schiffer)和拉思杰(Rathje)于 1973 年提出一个前提,即要将过去与现在联系起来,就需要发展和应用下述两个领域的考古学理论,对考古记录进行研究: N 转换(文化沉积组合与它们所处的特定环境条件之间通过时间相互作用)和 C 转换(考古材料的空间属性、数量属性和关联属性,是产生考古材料的文化系统的功能)。70 年代后期,这些概念进一步被应用于沉船考古学。克劳森和阿诺德(Clausen and Arnold, 1976)发现在大型沉积物上部 2/3 处附着有底栖生物群落的遗存,证明该地区沉积物深度在沉积期间发生过波动: 过去至少有过一次砾岩大面积或完全地长时间暴露在环境中,足以使这些生物体繁衍生息。巴斯科姆(Bascom, 1976)为了优化调查策略,把重点集中在地中海和黑海的海洋环境中,并将此作为保存介质。

基思·马克尔瑞(Keith Muckelroy)试图把这些概念整合成一个全面而系统的方法来研究水下遗址的沉积过程。马克尔瑞(Muckelroy, 1977)认为,船只作为一个功能实体存在直到考古学家发现了沉船残骸,在此期间这艘船所发生的事情是沉船事件考古学的基本概念,为此他开发了解决这些问题的模型。随后,在进一步的改进中(Muckelroy, 1978),他将沉船的演变过程绘制为包含五个子系统的流程图: 沉船过程,打捞作业,易腐物的解体,海床运动,发掘方法的特点。在系统内的是船舶本身和随后沉积在遗址内的任何物品;从系统中流失的是漂走、打捞或分解掉的物品。在这个系统中,海床运动、易腐物的解体和打捞作业这几个子系统之间存在正反馈,也就是说,打捞作业会扰乱海床,物品则由于相对平衡状态被破坏而劣化。马克尔瑞将这些机制分为两类: 置乱过程(scrambling processes)和提取筛选过程。置乱过程是扰乱遗址环境的过程,致使其考古学背景很难被解析,而提取筛选是从沉船中移除人工制品或物品的过程。置乱过程始于沉船失事,包括如海浪、洋流、海床运动和生物扰动等后沉积过程(Muckelroy, 1978; Stewart, 1999: 567)。

马克尔瑞提出了一套基于环境模型的遗址分类系统,该系统对物理属性(例如地形、沉积颗粒的大小、坡度、海平面和风区）进行排列，并根据考古记录的完整性对结果进行了解释。他承认自然形成过程（即化学和生物过程）的作用，并指出这种解释必须建立在有关物体组分、海床沉积物的化学性质、区域内海水的质量以及其他化学和生物因素的变化基础之上。

3．20世纪80年代

20世纪80年代，人们重新燃起了对考古学的“可知性”（即“如何知道我们都知道些什么?”）的兴趣。与此同时，大多数西方国家也迫切地需要考古学家参与政府规划和文化资源管理。对考古遗址的影响研究（Wildesen，1982）、将遗址形成作为预测建模和调查的辅助手段以及管理考古学的一般概念也越来越受到重视。

帕克（Parker，1981）提倡采用一种更有弹性的方法，认为即便是“古墓”遗址也可能受到污染。然而，杂乱无章的船舶墓地遗址也是有价值的，通过详细记录和严谨分析的个别沉船事件同样有价值，哪怕这些残骸由于非法发掘而散落、混杂且损毁。此外，人们对遗址形成、材料保存和遗址评估之间的过程和相互关系的认识也在不断提高（MacLeod and Killingley，1982）。

大约在同一时期，墨菲（Murphy，1983）指出，早就应该把多学科方法应用于沉船研究，人们关于环境对沉船的影响以及沉船对环境的影响知之甚少。

希弗（Schiffer，1987）在他的经典著作《考古记录的形成过程》（*Formation Processes of the Archaeological Record*）中指出，沉船遗存物的劣化可能是由特定的过程引起的，而不一定是简单的时间推移造成的，所以同一时间形成的沉积物，受不同形成过程影响，其保存程度也不相同。因此，从严重劣化的沉积物中也可以得到有用的信息，并且一些考古学关注的问题（如生态因素）可以通过环境机制加以补充。

20世纪80年代初，加拿大特伦斯湾（Terence Bay）遗址的研究工作就把观察沉船遗址周边生物物理环境作为收集非人为因素数据的一部分。这项评估有三个要素：沉船内的沉积物、周围的水深测量和存在的生物物种。收集的信息有助于重现沉船事件和遗址的后续发展过程（Kenchington et al.，1989），并提供了捕鱼对历史上鳕鱼种群影响的跨学科观点（Kenchington and Kenchington，1993）。

## （二）20 世纪 90 年代及以后遗产管理的兴起

在文化遗产管理结构相对成熟的国家，一些组织开始反复强调沉船遗址形成研究的重要性，这些组织通常与中央政府有关。这种对个体遗址和水下资源的管理日益重视，至少在一定程度上促成了 1990 年对遗址形成过程研究的进一步重视。诸如美国国家公园管理局水下文化资源处（Lenihan and Murphy，1981）、英国考古潜水处（Oxley，1992）、英国文化遗产机构和澳大利亚国家海洋考古学家等都纷纷开始介入。这些专门机构必须对考古资源库非常地敏锐，因为它面临着日益增加的经济开发和渔业活动的威胁。并且，有效的管理依赖于高质量的信息，管理人员需要寻找到机会能更好理解和管理资源，其中包括了加强对遗址形成的研究。

弗罗斯特（Frost，1962）指出，在遗址调查过程中，了解遗址形成的一般原则很明显可以帮助我们在早期阶段评估遗址可能的保存状况，从而有助于评估与调查所需资源相比能获得多少考古数据。这种成本效益分析在沉船遗产管理考古学中变得越来越重要，然而至今在很多情况下，对遗址形成过程理论的关注仍相对较少，这一点尤其令人不解，因为目前的趋势是就地管理、预测性调查以及对考古区域做综合考虑而不是只针对个别遗址，所有研究领域都可以从遗址形成研究中获益。

### 1. 沉船遗址环境调查的方法

正如马克尔瑞所提议的那样，与其把关注重点放在整个遗址的特征上，还不如通过尝试了解当前正在进行的具体过程来预测沉船残骸的保存和/或恶化情况（Gregory，1996）。通过测定材料的劣化程度、监测在自然海洋环境中使用的各种化学和生物参数，进而可以确定这些过程中哪些对水下考古记录形成起到重要作用，哪些会影响今后的遗址现场管理。

在一些沉船调查和发掘后的分析中可以看到，这项工作促进了一种趋势的形成，即越来越小的证据类型开始受到重视。在保护科学的引领下，人们愈来愈注重细节，从文物与埋藏环境间的特定的生物带和交界面（Florian，1987），到水下考古沉积物形成时扮演着重要角色的微生物群（Guthrie et al.，1995）。这种趋势显然是受到具有特定学科专业知识的考古学家的影响，他们提倡使用海洋科学所认同和接受的分析方法（Ferrari，1994；Gregory，1996）。

2. 作用

关于自然和文化作用还有很多需要了解的内容，包括从过程（process）产生的作用类型，每种作用类型的特征——程度、持续时间、范围和时空分布，以及由对考古记录作用造成的曲解程度。费拉里（Ferrari，1994）关注影响水下遗址的各种各样的作用。他认为，随着时间推移人们对数据数量和质量会不断减少，降低最初的假设，已被可以通过检测过程发生的模式以及相应地完善考古解释的主张所取代。

3. 遗址劣化模型

通过模拟遗址劣化，我们能了解自然劣化的真实影响及其相关的作用。遗址劣化模型的量化研究探索了在整个遗址尺度上来描述这些过程的创新方法。

马修森（Mathewson，1989）根据森林演替模型提出了考古遗址劣化的概念，不过森林是可再生的，而考古遗址则不是。考古模型显示了一个遗址的某一特定组成部分的劣化率是一致的，外部作用可以加快或减缓这一速度。劣化模型复杂化的因素包括遗址组分、物理、化学和生物的多样性。尽管承认建立一个通用的、定量的遗址劣化模型所需的工作过于复杂且从经济角度看不现实，但作者声称建议开发一个符合逻辑的、可以定性的劣化模型确是一个合理的提议，该模型与遗址环境中的变化对遗址每个组成部分和空间关系的影响相关。

沃德等(Ward et al., 1998)提供了另一种可替代的方法。他们指出,现有的沉船解体模型大多基于沉船在不同解体阶段的形态以及对影响沉船形成因素的一般性认识。并且,在这之前,不同阶段影响沉船解体的环境过程还没有被用来作为遗址形成模式的基础。由此,他们利用沉船沉积史对沉积物的生物衰变、化学腐蚀以及沉船本身演化等过程的影响,提出了一种基于过程的沉船演化模型。

作为美国国家公园管理局长期管理战略的一部分,科学家们为分析和模拟美国亚利桑那号战列舰遗址进行了广泛的研究。美国国家标准与技术研究院(National Institute of Standards and Technology, NIST)用这些数据进行有限元分析,以确定船体结构的完整性,并建模分析船体可能完全坍塌的时间(Foecke et al., 2009)。

通过开发和拓展劣化模型,考古学家和文保人员能更好地了解遗址是如何发展的,同时遗产管理者能获得必要的数据来妥善管理沉船遗址。

4. 就地管理

人们开始认识到就地管理(或不太准确地称为"就地保护")是水下遗产管理的重要组成部分,因为它能使一些考古遗址或其中的部分得以保护,免受劣化过程的影响(Oxley, 2001)。就地管理还是一种替代紧急发掘和打捞文物的可行方案。就地管理所采用的方法从使用相对简单的沙袋到土工布,再到能够改变渔船拖网方向的精良设计的结构件。

这些项目早期缺乏可用数据提供适当的指导,所采用的对策往往由突发事件推动,作为短期的权宜之计加以实施,通常缺乏后续的深入研究和长期解决方案。保护一种考古材料或背景的环境不一定适用于另一种考古材料或背景。此外,很明显,即便是诸如沙袋这样简单的加固方案,它的实际效果也并没有被充分了解。

除了早年一些在就地管理方面不太成功的尝试外,加拿大公园管理局对雷德贝湾沉船木材在全部发掘和全面记录并进行充分研究后,采用了刻意重新填埋的方法(Waddell, 1994),还有瑞典马斯特兰德(Marstrand)实施的考古遗存的回填和分析项目(Gregory，2007；Richards et al.，2012)。在加拿大的案例中，回填坑(包括3000多件木材)的建造包括了用来定期收集填隙海水和代表性木材样本分析的设施。在未来几年，这项工作将继续提供有关回填方案的效果和海水中考古材料反应的重要数据。回填方案通常是建立在模拟原生埋藏环境的基础上的，这项工作将为评估、复制和监测该环境的所有必要阶段提供信息。目前，正在进行的项目和研究都遵循着这些收集数据和扩展遗址形成知识的策略，进而提高保护水下沉船遗址的能力。

海洋考古领域的研究人员早已认识到遗址形成的重要性，但是他们既没有采用系统的理论，也没有用广泛的实践来加以整合。这一定程度上是由于研究人员有各自的研究兴趣，但更多情况下是由于缺乏资金、时间有限，也缺乏开展此类工作所需的专家。

### (三) 迈步向前：当今的遗址形成研究

在过去的25年里，人们越来越重视水下资源管理，同时也越来越重视遗址的就地保护，这使得遗址形成研究成为现代考古学的一个中心焦点。

本书将不同背景的研究人员聚集在一起，共同致力于提高我们对影响沉船的遗址形成过程的理解。他们在本书中介绍了各自论题的基本原理及其研究成果，强调了一些可能被证明有助于理解遗址如何形成及保护的新方法。本书分为三大部分，涉及遗址形成的具体方面：自然过程、文化过程，以及遗址形成数据在遗产管理中的应用。

第一部分各章节集中论述影响水下沉船遗址的自然过程。本·福特(Ben Ford，宾夕法尼亚州印第安纳大学人类学系)、嘉莉·索登(Carrie Sowden，五大湖区历史协会)、凯瑟琳·法恩斯沃思(Katherine Farnsworth，宾夕法尼亚州印第安纳大学地质学系)和M.斯科特·哈里斯(M. Scott Harris，查尔斯顿学院地质学系)讨论了沿海和内陆环境中地质和地貌环境对沉船遗址的影响，以及这些过程是如何作用于沉船遗址的。他们特地列举了得克萨斯州与俄克拉何马州边界的红河沉船事件，以及他们目前正在安大略湖黑河地区进行的研究来强调他们的观点。马修·E. 基思（Matthew E. Keith）和阿曼达·M. 埃文斯［Amanda M. Evans，特斯拉离岸责任有限公司（Tesla Offshore，LLC）］进一步讨论了海上的问题，重点论述海底特性在沉船事件和沉船遗址后续劣化中起到的重要作用。在第三章中，罗里·奎因（Rory Quinn，阿尔斯特大学海洋考古中心）、罗宾·桑德斯（Robin Saunders）、露丝·普莱斯（Ruth Plets）、基兰·韦斯特利（Kieran Westley，阿尔斯特大学海洋考古中心）、贾斯汀·迪克斯（Justin Dix，南安普敦大学海洋和地球科学学院）主要论述了他们关于沙质环境中冲刷作用对沉船遗址影响的领先性研究。在第四章中，伊恩·D. 麦克劳德（Ian D. MacLeod，西澳大利亚海洋博物馆）讨论了腐蚀对沉船遗址的影响，腐蚀分析的实用性，以及这项工作可以为考古分析提供的视角。在第五章中，大卫·格雷戈里（David Gregory，丹麦国家博物馆）分析了木材的腐化及其提供的沉船遗址的信息，并举例说明这些信息如何有助于考古解释。

第二部分各章节讨论人类活动对沉船遗址的影响。这些影响包括从导致沉船事件之前的行为到对沉船遗址的现代影响的行为，无论这些行为是否有意为之。在第六章中，阿曼达·M. 埃文斯和安东尼·弗思（Antony Firth）讨论了海上开发项目（如油气作业，海上风电场和港口改造）的影响，以及管理层对这些活动的反应。在第七章中，迈克尔·布伦南（Michael Brennan，海洋勘探信托基金会）讨论了海底拖网捕捞对沉船遗址的影响，以及关于地中海和黑海地区海底拖网捕捞对沉船遗址影响的量化研究。在第八章中，马丁·吉布斯和布拉德·邓肯（Martin Gibbs，Brad Duncan，澳大利亚新英格兰大学）讨论了船舶损失的经济学，以及为了试图从沉船遗址重获价值而在船舶沉没前后所进行的许多文化行为。

本书最后一部分的章节强调遗址形成过程的应用，以及不论是在公共机构中还是在私人机构中，这项研究在文化遗产管理方面所发挥的作用。为了妥善管理辖区内的沉船，许多遗产管理机构制定了独特的策略，以便更全面地了解在各种不同环境中发生的各种过程。在第九章中，伊恩·奥克斯利（英格兰遗产委员会）讨论了遗址形成在他所在机构开展的基础管理和研究方面的作用。在详细介绍英格兰遗产委员会政策的发展及其对管理策略的影响后，他给出了一些综合的或根据遗址形成所确定的项目和计划的具体例子。第十章和第十一章讨论了通过政府机构和私人机构的合作在美国墨西哥湾深海沉船遗址方面开展的研究。在第十章中，丹尼尔·沃伦（Daniel Warren，C&C 科技公司）论述了定位技术在绘制深水沉船遗址分布图时的应用和效果，以及它对一系列深水沉船遗址研究的影响。在第十一章中，罗伯特·A. 丘奇（Robert A. Church，C&C 科技公司）讨论了他开发的用于模拟金属壳深水沉船遗址分布的“遗址形成方程式”。这项独特的研究成果是在多年研究的基础上发展起来的，目的是预测金属壳沉船遗址残骸的碎片分布模式，使考古学家更好地了解遗址本身，协助遗产管理者制定基于科学的规避标准，甚至可以帮助还原沉船事件。

本书尽管只是讨论了影响全世界水下沉船遗址的众多主题和变量的一部分，我们还是希望这本汇集了许多影响水下沉船遗址形成关键概念的参考书，能填补海洋考古研究领域的空白。书中涉及的研究都是对这一领域的重大贡献，我们必须继续努力，才能更多地了解我们的过去，为我们的后代保护好这些资源。

# 第一部分

## 自然过程

# 第一章　沿海和内陆的地质地貌演变过程

本・福特[①]、嘉莉・索登[②]、凯瑟琳・法恩斯沃思[③]、M.斯科特・哈里斯[④]

水下遗址是一种环境异常现象，很多沿海和内陆遗址的形成过程都是遗址与环境相互作用达到平衡的结果。由于遗址影响环境，反过来又成为环境的一部分，因此两者不可分割地联系在一起。考古学家发掘的遗址，是原始人类活动和环境双重作用的结果。因此，由于遗址类型（如木质或钢质船舶）、遗址沉积方式（船舶失事或遗弃）和环境（即影响沉船的因素，Martin，2011）的不同，结果导致每处遗址的形成过程也各不相同。然而，遗址形成过程中环境是均变的，通过适当的研究就可以了解。一旦了解了遗址形成的自然过程，其余的变化更有可能是过去人类活动的结果（Murphy，1998；Will and Clark，1996）。除了区分人类活动与自然形成过程外，了解遗址形成、保存方式为何变化也是很有用的，这些都有

---

① 本・福特，宾夕法尼亚州印第安纳大学海洋和海图考古专业副教授，应用考古学硕士。得克萨斯州农工大学博士学位，曾在威廉与玛丽学院（College of William and Mary）和辛辛那提大学（University of Cincinnati）获得学位及多年文化遗产管理经验。他主编了《海洋考古学牛津手册》和《海洋景观考古学》，他又是历史考古学会技术简报系列的编辑。现在他的研究重点是宾夕法尼亚州的一个革命战争时代的城镇，以及安大略湖的海洋文化景观。

② 嘉莉・索登，俄亥俄州托莱多（Toledo）五大湖区历史协会考古部主任，曾获得得克萨斯州农工大学人类学系航海考古学项目硕士学位。她曾参与全球多项考古项目，目前主要关注 19 世纪晚期至 20 世纪早期五大湖区考古。她是《内陆海洋》的助理编辑，该杂志是研究五大湖区历史的季刊。

③ 凯瑟琳・法恩斯沃思，宾夕法尼亚州印第安纳大学地球科学副教授，威廉与玛丽学院海洋科学博士，重点研究海洋地质学。她的研究专长是陆地和水生系统之间的相互作用，关注沿海海洋沉积物的通量和归宿。她撰写了大量论文，也是《河流向沿海：全球同步》（*River Discharge to the Coastal Ocean：A Global Synthesis*）的作者之一。

④ M.斯科特・哈里斯，查尔斯顿学院（College of Charleston）地质学和环境地理学副教授，曾获得特拉华大学（University of Delaware）地理学系博士学位、弗吉尼亚大学环境科学硕士学位、威廉与玛丽学院地质学学士学位。他的研究重点是沿海地区的古生物和进化，特别是美国东南部的沿海平原和大陆架。最近地质考古学领域的研究包括 H.L. Hunley 的地质学，寻找 1812 年战争（美国第二次独立战争）中马里兰州的巴尼（Barney）舰队，中美洲 Topper Paleoamerican 遗址的沉积学，以及希腊沿海研究。

助于更好地理解考古学家考古获取的数据与形成这些数据的过去人类活动之间的联系。这些目标都属于所谓的中程理论(Binford，1978)。

遗址形成过程，特别是遗址地貌形成过程的均质性，早已引发了水下考古学家的思考。弗雷德里克·杜马(Frederic Dumas)1962年的著作《深海考古学》(*Deep-Water Archaeology*)中就讨论了遗址埋藏率中地貌变化的影响；基思·马克尔瑞在其奠基性著作《海洋考古学》(*Maritime Archaeology*，1978)中用很大的篇幅讨论了遗址地貌形成过程[如同迈克尔·希弗(Michael Schiffer)对陆地遗址的研究]。在马克尔瑞提出的影响遗址形成的11个因素中，4个是地貌因素，包括了他认为对考古遗存形成最重要的3个因素：水下地形、最粗粒径沉积物的性质和最细粒径沉积物的性质(Muckelroy，1978：163)。

本章正是在这些早期观察的基础上，讨论地质和地貌过程如何影响沿海和内陆考古遗址形成。在综合以往的研究后，我们列举了两个案例研究，它们说明这些过程如何影响沉船遗址和沉船搜索。

## 第一节　沿海和内陆遗址形成过程中的地质和地貌作用

任何内陆或沿海水下区域都有可能包含多个遗址和各种类型的遗址，这些遗址都受到地貌的影响。因此，本章关注遗址形成因素而不是具体的遗址类型。例如，侵蚀作用发生于海岸和河流，影响史前和历史时期的居址及沉船。然而，侵蚀作用并不是形成遗址的全部原因，它只是“从大陆架的宽度和深度到区域高压系统的季节性变化”这一系列复杂变量的一部分(Conlin，2005：169)。这里讨论的过程包括海底或河床底质与区域水流的相互作用，其中包括底质的泥沙是否容易被掀起、底质的来源和物质组成特点；地形；水位和侵蚀的变化以及人类对该地区的改变。

本章讨论的很多形成过程都是物理过程，适用于沿海和内陆环境。然而，在本章的讨论前需要明确的是，咸水和淡水环境的化学和生物过程通常有所不同。第四、五章将详细讨论化学和生物过程。淡水和咸水环境之间最显著的区别是船蛆（*Teredo navalis*）和蛀木水虱（*Limnoria*）类的甲壳纲动物，其只存在于海水中。木蛀虫的危害与温度、盐度、深度和溶解氧含量有关，其中溶解氧含量占主导地位，因此，它们在沿海地区和深海也会有所不同（Gregory，2004；Leino et al.，2011；Paola，2005）。不同种类的细菌和真菌共存于淡水和海水中，它们会释放出一种酶分解木纤维，虽然对木材的破坏比海洋蛀虫小，但是影响沉船的长期保存。它们还创造出影响遗址保存的微环境。例如，腐解时产生富硫化氢层（Gregory，2004；Leino et al.，2011；Singley，1988）。是否有氧气是真菌和细菌存在的首要的决定性因素，因此，它们在数厘米深度以下的泥沙沉积中就不会存活。正如本章后面所讨论的，沉船的埋藏速度和被埋的程度，是决定沉船保存状态的一个主要的决定性因素。最后，水化学影响因内陆和沿海环境而异。海水的盐含量相对稳定，而淡水环境由于当地条件的不同（如使用除冰盐和肥料），盐含量可能变化很大。海水中的含盐量越高，电化学原电池反应越容易引起铁的腐蚀（Cronyn，1996；Matthiesen et al.，2004；Rayl et al.，1981；Singley，1988；Ware and Rayl，1981）。在一些实验中，与淡水相比，水体中盐的浓度越高，木材的重量损失越大（Ware and Rayl，1981）。淡水中假如有足够的盐，也能造成类似的影响（Singley，1988）。

## 一、沉积物特征和运动

沉积物类型及沉积速率是水下考古遗址保存的基础。一般情况下，快速堆积的细颗粒沉积物所起的保存效果最好（Muckelroy，1978；Quinn et al.，2007；

1458；Ward et al.，1999：43)。沉积物均匀且温柔地将遗址包裹起来，隔离氧气、阻止磨蚀，因此，物理、生物和化学的劣化速度显著放缓。有趣的是，这种模式在约克镇沉船和阿德拉尔号(Adelaar)沉船的对比中比较明显。在约克镇沉没的一些英国船只所在的海域水流湍急，海水侵蚀严重。这些沉船的保存程度比受厚淤泥层保护的沉船差得多，如贝特西号(Betsy)(Broadwater，1980：231－232，1998：471)。与贝特西号相比，阿德拉尔号沉没于苏格兰附近一处裸露的磨蚀环境中，该区域甚至有历史记录显示块状的船货被磨成碎片(Martin，2011：57)。沃德及其同事(Ward et al.，1999)根据对潘多拉号(Pandora)遗址的类似观察，建立了沉积物堆积的定量模型，并用于遗址保存。他们通过收集遗址的水流、波浪和沉积物数据，与考古记录相比较，而不是道听途说，因此比较完整地了解了在遗址形成时遗址环境与船体如何相互作用的。虽然埋藏通常是有益的，而埋藏的方式很重要，但是也有例外，即充填和埋藏破坏了沉船遗址。例如，天鹅号(Swan)和无敌号(Invincible)沉船的沉积物都是堆积不均匀，导致船体显著变形(Martin，2011：65；Quinn et al.，1998：163)。当然，考古学家之所以能够记录这种变形，正是因为沉积物继续在遗址上方堆积，保存了木材扭曲和断裂的状态。

沉积物源于河流输入和原址母质侵蚀，但是沉积物并不总是保持在一个地方；波浪、潮汐和洋流有规律地重新排布沉积物，这样，水流运动方向和遗址相对于沉积区的位置，都会影响遗址的埋藏方式。水流运动速度和沉积物的类型(粒度、密度和黏聚力)决定了沉积物悬浮、运动和沉积的频率和距离。尤斯特龙(Hjulström)和希尔兹(Shields)绘制的图(见图 1.1)显示了这些复杂的关系。

波浪控制近岸沉积物的运动，因为波浪提供能量掀起沉积物，并结合沿岸流控制沉积物的运动(Conlin，2005：141；Hayes et al.，1984：3；Ward et al.，1999：50)。在这个过程中，移动的沉积物可以掩埋或暴露考古遗址，波浪和沿岸流也可以直接作用于人工制品导致遗址被掩埋或移动。近岸人工制品是海岸系统中泥沙平衡(sediment budget)的一部分，与其他海岸沉积物一样被侵蚀、移动

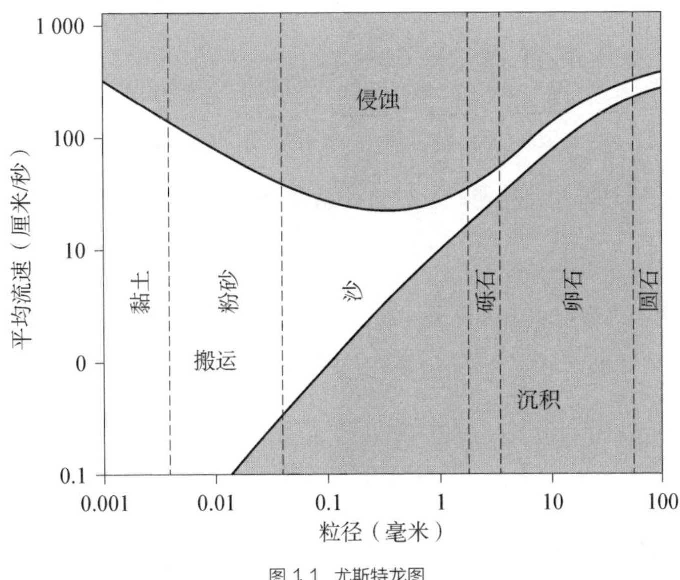


图 1.1　尤斯特龙图

注：尤斯特龙图(Hjulström's diagram)显示了侵蚀、搬运和各种粒径沉积速度三者之间的关系。

和再沉积(Will and Clark，1996：504)。密度较小的物质被沿岸流顺着海岸输运，密度较大的人工制品通常会留在原地。波浪能量常常掀起海底浅表层泥沙，使泥沙悬浮于海水中，同时使密度较大的物质垂直沉降至悬浮沉积物的底部。人工制品沉降到沉积物表面以下的深度取决于波浪的大小和速度(Murphy，1990：15；Waters，1992：270)。这个过程造成人工制品的二次沉积，类似于受风力作用的陆地遗址。由于波浪作用，老的、新的物质被混杂堆积在一起，其堆积深度取决于波基面位置(注：波基面是指波浪对海底地形产生作用的下界，为 1/2 波长)，与新、老无关(Muckelroy，1978：177；Murphy，1990：52)。由于此过程受波能控制，最高能事件将决定高密度物品的埋藏深度。高能事件也倾向于将致密的人工制品置于受正常波浪影响的深度之下。遗址的淹没时间越长，受到高能事件影响的概率就越大，所以叠加定律可能依然成立。然而，随着时间的推移，受波浪影响的遗址，其高密度物品往往会在波浪的筛分作用下使得埋藏深度一致。

除了波浪外，潮汐和洋流也影响遗址的形成过程。然而，与波浪不同，研究者发现潮汐和洋流对沉船碎片具有混合的或有限的作用力(Martin, 2011; Quinn et al., 1998: 113; Ward et al., 1999: 50),它们确实在输移沉积物的过程中起着重要作用。由盛行的波浪模式和潮流产生的沿岸流(longshore current),在一些遗址附近侵蚀沉积物,并在其他遗址处堆积沉积物(Conlin, 2005: 137; Millet and Goiran, 2007)。强洋流,如大潮、涡旋和因风暴产生的流(storm-driven current),也是沙波(sand wave)迁徙的主要驱动力之一。沙波在海底的运动可能导致考古遗址的周期性埋藏和暴露,遗址的保存、劣化和磨损取决于其暴露或掩埋的频率和时长(Caston, 1979: 200; Ward et al., 1999: 51)。

河流也在沉积物的输移中起着作用。河流有自己的水流和泥沙平衡,影响着河道中考古遗址的埋藏和暴露。河流入海的水量和泥沙也会通过沉积体系影响海岸带遗址。水流速度和河流进出河口的泥沙量与大环境(如温度和降水)有关,因为这些环境因素最终控制着该区域的径流量和泥沙量(Conlin, 2005: 142)。如同海岸带的人工制品一样,河流中的人工制品也是该河流泥沙平衡的一部分,并且与任何其他类似密度的颗粒一样被运输和再沉积(Quinn et al., 2007: 1457)。

移动沉积物的力量常常受到邻近区域外的因素影响,例如大陆架的宽度,与主要洋流的距离[例如墨西哥湾流(Gulf Stream)]和天气模式(Conlin, 2005: 137,140)。这些力量以及沉积物和水流特征与区域内遗址的地貌形成过程相互关联,例如沉积物类型、泥沙迁移以及波浪和水流的冲刷,都与沉船遗址的埋藏和暴露有关。本书随后将更全面地讨论冲刷作用(scour)(见本书第三章),但是简短的描述有助于说明区域遗址形成过程之间的相互关系。冲刷作用可以用伯努利原理(Bernoulli's principle)解释:当水流遇到障碍物(例如沉船)时,障碍物迎水一侧的压力增加,导致流速下降,水流运输沉积物的能力下降;但是一旦水流通过障碍物,压力会降低,流速增加,使水流松动海(河)床底质,将其掀起并往下游输送。其结果是,如果压差超过重力,就可能侵蚀障碍物下游方向的海(河)床,并形成冲刷沟。障碍物就会沉降到冲刷沟内。这个过程取决于水流与障碍物的相对速度和方向，又受到水深、位置、天气、潮汐以及海底物质组成物的影响。砂质沉积物最容易受到冲刷，因为与具有黏性的黏土和粉砂相比，侵蚀砂质沉积物所需的流速小。冲刷和沉降过程持续，直至障碍物被掩埋，或者停留在黏性更强的地层上。因此，区域的地质和地貌环境很重要。如果沉船位于无法冲刷的沉积层中，船的一部分就不会被掩埋，从而不太可能得以保存。一旦障碍物被移除，不管是沉降还是劣化，冲刷过程就停止了（Caston，1979；Conlin，2005；McNinch et al.，2006）。其他地貌过程可以加速或消除冲刷和沉降造成的埋藏。移动的沙波可以追上并掩埋暴露在外的沉船（Caston，1979：200）。随着沙波继续移动，冲刷过程可能重新开始。水流的变化也可能暴露之前已被冲刷掩埋的遗址。例如，潮汐汊道（tidal inlet）的变迁可能导致整个遗址的侵蚀，重新暴露遗址。遗址一旦重新暴露在外，冲刷和沉降过程将继续，直到障碍物沉降在新的沉积物表面以下（McNinch et al.，2006：304）。显然，泥沙运动（sediment movement）的物理过程之间存在因果关系，而这些过程相互协调、相互对立，而且相互关联因而形成了考古遗址。

## 二、地貌

海底地貌通过控制水深、阻断或疏导水流、掀起底质等形式参与泥沙运动，但是水下地貌也通过其他方式影响遗址形成。海底坡度与重力作用相结合，影响沉船遗址的解体和沉积。船体倾向于往下坡处坍塌，木料和其他材料就集中于遗址的某部分处（Bernier，2007,4：281；Quinn et al.，2007：1458）。从微观地貌层面讲，地貌特征的呈现，如沟壑、裂缝或岩溶溶洞等地貌单元中可能捕获文物，并阻止文物被进一步侵蚀（Horrell et al.，2009；Martin，2011）。这些地方最有可能发现密集分布的文物，在某些情况下，它们被捕获的地方距离遗址并不远，这有助于保护遗址的背景。

## 三、侵蚀

侵蚀过程既与地貌有关，又与泥沙运动有关。区域地形及其地质特点影响河岸和海岸的侵蚀，并且侵蚀作用掀起的沉积物成为该地区泥沙平衡的一部分。上述冲刷作用、沙波运动和其他过程只是侵蚀的部分内容，而本节专门讨论位于活跃的或者曾经活跃的侵蚀环境的遗址，如海岸或河岸。

海岸位置随着海平面变化而移动，并不固定。大约18000年前末次冰盛期结束以来，海岸线一直断断续续地向陆地方向移动。海平面上升可以减少波浪作用对遗址的影响，降低遗址环境的能量，从而有助于水下遗址的保存(Conlin, 2005: 137; Ford et al., 2009; Murphy, 1990: 52)。然而，对于原本位于陆地的遗址，被海水淹没的过程通常是破坏性的(Kelley et al., 2010; National Trust, 2005; Sear et al., 2011; Stright et al., 1999)。河流、湖泊和水库同理，水位上升会侵蚀考古遗址，同时也改变了遗址的物理、生物和化学环境(Lenihan et al., 1981; Mcphail et al., 2009)。

波浪直接作用于考古堆积物和支撑考古遗址的基质上，导致大量沿海地区遗址的破坏。波浪和水流扰乱了遗址背景，把文物从原地移走，侵蚀地貌、磨损文物、使沉积物悬浮于水中，从而导致文物和生态证据垂向移动，通常几乎没有留下任何有用的考古信息(Erlandson, 2008; Head, 2000; Mcphail et al., 2009: 49; Westley et al., 2011a)。在高纬度地区，冰也可能在沿海和沿岸侵蚀中发挥作用。冰的重量和移动能够毁坏遗址，将文物移动相当远的距离，还能够侵蚀海岸线(Bernier, 2007; Will and Clark, 1996)。

随着海水不断逼近陆地，这些过程不断发生，侵蚀着遗址，大风暴更使情况严重恶化。据估计，每年有数百万考古遗址因侵蚀而遭到破坏或丧失，2005年卡特里娜(Katrina)飓风摧毁了大约1000处历史和考古遗址(Erlandson, 2008: 168)。

如果风暴活动如气象学家预测的那样增加，这些侵蚀过程在下个世纪有可能会加剧（Westley et al.，2011a：352）。

然而，沿海遗址的破坏并不是绝对的，因为某些地质和地貌特征通常会使遗址得以保存。局地海平面上升速度不仅由全球海平面上升速度（海平面升降变化）决定，还取决于海岸的坡度和该地区是否经历过地壳均衡回弹（isostatic rebound）或沉降（subsidence），局地海平面上升速度对遗址是否能够得以保存起着重要作用。一般来说，海浪直接作用于遗址的时间越短，发生大风暴事件的可能性越小，遗址就越有可能得到保存。保护性地貌特征，如海岛或障壁岛（也叫堡岛）（barrier beach）的存在，也可以减轻海侵（transgression）的破坏力（穿过遗址的水边线运动）。因此，基岩地形和海岸地貌对遗址能否得以保存起着重要作用。最后，遗址埋藏深度影响其保存状态。遗址埋得越深，海浪、风和冰就越难侵蚀（Kelley et al.，2010：695；Murphy，1990：52；Waters，1992：278）。例如，道格拉斯海滩（Douglass Beach）水下遗址的保存就是障壁岛（barrier island）形成和迁移的结果。位于高地或障壁岛后面的潟湖（back-barrier lagoonal）边缘的古人类居住遗址，在海平面上升过程中，障壁岛首先保护遗址免受高能波浪影响，随后障壁岛向陆地迁移并埋藏遗址，直至海岸线到达足够远的内陆。在这个过程中，遗址始终没有直接暴露于波浪作用下（Murphy，1990：52）。

障壁岛迁移在沉船遗址形成中也起着重要作用。障壁岛通常是易变的，其形成和运动受到潮汐、水流、波浪和风的影响，还受近海和附近河流沉积物的影响。这些作用力可以通过沿岸流（littoral drift）和风成过程（aeolian process）重塑岛屿，通过波浪和潮汐作用造成岛屿向陆地移动（海侵），通过沉积物堆积（sediment accumulation）导致海岛向海洋扩张［进积作用（progradation）］（Damour，2002；Waters，1992）。因为障壁岛不断变化，所以可能比稳定的海岸线累积了更多的沉船，稳定海岸线的海图依然是可靠的。障壁岛还导致了遗址形成过程具有动态性，在这个过程中，沉船的环境能量和暴露量在沉船的整个生命周期中不断变化。

佛罗里达州墨西哥湾沿岸的障壁岛多格岛(Dog Island)和圣乔治岛(St. George Island)附近的沉船是上述环境下沉船形成过程的优质案例(Damour, 2002; Horrell, 2005; Meide et al., 2001)。随着障壁岛向陆地移动,这些沉船或暴露在外或被埋葬。梅拉妮·达穆尔(Melanie Damour, 2002)也赞同,圣乔治岛的移动打乱了定位1799年消失的英国皇家海军福克斯号(HMS Fox)的原定计划,船体有可能掩埋在岛里。溪谷号(Vale)也有类似的经历,该船于1899年在多格岛向陆一侧消失了。虽然到了1999年,沉船部分暴露在外或埋得很浅,但是从那以后,随着该岛的海侵,沉船已经完全被掩埋(Meide et al., 2001; Chuck Meide的私人通信,2013)。与此同时,可能属于普丽西拉号(Priscilla)的船体于1914年在距离溪谷号仅几百米的地方消失,随着岛屿远离沉船,沉船暴露在外的部分越来越多(Meide et al., 2001)。

普丽西拉号这样的沉船不太可能被保存下来,因为沉船暴露在海滩上会受到海岸侵蚀。在这些高能环境中,通常只有沉船最重的铁质部分留在海滩上,海水粉碎并带走了木质部分(Russell, 2005)。铰链式船体碎片的保留,往往是海滩环境里有多少能量的结果。海滩环境的能量是决定海滩沉积物粒度大小的重要因素,部分船体因被沙滩掩埋而保存得更好,但是岩滩上几乎无法保存沉船(Russell, 2004,2005)。由于这些遗址形成过程,海滩搁浅的沉船是许多例子的一种,即自然遗址形成过程会阻碍我们对材料记录的理解。马修·拉塞尔(Matthew Russell, 2004: 382)假设大量搁浅沉船遗址的年代为19世纪至20世纪的主要原因是遗址形成过程;大多数更早搁浅的沉船遗骸已经被海岸破坏性的、几乎不间断的地貌变化过程所湮没。

侵蚀不仅限于海岸,河流遗址的侵蚀过程也很活跃。河流蜿蜒曲折,侵蚀一处的沉积物,并搬运堆积在他处;侵蚀和堆积是平衡的。然而,一旦考古遗址被侵蚀,其内含的许多信息就会丧失,因此,每次河流侵蚀产生的变化都有可能使该地区考古记录的一部分丢失。这个过程会破坏位于陆地上的遗址和掩埋于河岸的沉船船体（Horrell et al.，2009：31 - 32；Milne et al.，1997；Simms and Albertson，2000）。沿河考古遗址的存在也造成了河内遗址的形成过程的复杂性。当河流侵蚀河岸，或者暴风雨将附近遗址的文物冲进河流中，河流就像是一个陷阱，考古材料就成为河流泥沙平衡的一部分。被侵蚀的考古材料可能堆积在河内的一个次生遗址中，这是因为遗址经常截留顺流而下的材料，或者被侵蚀的材料堆积在河流中能量较低的位置。因为人工制品密度和河流流速控制了材料的堆积位置，很多人工制品很可能会堆积在河流的某一位置，从而形成一个看起来像遗址的地方。佛罗里达州的林特洛克遗址（Flintlock Site）就是这种情况：该遗址由从高地遗址侵蚀而来的考古材料组成，发电厂排放的废水造成河水转向，减小了流速，使这些人工制品集中在阿巴拉契科拉河（Apalachicola River）的一段处（Horrell et al.，2009）。

## 四、人为因素

人类在创造林特洛克遗址过程中所扮演的角色，即无论是在河流附近居住还是改变区域河流系统，都让我们看到了人为因素在沿海和内陆地貌遗址形成过程中的作用。区域地质和地貌通过控制斜坡、地形、饮用水的获取、港口的形成和其他因素影响人们选择居住地（Quinn et al.，2007；Westley et al.，2011b）。港口的位置和船闸、浅滩和其他相似的地质特征影响着贸易路线和沉船位置。因此，地质和人为因素在遗址形成过程（包括遗址的确立及其整个历史过程）中始终相互发生作用。

人类通过改变河流和海岸的泥沙输移（sediment transport）机制、改变水质、疏浚和加固河道、提高和降低水位、建造水坝截获沉积物、影响全球气候，以及其他许多蓄意的或意料不到后果的行动来影响地貌过程（Broadwater，1980：231；Erlandson，2008；Halpern et al.，2008；Horrell et al.，2009：12；Lenihan et al.，1981；Walter and Merritts，2008；Wilkinson and Murphy，1986）。以下两个例子就足以说明：考古记录中充斥着过去和现在人为改变环境的证据（Ford，2011）。米利特和瓜朗（Millet and Goiran，2007）认为，古代亚历山大人用防波堤（Heptastadion）将东港和西港分开，以预防东港被沙子淤塞。在这个案例中，人类活动影响当地地貌格局和改变港口的泥沙状况。这也是一个很好的案例，说明在区域背景下研究考古特征可以使考古成果有新的用途。亚当斯和布莱克（Adams and Black，2004）研究了现代人为因素，确定了诸如疏浚和航道等区域性文化因素如何改变根西岛（Guernsey）圣彼得港沉船遗址的地貌。河道疏浚和螺旋桨的洋流侵蚀致使海底原本致密稳定的沉积物受到侵蚀。这个过程除了暴露船体外，还暴露了沉船船体内的厨房燃料、绳索和鞋子碎片等物品，它们一旦暴露就不太可能继续在原地得到保存。

## 五、变化和连续性

当今的环境并不总是与过去的环境相似的。河曲的发展、不断上升的海平面和沉积物状态的变化都是改变区域环境的地貌过程，并在此过程中影响水下考古遗址的形成。这些变化意味着我们不能总把对当前环境的认知用于过去，但是通过了解背后的地貌过程，我们可以剥除影响因素，重建沉船发生时的沉积环境，以及环境如何影响遗址形成。区域地质和地貌过程可能是所有影响遗址形成的作用力中最渐变的过程，因此，通过仔细研究分层沉积物和底质特征、水流和历史动植物种群、遗址本身和地貌模型，很有可能重建区域环境和地貌过程。

同样重要的是，要注意随着时间的推移和逐渐靠近海岸，所有这些变化将更加明显。遗址沉积后，随着时间的推移，增加了该遗址受到正在发生的过程（如海平面上升）和特殊事件（如飓风）显著影响的可能性。同样地，影响因素的数量和个别影响因素的力量都会在海岸附近增强。海岸的能量高于深水环境，其强度直接作用于遗址的形成过程中。

最后，遗址形成过程中的地貌因素由几个独立但相互关联的过程组成，这些过程反过来又与其他生物、化学、物理和人为因素相互作用，这些因素出现的时间点很重要。遗址的形成不是简单的作用力总和，而是过去事件所创造的环境和遗址会被未来事件再作用的一个过程。大卫•康林(David Conlin，2005：164)分析了飓风雨果(1989 年)与胡萨托尼克号(Housatonic)和亨利号(Hunley)沉船之间的相互作用，正说明了这一观点。到 1989 年，沉船残骸已经被冲刷到了更新世黏土层中并被掩埋，因此当飓风雨果经过沉船时，沉船没有受到影响。然而，飓风导致大量泥沙冲出查尔斯顿港(Charleston Harbor)。用于清洁港口的人造防波堤可能加强了这些沉积物的离岸运输，结果沉船被更多的沉积物掩埋。由于新沉积物是在飓风条件下沉积的，不容易被正常天气下的近岸动力过程移走，从而造成沉船掩埋净增长。如果这些事件以不同的顺序发生，例如在沉船事件之后立即出现飓风，就会产生不同的结果。

## 第二节　案例研究

### 一、俄克拉何马州红河

1990 年，随着俄克拉何马州乔克托县红河的改道，一个多世纪前的蒸汽船女英雄号(Heroine)在一处农田里的 40 英尺[①]深的泥沙下埋藏了 147 年后重新暴露在世人面前。河道的逐渐迁徙以及洪水期间决口导致的快速改道造成了美国西部河流系统的上述惊人发现(Corbin，1998)。这一遗址的历史是这样的：1838 年

① 译者注：英制中的长度单位。1 英尺 = 0.3048 米。

5 月 7 日，女英雄号在前往印第安领地陶森堡（Fort Towson）军事哨所运送补给的途中，在第一个航季中沉没于红河上游（Brown and Crisman，2005；Crisman，2005；Crisman and Lees，2003；Crisman et al.，2013；Lees and Arnold，2000）。

1838 年以前，由于有大量倒伏的树木和浮木阻塞，红河的大部分地区都不能通航。随着亨利·施里夫（Henry Shreve）发明"清障船"（snagboat），到 1838 年，红河上游航道清理完毕，船只可以向该地区定期运送补给和居民。然而，由于河流性质的变化（浮木被清理后，水流流速可能会增大）以及水面以下仍有潜在的威胁，这条河仍然很危险。1838 年春天，女英雄号就遇到了这样的危险：它的船身被一根刚好在吃水线以下的木头戳穿并钩住了，人们打捞上来一些船货和引擎，但船体和所有剩余的货物被留在了河里（Crisman，2014；Crisman et al.，2013）。

## 遗址形成过程

河水迅速包裹沉船，在底舱沉积泥沙，船体上层建筑部分可能暂时露出水面。像在高流速地区发生的许多沉船事故一样，船的上部很快就被急流冲走，然而由于快速沉积作用，船体几乎完好无损。

从 1843 年开始，一场巨大的洪水导致河道向南迁移，侵蚀作用使得沉船留在洪泛平原沉积物中，最终将沉船掩埋在 12 米深的泥沙之下，成为俄克拉何马州干草场的一部分。由于 1990 年的另一场大风暴和洪水，河道再次向北迁移，侵蚀了部分农田，沉船遗址重新被发现。女英雄号第一次被注意到是在俄克拉何马州的河岸边。在接下来的几年里，这条河流继续通过侧向侵蚀产生弯曲，直到沉船进入了这条河的深泓线（即最深处）。

科林·马丁（Colin Martin，2011：48）将沉船的形成分为三个阶段：沉船事件（wrecking event）、不稳定或动态阶段（unstable or dynamic phase）、稳定阶段（stable phase）。因为沉船被纳入自然环境的这些阶段通常是连续的，但马丁指出，稳定阶段可以回归到动态阶段。就女英雄号的情况而言，船体经历了两次动态阶段：第一次是在1838年最初沉没后，第二次是20世纪90年代初再次暴露后。在动态阶段，沉船受到水流冲刷、差异性泥沙淤积、磨损和人为因素的影响，但沉船长期埋藏在泥沙中使其保存状况总体良好。

当女英雄号在河中撞上障碍物后，船长无法让船身摆脱障碍物。这个障碍物位于前舱壁的尾部[障碍链(snag locker)]，这种设计旨在帮助船撞上障碍时得以幸存，使得船装满水原地下沉。因为它被固定在船首，而且由于水流的方向，船首周围的沙子被冲刷，结果是船首处沉得最深，在51.7米的长度内，船首和船尾之间大约有3米高差。

由航海考古研究所的凯文·克里斯曼(Kevin Crisman)主持、俄克拉何马历史学会(Oklahoma Historical Society)支持的实地调查工作历时五个季度。其间的观察表明，河流系统每天、每年都有很大的波动，有些年份水位很高，淹没了所有沉船残骸，水流湍急使工作变得困难；其他年份水位很低，水流缓慢，工作变得容易得多。然而，河流泥沙的运动造成了最大的障碍，但也让我们得以观察红河的河流动力，以及河流如何与沉船相互作用形成遗址。

在女英雄号沉船发掘过程中，我们观察到特定的沉积层与历史记录很容易相关联，最有趣的是船壳里有一层岩石碎块和鹅卵石，在船体内形成这样一层粗颗粒沉积，一定与1843年的大洪水有关。洪水侵蚀了河岸，导致河流向南迁徙，完全掩埋了沉船。此时女英雄号进入了马丁所谓的稳定阶段，直到1990年才被另一场大洪水再次冲刷暴露在外(Martin, 2011)。

水流湍急年份的沉船发掘缓慢而令人沮丧，发掘者耗费5～6个小时清理部分残骸，最终清理出可以记录的部分，但到第二天早上，沉积物、原木、树枝、小树枝和其他被带到河里的较轻的物质又完全填满了整个空间。船体内部的空间在水流中是平静的，那些较轻的物质落入刚刚清理好的空间中。这个充填过程很可能在船只失事后立即以类似的速度发生，这就解释了船体内保存完好的原因。船体内还发现了完好无损的、柳枝捆绑的成桶装的猪肉。

项目进行的五年间，观察马丁所谓的动态过程也很有帮助。挟带泥沙的水流显然对任何没有被掩埋的物体产生有害影响。人们能观察到水面以上的结构年复一年地被侵蚀。排除人类对河流系统的控制，沉船暴露的部分将继续被侵蚀，直到下一次大洪水再次改变红河，重新埋葬女英雄号。

虽然红河变化并不罕见，但与1838年的情况已经不相同，人类已经在红河及其支流筑起水坝控制水资源并利用水力进行发电。这种人为的区域压力创造了一种不同的环境，现在河流流量有时以每日而不是以季节为间隔波动。今天的红河，即使有适合西部河流的吃水浅的蒸汽机船，女英雄号也不能在这片区域航行。美国陆军工兵部队认为这部分河道不能通航，表明现代河流的能量比历史时期低。

## 二、纽约黑河湾

2011年，由宾夕法尼亚州印第安纳大学、查尔斯顿学院和五大湖区历史协会组成的联盟致力于查找和确定1812年战争后在纽约黑河湾沉没的船只。该项目的两个目标如下：①查找和确定两艘1812年战争时期的船只；②收集数据以便更好地了解该地区的地质情况。考虑到这些，项目组成员由考古学家和地质学家两部分人员组成，希望从一组数据中获得双倍的信息。

之所以选择黑河湾地区，是因为其在1812年海军战争中起到了重要的作用。萨基茨港(Sackets Harbor)是美国在安大略湖上的海军基地，在战争结束时，许多新建的海军舰艇都停泊在那里，还有的舰艇停泊在更远的斯托斯港(Storrs Harbor)。虽然那里也是淡水河流系统，但黑河湾与之前俄克拉何马州的例子明显不同。研究的区域范围从可航行的、连接到安大略湖的深湾区，到全是活动沙坝(sand bar)的浅滩区。该研究的目的是通过侧扫声呐、磁力仪和浅地层剖面仪扫测整个湾底至浅滩，以便地质学家利用这些数据来更好地了解黑河湾是如何形成的，以及当前正在进行的地质地貌过程；考古学家们也可利用这些数据来确定1812年战争时的莫霍克号（Mohawk）沉船事故，该船可能已经被拖出萨基茨港并沉入河流深水处。此外，地质学和考古学研究之间存在着一种递归关系（recursive relationship），即已知年代的沉船可能作为一个标志层，以便更好地了解沉积作用。另外，湖底地貌和岸线变迁的地质成果可能会为考古工作提供有用的信息。

数条间接证据显示莫霍克号沉船位于调查区域内。1812年战争结束后，莫霍克号没有随舰队大多数的舰船一起从港口撤离。相反，1829年威廉·沃恩（William Vaughan）签署移走莫霍克号沉船合约时，莫霍克号沉船还停留在湖底。沃恩的合同没有具体说明他将如何处置这艘沉船，有一种假设是他希望沉船重新浮起，并立即在港口外大约有18米深的湾区把它凿沉。这种方式最为便利，可以避免船舶航行危险。早期海洋遥感调查支持这一假设，确认湾底存在一个隆起并伴随着磁力异常（Murphy, 1976）。另外有零星报道称，渔民从港湾中打捞起大型船体碎片。

然而，在完成调查后，无论是侧扫声呐还是磁力仪数据都没有显示湾内有一艘大型船只的残骸。遥感记录中确认了现代的小型船只、码头残迹和树干，但潜水员对可能的和不明目标的检查结果是否定的。此外，浅地层剖面仪的数据表明，在较硬的地层（很可能是基岩）上覆盖着不到1米的软泥沉积。随后的地质取样证实，这1米表层软泥沉积为粉砂和细砂，但地质钻孔不能穿透基底。在这种环境中，莫霍克号船体不太可能埋在薄薄的软泥层中，这表明港湾底部没有提供保护沉船的环境。如果莫霍克号是在港湾中沉没的（它也可能没有沉没），那么它要么已经被完全破坏，要么已经被冲进湖中。

尽管欧洲人已经占领黑河湾两百多年，黑河湾附近的美洲原住民居住史更可以追溯到上千年以前，但直到20世纪中后期人们才在港湾的主航道上发现了美洲原住民的踪迹。这一观察结果表明，航道不利于考古遗址的保存，可能是出于经过航道的水流，以及在坚硬的基底（substrate）上只有很薄的软泥层的原因。该研究是一项地质和考古的并行调查，用同样的资料来处理地质和考古两个领域的问题。但是，如果按顺序进行调查，地质资料和对河流遗址形成过程的了解可能会不必进行考古调查了。在已有地质和地貌资料的地区，遗址形成过程的评估可以模拟遗址保存的可能性。

考古项目的第二部分是寻找一艘 75 英尺长的武装驳船，该船曾停泊在斯托斯港，系泊设施损坏后被困在港湾顶端黑河和麝香航道交汇处附近的一处沙洲上。与港湾的主要通道在过去两个世纪中大致维持原状不同，比较该地区的现代和历史地图可见，港湾的浅水区在过去两个世纪里发生了巨大的变化，特别是因为农耕区的增加导致更多高地被侵蚀（upland erosion）（Ford，2009）。在浅滩区，19 世纪早期存在的岛屿和浅滩已经消失，合并形成了更大的岛屿和浅滩。1829 年的一幅地图（见图 1.2）清楚地标示了武装驳船残骸的位置（“炮船残骸”），但该区域的岸线有稍许移动，邻近的岛屿大幅扩张，该区域的浅滩发生了很大的变化，使得很难确定沉船残骸的位置。历史地图和现代地图之间的不一致表明，试图确

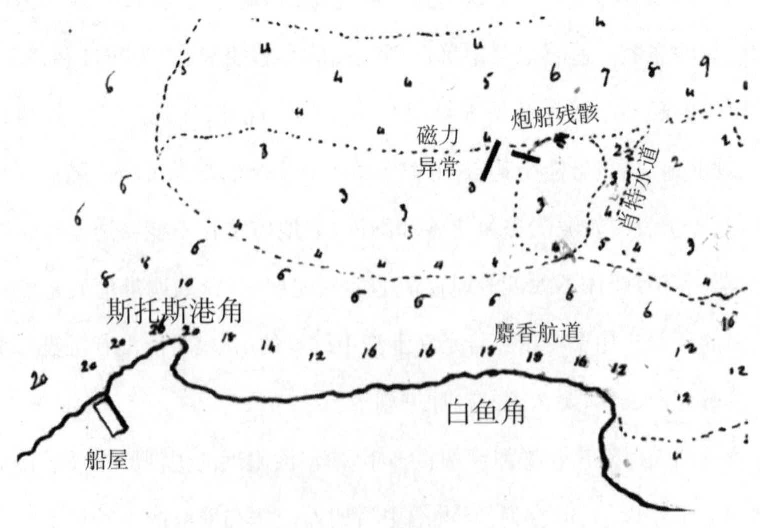


图 1.2　1829 年 R.文顿（R. Vinton）绘制的黑河湾海图

注：图中标注了“炮船残骸”的位置和磁力异常。

定一艘被掩埋的沉船位置时有必要理解泥沙运动。此外，根据对河流系统中沉船遗址形成过程的了解，有一种可能性感觉，即认为在浅滩中掩埋的沉船残骸状况较好。

为了探明这处遗址，调查时使用了磁力仪，数据表明，武装驳船残骸附近有两条异常磁力线。通过拖拽探地雷达(ground penetrating radar, GPR)穿过港湾的冰冻表面，进行了更详细的地球物理调查。这次调查利用了浅滩沉积区的扩张，调查区域的浅水环境使得探地雷达能够穿透大约 4 米深的海底沉积物。探地雷达调查发现了一处长约 23 米的区域高振幅异常(见图 1.3)，因此做了试掘。试掘没有找到武装驳船的残骸；相反，在 GPR 记录中显示，在深处碰到了一些明显是天然的石头。

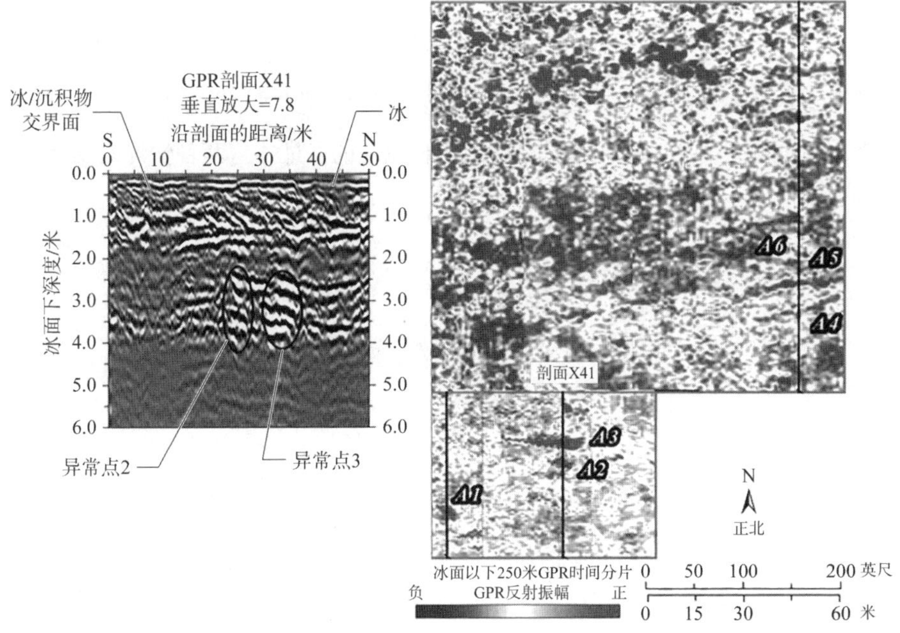


图 1.3 炮船调查区探地雷达扫测记录

注：A3 处发现异常，似乎与自然形成的石头有关。彼特·利奇(Peter Leach)供图。

虽然尚未发现这艘沉船，但对黑河内遗址成形过程的了解极大地影响了对该船的搜寻。据推测，该武装驳船在麝香溪与港湾交界处附近的黑河湾源头的浅水区，在由快速移动的泥沙形成的活动沙洲上搁浅，一旦嵌入沙洲，随着河水在船体周围流动，武装驳船就会反复受到冲刷和沉降。这些周期很可能被历史时期偶尔影响河流的大洪水以及冬季的冰蚀所打断，船体很可能被新的沉积物掩埋，这些新增的沉积物是因为流域农耕活动导致水土流失。武装驳船有可能实际上被封装在邻近的岛屿中，这与达穆尔（Damour，2002）的观点相似，即英国皇家海军福克斯号（HMS Fox）位于圣乔治岛。在这两个案例中，即使有可靠的历史地图证据，岛屿和沙洲的变化使得很难对沉船定位（Damour，2002：117）。以安大略湖武装驳船为例，圣劳伦斯航道造成安大略湖的水位略高于其历史平均水平，让情况变得更加糟糕。这种人为改变使得历史地图更难解读，但通过改变湖岸环境和埋藏更深的水下遗址，在更广泛的遗址形成过程研究中具有重要意义。

黑河湾可通航部分与相距2000米以内的沙质浅滩之间的遗址形成的潜力差异显著。活跃的航道似乎是一个具有破坏性的环境，而同样活跃但沉积物丰富的浅滩内可能包含着被3米厚或更厚的沉积物掩埋的遗址。这两种情况表明，河流系统是非常动态的，因此在这些系统中进行考古必须具有区域性的视野。

## 第三节　总结和结论

虽然这两个案例研究的重点是河流过程主导的环境，但水流、沉积物和人类活动等因素在区域遗址形成中的作用是显而易见的。女英雄号沉船上层建筑的移除说明了水流的潜在破坏力，红河水流与挟带的悬浮泥沙的结合迅速磨损了船体暴露在外的部分。然而，沉积物和水流的结合也有助于遗址的保存。女英雄号沉船的快速填埋保存了几乎整个船体、大部分传动装置和许多易碎物品，如鞋类和软木箱（Crisman，2014）。这种保存是由于船体及其内含物在下沉后的五年内被包裹在河床软泥和河岸内，有效地避免了物理、化学和生物的劣化。值得注意的是，这些流沙也是造成许多西部河流沉船的原因，是许多遗址形成的诱因。与黑河湾主航道的情况相反，红河的遥感勘测主要发现的是20世纪晚期的材料，可能是因为河底不容易保存考古材料。

这两条河流的沉积物类型也对遗址的形成起着重要作用。假设黑河武装驳船之所以得以保存在很大程度上是冲刷和沉降的结果，这在沙质环境中最容易发生，因为沙子很容易被掀起和沉积。同样，红河的沙质沉积物在一定程度上决定了女英雄号是如何被填满的——船体内泥沙快速沉积。很显然，女英雄号也是被冲刷并沉入了沙底。最后，两条河流都受到人为改变，影响了遗址的形成过程。红河筑坝也破坏了河流的自然循环，但这种变化是如何影响沉船的尚不清楚。目前不清楚的还有，水位波动是否会导致船体更快地劣化，或者河流径流量的减少是否减缓或改变航道的移动使沉船暴露的时间更长。黑河沿岸历史悠久的农耕对于河流的泥沙平衡影响加大，可能把武装驳船埋在厚厚一层的沙子下。

黑河湾内与遗址形成有关的物理过程的解释，得益于我们地球科学同事从数据和区域角度提供的地理学信息。这一观察使我们接受了迈克尔·希弗所谓的"地质考古学家的任务"：需要在田野项目的早期阶段加入一位地质考古学家或地质学家，以便了解由于区域遗址形成过程而发生的沉积和侵蚀过程(Schiffer，1987：256－257；参见 Milne et al.，1997：135)。加入项目的地质学家对遗址形成过程的更深入的了解，对于考古学家试图确定遗址可能保存在哪儿，以及用什么技术最有可能产生积极的结果，是大有好处的。这些合作也使我们的地质学同事受益，因为已知年代的沉船可以作为标志层，有助于测量沉积系统内的变化和发展。最后，由于研究经费越来越少，地质学和考古学的联合调查不仅使投入一项经费得到双倍的回报，而且人们对该地区人类和地质历史的了解，往往会超过任何单独调查的结果。

## 第四节　致　谢

黑河地质与考古调查得到了美国国家地理学会/维特基金项目的慷慨资助，同时还得到了宾夕法尼亚州印第安纳大学、五大湖区历史协会、查尔斯顿学院、航海考古研究所和萨基茨港口战场州历史遗址研究机构的支持。我们也真诚地感谢凯文·克里斯曼、俄克拉何马州历史学会和航海考古研究所为我们提供了女英雄号沉船数据，彼得·利奇在收集探地雷达数据方面发挥了重要作用。

# 第二章　海洋环境的沉积和遗址形成

马修·E. 基思[①]、阿曼达·M. 埃文斯[②]

随着时间的推移，遗址的自然或环境形成过程会导致沉船的腐朽和脱节。考古学家，甚至那些不太关心遗址形成过程的考古学家，在某种程度上也在关注如何解释船只从原来完整的形态变成调查时海底或海床下沉船遗址的形成过程。通过了解遗址的形成过程，考古学家可以更准确地了解人工制品的分布和沉船的腐解，从而更完整、更准确地重建船上生活（Muckelroy，1978：176－181）。遗址形成的研究对制订长期管理战略极为重要，也可用来制定搜寻沉船遗址的策略。

自然的遗址形成过程包括许多影响沉船在特定环境中保存程度的变量。正如福特及其同事们所注意到的（本书第一章），在高能浅水环境中，沉船可以被破坏，也可以保存得很好，这取决于沉船所处的环境条件。通常，深海沉船在泥线和泥线下保存得很好，但由于各种各样的因素（例如沉船事件、重力、生物和化学过程的影响），船体上部的坍塌程度与浅水沉船相似（琼斯讨论的沉船案例，Jones，2004；Ford et al.，2008；Søreide，2011）。

在大多数环境中，海底本身是影响沉船有可能腐解或保存的最重要因素。海底沉积物的厚度和组成，再加上塑造和移动沉积物的外部因素，决定了沉船是否

---

① 作者简介见引言。

② 阿曼达·M. 埃文斯是 Tesla Offshore 公司的高级海洋考古学家，专门解释水下考古资源的遥感数据，并指导海洋考古调查。在美国联邦政府的资助下，她开展了墨西哥湾的沉船残骸、遗址形成过程和水下史前考古景观等研究。

完全或部分埋藏或暴露于海床。洋流、潮汐和波浪是海底沉积物的主要外部影响因素，其作用包括泥沙的沉积、侵蚀和冲刷。洋流和潮汐在浅水中起着更重要的作用，而中、深海水环境更有可能是由洋流和间断性事件所形成的，比如那些由极端风暴或海啸所产生的事件。本章讨论的是开阔海洋中的泥沙类型、控制泥沙运动的因素以及泥沙对沉船的影响，然后以位于墨西哥湾北部的一些近海沉船遗址为例，调查泥沙运动的作用。

本书第一章论述了导致景观发生重大变化的近岸过程，如河流的迁移、海岸线的变化、障壁岛的侵蚀，及其对位于近岸和内陆环境的沉船研究带来的挑战。在近岸环境中，海底沉积物的性质及其在近岸环境中的移动可能是保护或危害世界各地许多沉船遗址最重要的因素。海洋沉积物——通过沉积、加积、冲刷、大规模运移和稳定性——影响着沉船遗址的保存潜力，也影响着考古学家确定先前未知沉船遗址的能力。随着越来越先进技术的出现，考古学家可以在更深的环境中调查更多的沉船遗址。了解这些海洋环境，为沉船研究提供信息，并且将沉船遗址放在一个合适的背景中，这是十分必要的。

## 第一节　埋藏在沉船保存中的作用

沉船及其相关人工制品埋藏在海底沉积物下，这可能是它们得以保存的最重要的因素。化学和生物过程，特别是在沉船残骸暴露于海水中的区域会分解有机物（如木头、绳子、动植物的残骸）和某些无机材料（如金属）。许多已记录在案的沉船仅由暴露在海底的惰性物质组成，例如陶瓷或压舱石，后来又被确定还有埋在海底下或压舱石下的有机残骸（Keith and Simmons，1988）。某些环境条件，包括低温、低盐和/或低溶解氧可以显著减缓有机和无机材料的腐解，但不能防止其劣化。海底埋藏通常最大限度地且直接地影响着遗址的保存，因为它可以防止沉船暴露于生物有机体下，如海洋蛀虫和船蛆（第五章），也可以防止暴露于影响腐蚀和劣化的环境条件下（第四章）。虽然沉积物本身的性质（如 pH 值和微生物）可以限制材料的保存，但也有例外（见第四章），与暴露于海底的材料相比，埋藏起来的同种材料的保存潜力要大得多。

基思·马克尔瑞（Muckelroy, 1978）研究了英国海域的沉船样本，考察后他确定，与海床物质组成直接相关的属性是沉船保存的主要因素。他的工作是确定影响沉船埋葬变量的重要一步。

正如马克尔瑞（Muckelroy, 1978: 160）所观察到的："我们从最早的水下考古调查开始就发现，很明显，与陆地一样，水下的古代遗迹更有可能保存在松软的底质中，而不是岩石基底中。"尽管温度、盐度和溶解氧含量等因素都很重要，但海底沉积物的组成往往是最可能影响到沉船保存的最重要的一个因素。斯特灵城堡号（Stirling Castle）于 1703 年在英国肯特郡东海岸沉没，其残骸说明了沉船埋藏的重要性。该船于 1979 年因当地古德温暗沙（Goodwin Sands）的移动而被首次发现，最初，人们认为船体在海底下被很好地保存了 276 年，但持续的监测发现，自首次发现沉船以后的数年间，沉船已经被迅速腐解（English Heritage, 2007; Wessex Archaeology, 2003）。因此，必须了解沉船遗址周围沉积物的性质和运动，以便充分认识与沉船保存有关的问题。

## 第二节　海洋环境

海洋环境可分为三个主要区域，分别是大陆边缘（continental margin）、深海盆地（deep-ocean basin）和大洋中脊（mid-ocean ridge）（Trujillo and Thurman, 2008: 80）。被动大陆边缘是由相对平坦的大陆架、逐渐倾斜的大陆坡和延伸到深海盆地的大陆隆起所界定的。活动大陆边缘显现陆架狭窄、陆坡陡峭，另外还有一个大洋板块向大陆板块下俯冲形成的海沟。深海盆地的特征之一是基本平坦的深海平原，星点分布着海底火山、岛弧和深海海沟。最后，大洋中脊其实是一系列海底火山，这些海底火山沿着板块扩张边界形成。据估计，大洋中脊覆盖了地球表面的23%（Trujillo and Thurman，2008：91）。

到目前为止，几乎所有的近海考古调查都与位于大陆边缘的沉船有关，特别是与大陆架和大陆坡区域的沉船有关。因此，深海盆地和大洋中脊实际上代表了海底未勘探的部分（National Ocean Service，2013）。巴斯科姆（Bascom，1976）基于对19世纪中期的保险记录研究指出，虽然80%记录在案的沉船发生在海岸附近，但多达20%的沉船可能发生在深海区。从这一点推断漫长的航海历史，我们可以推测离海岸线更远的海域和有待调查的深海区有无数的沉船。

## 第三节　近海泥沙沉积、泥沙性质和泥沙运动

影响沉船对海底初始冲击和下沉的主要因素是沉积物组成和黏聚力。沉积物具有不同的性质，对外力的反应各不相同，因此，沉船随后持久的埋藏取决于沉积物的沉积速率、冲刷过程和侵蚀、可能的沉积物液化和长期的底形迁移（Keith and Evans，2009）。

### 一、海床在沉船事件中的作用

马克尔瑞（Muckelroy，1978）和斯图尔特（Stewart，1999）等人指出，遗址的形成过程始于沉船事件，并贯穿于沉船遗址的整个生命周期。最初的沉船事件对沉船遗址的条件和未来埋藏起着重要的作用。撞击坚硬海底的船体可能会立即破碎并散落［例如肯尼莫兰沉船（Kennemerland wreck），Muckelroy，1978：172－

174]，而落在软质海床上的船体可能会下沉或自埋，因此，至少一部分残骸能立即得以保存。

基思和埃文斯（Keith and Evans，2009）讨论了利用工程测量方法，如抗剪强度（shear strength）估算沉船初始沉降率的实用性，试图量化沉积物的类型。根据有限的数据样本，海底的抗剪强度低和有一定程度的沉船埋藏之间存在一些相关性。沃德等（Ward et al.，1999a）总结了赖利（Riley）和麦卡锡（McCarthy）的研究成果。赖利观察到，船只在沙质海床上坐沉时，通常会沉到船只的吃水线；麦卡锡则鉴别了沉船在软质海床与硬质海床的不同沉降速率。瓦克斯曼（Wachsmann，2011：206）讨论了深海木船残骸通常是如何自我调整的，首先下沉龙骨，产生压力波，压力波冲走未固结的沉积物，在某些情况下，部分残骸会由于该撞击得以掩埋。

虽然最初的影响对沉船埋藏和保存状况起着重要的作用，但是海底沉积物的性质，加上作用于沉积物的外力（例如波浪和洋流），将对沉船遗址的保存产生持续的影响。

## 二、沉积作用

海洋沉积物有多种来源，包括陆地（陆源）、海洋生物（生物源）、海水（水源）和太空（宇宙源）。陆源沉积物主要来源于河流、海岸侵蚀和滑坡，在大陆边缘占主导地位，按体积来算是量最大的海洋沉积物类型。风成陆源沉积物和火山陆源沉积物分布更为广泛，尽管它们通常优先沿海岸边缘沉积，但世界各地的海洋中都可以找到风成沉积。次常见的海洋沉积物是生物沉积，比陆源沉积物分布更广泛。水源和宇宙源沉积物要少得多，但分布也很广泛。

考古学家经常遇到的另一种常见的近岸沉积物类型是由碳酸盐岩陆架和暗礁组成的沉积物，这些暗礁在温暖的浅海中通过生物作用形成，陆源物质的沉积率较低。世界上主要的碳酸盐岩陆架在佛罗里达和尤卡坦半岛海岸、波斯湾、澳大利亚北部以及印度尼西亚和菲律宾之间的南太平洋部分地区。珊瑚礁是典型的碳酸盐岩陆架，在北纬 30°至南纬 30°之间温暖的沿海水域甚为常见。

深海盆地的远洋沉积，主要以钙质软泥(约 48%)、陆源深海相黏土(约 38%)和生物硅质软泥(约 14%；Trujillo and Thurman，2008：121)为主。在世界范围内，近岸陆源沉积物的平均沉积速度为每 1 000 年 1 米；远洋的沉积速率明显较低，每 1000 年不到 1 厘米(Trujillo and Thurman，2008：122)。在某些陆架边缘，泥沙沉积速率要高得多，通常是冲积沉积的结果。较高沉积速率通常与较大规模河流的存在有关，例如已发现沿北美和南美东海岸、墨西哥湾、非洲西北海岸和印度洋的河流向海洋环境倾入了大量沉积物。

在沉积速率高的地区，沉船残骸最终可能被掩埋。不过必须了解，沉积速率不是恒定的，例如，冲积沉积速率可能会随着河曲的发展或河流坡度的变化而降低。因此，一艘沉船可能在沉船事件发生后不久就处于低沉积区，在暴露多年后才被掩埋，或者相反，即使现代沉积速率极低，它也可能在第一次失事后相当快地被掩埋。由于沉积速率一般以毫米/年为单位测量，正常的泥沙沉积或加积通常不是船舶埋藏的主要原因。

海洋沉积物分为两类：黏性沉积物和非黏性沉积物。黏聚力通常随着粒径的减小而增加，因此黏性沉积物包括黏土和一些粉砂，由极小的层状矿物颗粒组成(Grabowski et al.，2011：103)。黏性沉积物的化学成分通过静电力(electrostatic force)把水吸到矿物的层间结构中(Grabowski et al.，2011：104)。随着含水量和化学成分的变化，黏土的特性也发生大的变化。当黏土干燥时，由于颗粒间的紧密吸引而变得坚硬；当黏土湿润时，则会呈现泥浆状(Grabowski et al.，2011：103－105)。在近海环境中，黏土颗粒比其他类型沉积物更长时间悬浮于水体中，直到脱离悬浮体沉降到海底(TxDOT，2008)。当海平面下降，导致黏土暴露于空气中时，黏土会因为丧失水分变得非常坚硬。在稳定海洋环境中沉积的黏土，其水分也会因为上覆沉积物的压实作用慢慢被挤出来。因此，通常是表层为非常软的黏土，随着深度的增加黏土的强度逐渐增加。饱水的黏土和粉砂通常被称为泥(Grabowski et al.，2011：102)。

非黏性颗粒比黏土颗粒粗并且更圆(见表2.1)。非黏性颗粒按大小分类，包括砂、砾石(gravel)、粗砾(cobble)和巨砾(boulder)。由于非黏性沉积物的粒径较大，它们之间为机械作用而不是化学作用(TxDOT，2008；Jain and Kothyari，2010：35)。纯无黏性的沉积物在干燥时自由流动，在水下几乎没有黏性(United States Army Corps of Engineers，2002)。尽管砂粒的抗剪强度(一种确定泥沙横向剪切并因此适应自埋藏所必需的应力的方法)较低，但由于孔隙水压力中的毛细管张力所产生的"表观黏聚力"(TxDOT，2008)，高抗剪强度也可以发生在非黏性土壤中。碳酸钙和二氧化硅的存在引起的胶结作用(cementation)也可以增加非黏性沉积物的抗剪强度峰值(Chaney and Demars，1985：540)。明显的黏聚力和胶结作用可以形成非常坚硬的海底，抑制沉船最初的下沉或埋藏。对容积密度(bulk density)和塑性等泥沙特性的测量，对于了解海床底部沉积物起动的可能性也很重要(Rego et al.，2012；Lick and McNeil，2000)。

**表2.1　粒径尺度及换算表**

| 毫米 | $\Phi$ | 温特沃斯粒径分类 |
|---|---|---|
| 4 096～256 | −12～−8 | 巨砾 |
| 256～64 | −8～−6 | 粗砾 |
| 64～4 | −6～−2 | 中砾(pebble) |
| 4～2 | −2～−1 | 细砾(granule) |
| 1.00 | −1～0.0 | 极粗/粗砂 |
| 0.84～0.59 | 0.25～0.75 | 粗砂(coarse sand) |
| 0.50 | 1.0 | 粗/中砂 |
| 0.42～0.30 | 1.25～1.75 | 中砂(medium sand) |
| 0.25 | 2.0 | 中砂/细砂 |

(续表)

| 毫米 | $\Phi$ | 温特沃斯粒径分类 |
|---|---|---|
| 0.210～0.149 | 2.25～2.75 | 细砂(fine sand) |
| 0.125 | 3.0 | 细砂/极细砂 |
| 0.105～0.074 | 3.25～3.75 | 极细砂(very fine sand) |
| 0.0625 | 4.0 | 极细砂/粗粉砂 |
| 0.053～0.037 | 4.25～4.75 | 粗粉砂(coarse silt) |
| 0.031 | 5.0 | 粗/中粉砂 |
| 0.0156 | 5.5～6.5 | 中粉砂(medium silt) |
| 0.0078 | 7.0～7.5 | 细粉砂(fine silt) |
| 0.0039 | 8.0～8.5 | 极细粉砂(very fine silt) |
| 0.0020～0.00024 | 9.0～12.0 | 黏土(clay) |

注：根据 Folk(1980)和 Shackley(1975)的数据汇编而成。

在泥沙沉积方面，需要着重注意的是，颗粒较粗的沉积物最先从悬浮体中沉降，因此，细粉砂和黏土比粗颗粒的砂或砾石输移得更远(Masselink and Hughes, 2003)。这就是为什么世界上许多海岸都有砂和砾石的原因。大陆架和陆坡边缘主要是粗粒粉砂和黏土，它们从河流源头进入海洋系统后，被输运的距离更远，而远洋沉积物则被输运到更远的地方。这些沉积物大多数是非常细的黏土或软泥(ooze)。

在大多数深海环境中，从大陆坡向盆地方向沉积速率是如此之慢，以至于即使是最古老的沉船所经历的沉积作用都是微不足道的。然而，深海环境也会遭受到在陆坡断裂带和海底峡谷发生的块体运动(mass wasting)事件，称为浊流(turbidity current)。浊流可以从外陆架携带大量沉积物到深海，这有可能严重影响、移动或掩埋沉船遗址(Church et al., 2007：28)。

物理性质是决定起动海底沉积物所需作用力的一个因素；另一个因素是由水流和波浪引起的剪切应力(shear stress)(Whitehouse, 1998：64；Jain and Kothyari, 2010：33)。

## 三、波浪和流

浅水深处的沉船受波浪冲击明显，并且可能经受了强烈的沿岸流或潮流(tidal migration)冲击[本书第一章中福特等人已经讨论过，且麦克宁奇(McNinch)等在2006年已证明了这一点]。由于波浪和流的作用，浅海环境比深海环境具有更高的能量。虽然波浪的影响随着水深的增加而降低(在某种程度上流的影响也是如此)，但在某些条件下，波浪和流仍然对海底，进而对海底沉积物有重大影响。

外部水体运动(通过波浪或流)可以起动松散的沙质沉积物，但固结的粉砂和黏土需要更大的力量来掀起，并对泥沙运动产生更多阻力(Curray, 1960)。粗粒松散沉积物的区域更有可能在冲刷或底形迁移过程中遇到有规律的泥沙运动(Quinn等人在第三章中对此进行了讨论；Whitehouse, 1998: 62; Ward et al., 1999b)，如斯特灵城堡号沉船残骸上的活动沙滩。

波浪有多种形成方式，但是因密度差异[即密度跃层(pycnocline)]而形成的内波海浪主要由风驱动。从技术上讲，潮汐是另一种形式的波浪，由太阳和月球的引力产生；而人造波浪，如船舶尾流产生的波浪，也可能影响海底沉积物。最后，由地震或泥石流等特殊地质事件引起的波浪也可能对海底产生重大影响。

表面波(surface wave)只在相对较浅的水域影响海床。波浪能造成明显影响的水深称为波基面(wave base)，波基面一般等于波长的一半(测量波长是指测波峰到波峰或波谷到波谷的长度；Trujillo and Thurman, 2008: 250; Waters, 1992: 249-251)。波长在不同的水体中是不同的，在墨西哥湾和加勒比地区，最近测量到的平均波长为70米，在西大西洋的开阔水域，平均波长为120米(Peters and Loss, 2012)。若给定波基面是波长的1/2，一般的波浪将不会影响水深大于35米的墨西哥湾海床，或者水深在60米以下的开阔的大西洋海床。然而，波浪冲击的强度随深度而耗散，所以即使达到这样深度，波浪对海底产生一些冲击，但这些冲击的强度可能不足以掀起沉积物。因此，人们普遍认为，在大陆架水深较大的区域，海底沉积物一般只在极端的风暴事件发生时才受到表面波的影响(Curray, 1960; Davies, 1983; Rego et al., 2012)。

在浅水中，风成表面波是相对可预测的，并以特定的方向掀起泥沙。局部风暴事件产生的表面波可能对海底沉积物产生更剧烈的影响，但其可预测性要差得多(Davies, 1983: 1)。哪一种影响对特定沉船遗址更重要，取决于所涉及的区域和暴露于风暴的可能性。沿大陆架传播的波浪对海床的影响很小，甚至没有影响，直到水深减小到小于表面波长才会有影响。只有当波基面大于水深时，波浪能(wave energy)才开始冲击海床。波浪能随着水变得越来越浅而变得越来越强，并可能导致泥沙输移(在海床可侵蚀的区域)、海底渗滤(在海床可渗透的地区)或海底运动(在海床由软泥组成的地区; Davies, 1983: 1)。上文有意简化了关于波浪的讨论，并没有展开探讨所有波浪类型的复杂性，例如深海内波(deep-water internal wave)。与沉船考古学家相关的是波浪引起的泥沙输移可能是由多种波浪模式和组合造成的。

就像波浪一样，流可以通过引发冲刷或在遗址沉积泥沙，从而对海底地貌产生影响(Quinn, 2006; 本书第三章)。洋流有两种类型：表层流和深层流。表层流发生于密度跃层以上，由风驱动，密度跃层是存在于中纬度地区 300～1 000 米水深的密度/盐度变化层。深层流是密度驱动的洋流，发生在密度跃层以下，是表面温度和盐度变化的结果，并受到北极和南极下沉水的极大影响(Trujillo and Thurman, 2008: 241)。深层流影响的水量较大，但移动速度比表层流慢。根据索雷德的研究，深层流的流速常为 1～2 厘米/秒(0.19～0.39 节[①])(Søreide, 2011: 161)。然而，在海洋的某些部分，4 000 米水深处检测到了 0.83 节的深层

① 译者注：国际通用的航海速度单位，也可计量水流和水中武器航行的速度。1 节 = 1 海里/时 = 1.852 千米/时。

流，并且，观察到了侵蚀海底，造成冲刷并形成波痕(Capurro，1970：149)。从长远来看，根据柯雷的研究，约0.68节的速度是可以扰动海底细石英砂及距海底1米的平均流速(Curray，1960：233)。

沉船保存率已被证明与海底沉积物掩埋有关(Muckelroy，1978；Wessex Archaeology，2003；English Heritage，2007)。沉积物的沉积程度、性质和运动影响如何看待某一沉船遗址在其最初发现时的样子，并在考古调查结束后很长一段时间内仍会继续影响如何看待该遗址。因此，作为长期管理策略的一部分，考古学家尤其是遗产管理者必须了解影响沉积物的动态条件。

了解沉积物性质也是寻找沉船遗址工作中的一个重要考虑方面。沉船部分或全部被埋，这就要求搜索时布设非常密集的、应用某些技术的调查网格，例如用磁力仪识别埋藏的铁磁性材料。相反，在沉积率低、波浪影响有限的深海环境中进行搜索，可能需要依赖更大的调查网格，利用声学成像，搜索海底表面或上覆的目标。

## 第四节　案例研究：墨西哥湾沉船研究

本书其他章节的研究表明，遗产管理机构在研究与海洋历史沉船有关的遗址形成过程方面具有既得利益。美国内政部通过海洋能源管理局(BOEM)管理着美国联邦水域中所有用于能源开采的海底。自1974年以来，BOEM及其前身一直负责管理文化资源，并确保它们不受近海能源开发活动的影响。面对海上开发，为了更好地管理现有的和潜在的沉船，BOEM必须解决遗址形成过程的问题，了解沉船是否可能被保存，以及根据周围环境，确定沉船怎样管理才最好。近年来，BOEM委托了多项研究，强调遗址形成是他们研究设计的一部分，其中包括正在进行的Lophelia项目(Church et al.，2007)的部分内容，以及一项旨在模拟飓风对外陆架沉船影响的研究(Gearhart et al.，2011)。

BOEM最近资助的另一项研究旨在调查一些可能的沉船遗址，以评估其历史意义(Evans et al.，2013)，研究的另一个目标是评估遗址形成过程对每处沉船遗址的影响。按照合同规定的工作范围，必须进行钻孔作业以评估遗址形成过程，但研究设计中其余部分的开发留给了承包商。特斯拉海洋有限责任公司(Tesla Offshore，LLC)与下述人员签订了实施该研究的合同，合作伙伴来自西佛罗里达大学(University of West Florida)、路易斯安那州立大学(Louisiana State University)和得克萨斯大学奥斯汀分校(University of Texas at Austin)。这项研究表明评估与沉积物有关的遗址形成过程所面临的挑战和机遇。

# 一、方法

现有的海洋学、地貌学、工程学和其他学科的文献提供了大量关于沉船潜在影响因素的信息。作为研究内容的一部分，在Tesla-BOEM项目研究开始时，考虑到实用性和成本效益，我们对考古研究和其他学科的一些方法进行了评估，以确定其对正在发生的沉船影响因子的鉴别能力。

海洋学、地质学和影响海洋环境的地貌过程的研究方法很多。评估海底特征时最常用的技术是地球物理数据采集、海洋数值模拟、海底和水体垂向上的物理测量。这些技术可用于某个区域或特定遗址的长期监测，也可用来在某处遗址调查期间收集数据，并把这些数据添加到模型或分析中，提供特定时间的环境信息。

这项研究的田野调查从2009年持续至2011年，其间共调查了11处疑似沉船遗址，其中9处经核实发现了沉船残骸。研究涉及的沉船位于11～36.5米水深，沿着路易斯安那州和得克萨斯州东北部海岸，横跨墨西哥湾中北部和西北部(见图2.1)。在调查的9艘沉船中，有8艘是钢壳船，年代从20世纪早期到相对现代；另一艘主要结构为铁质的沉船在美国内战时沉没，可以追溯至19世纪中期。4艘沉船倒扣在海床上，龙骨朝上。

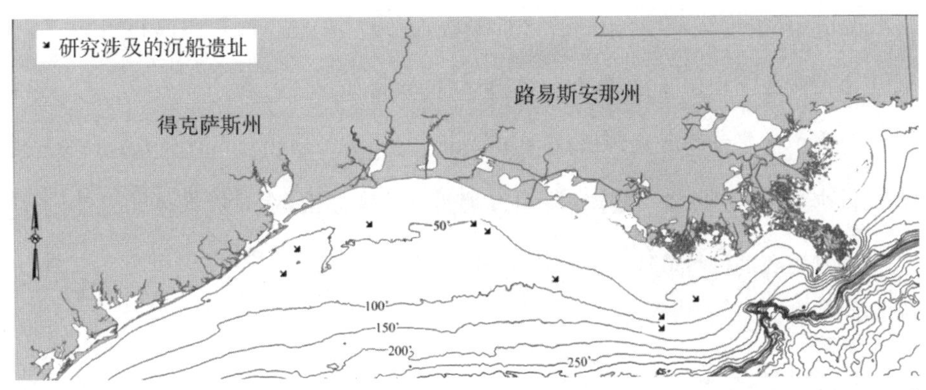


图 2.1　Tesla-BOEM 项目中沉船遗址的位置

沉船埋葬和沉积物在遗址形成中的作用通常不是考古研究的前沿问题，Tesla-BOEM 的工作提供了最新的方法学层面的研究案例。本研究采用了与海底沉积物相关的三种主要分析方法：地球物理遥感、沉积物钻孔取芯和海洋数值模拟。虽然研究的结果取决于实际遇到的环境，但是此处的研究方法及其细节适用于各种环境中的各种类型遗址的研究。

## 二、地球物理遥感

地球物理学和最常见的声学方法可以用来识别海底和浅部地层，并对这些环境条件进行定性评估（Quinn et al.，1997）。基于声呐后散射，量化声学信号用于海底分类这项技术正在不断改进，将来可能成为比直接测量方法更经济、更快速的海底分类方法（Ishtiak and Demsar，2013）。地球物理学也可用于遗址的长期监测。高分辨率测深技术可以用于评估遗址的状况，例如英国海事和海岸警备局（U. K. Maritime and Coast Guard Agency，MCA）及国防部（Ministry of Defense）2012 年对 SS 理查德·蒙哥马利号（SS Richard Montgomery）沉船进行年度评估时（MCA，2012）就建立和使用了这种方法，来识别净泥沙侵蚀（net sediment erosion)或冲刷(Quinn, 2006; Gregory, 2009)。侧扫声呐也可用于定性测量冲刷或沉积物变化(Quinn, 2006; Evans et al., 2013)。

定点声学多普勒海流剖面仪(stationary acoustic doppler current profiler)能够提供水流速度测量值,潮汐浮标可以测量潮汐和波浪,在对极端风暴事件研究时特别有用。卫星高度计还可以用于测量水体垂向上的性质,提供与洋流或潮汐相关的信息。

在BOEM研究项目中,从最初调查的每个沉船遗址获得的地球物理数据包括侧扫声呐、多波束和单波束测深、磁力仪和浅地层剖面仪的数据。有三处沉船遗址使用了三维扫描声呐,潜水作业期间还在若干沉船遗址使用了一套扇形扫描声呐。地球物理调查的结果提供了沉船遗址的图像,不但得到了遗址分布图,确定了遗址范围及其分布情况,还提供了水深和海底坡度资料,了解了遗址周边的冲刷模式,并获取了海底浅部地层的图像。

地球物理数据在确定每处沉船遗址周围冲刷模式的程度和深度方面最为有用(见图2.2、图2.3、图2.4)。地球物理数据记录了每处沉船遗址的清晰的冲刷模式,在某些情况下,浅地层剖面上可以明显地看到最近的充填物。图2.2突出显示了疑似R.W.加拉格尔号和疑似托莱多城市服务号沉船失事地点附近的浅地层剖面,以及托莱多城市服务号遗址已被充填的冲刷坑的证据。大部分遗址显示出较宽的浅层冲刷区域,延伸至沉船遗址之外(见图2.3)。通常,每艘沉船的船头、船尾以及船体断裂处的冲刷区域更大、更深,这可能是由局地流态(flow regime)加速造成的(见图2.4)。

## 三、沉积物钻孔取芯

测试海底沉积物的直接特性可以通过多种技术,包括土壤钻孔、箱式采样器、抓斗取样,或现场锥形穿入计测试等。沉积物岩芯数据分析可以提供沉积物地

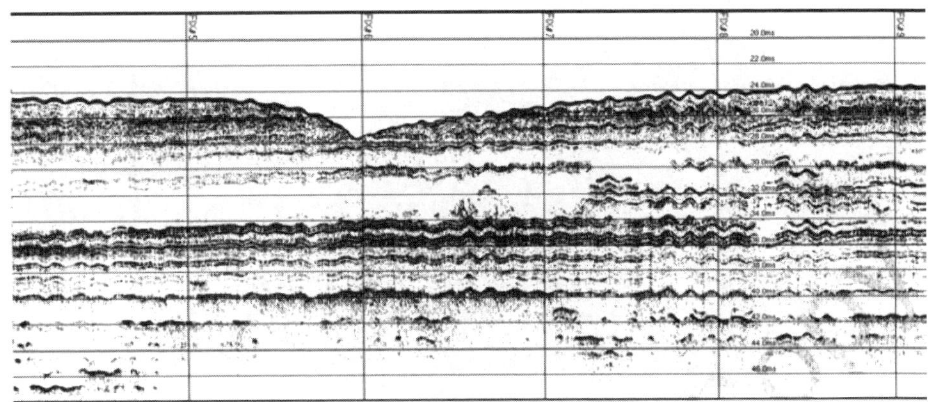

(a)

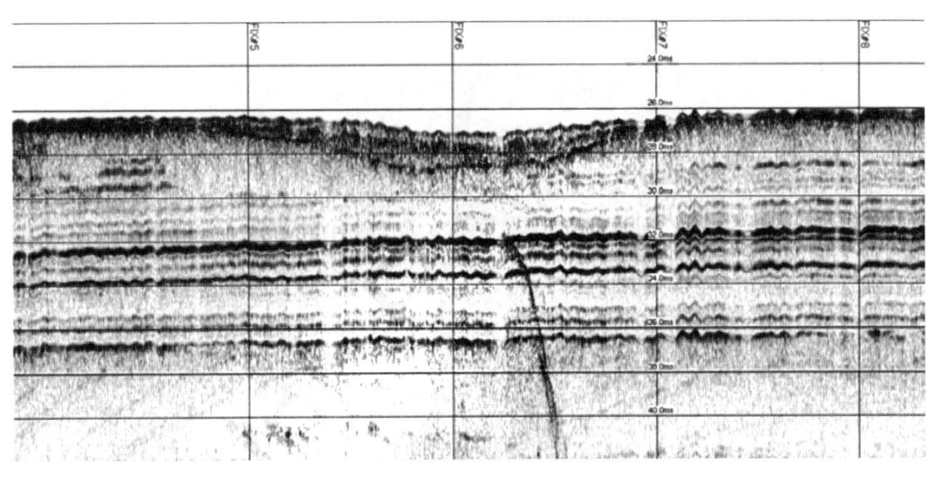

(b)

图 2.2　浅地层剖面图像

(a)浅地层剖面图像；(b)浅地层剖面图像

注：图(a)显示的剖面位于可能是 R. W. 加拉格尔号(R. W. Gallagher)沉船的东南侧，距离沉船大约 15 米。图(b)显示的可能是托莱多城市服务号(Cities Service Toledo)沉船西侧的剖面，距离沉船大约 20 米。水平比例尺每格为 150 米；垂直比例尺每格约 1.5 米(Evans et al., 2013)。

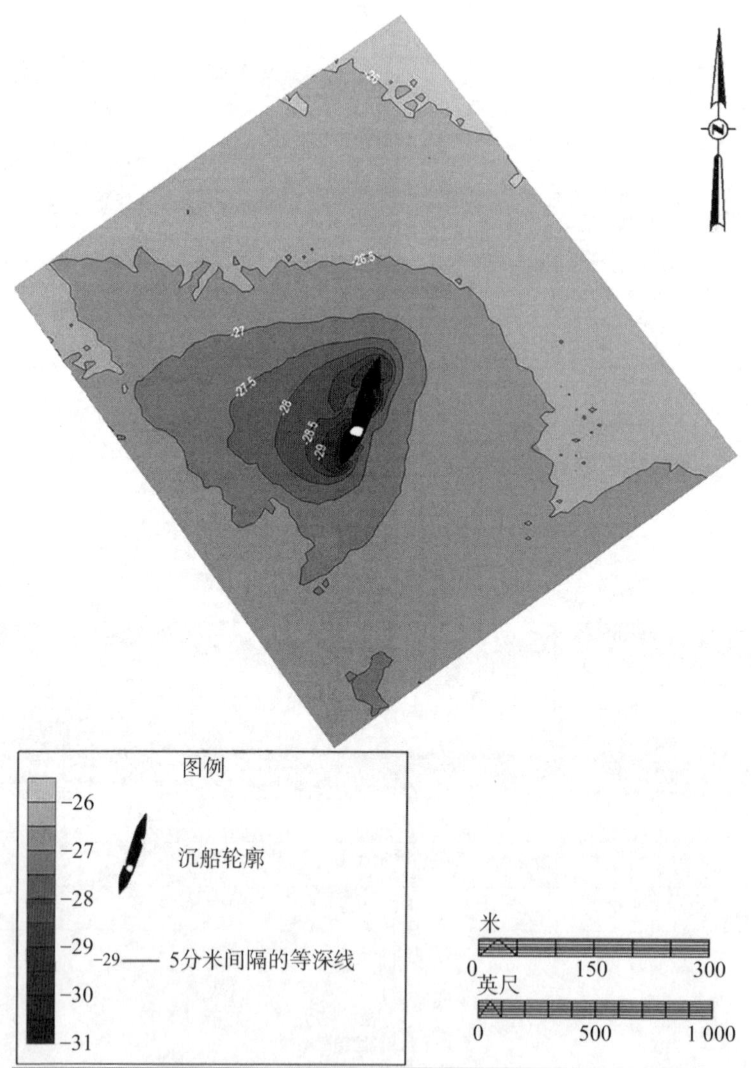


图 2.3　疑似 R.W.加拉格尔号沉船周围 5 分米间隔的等深线(Evans et al., 2013)

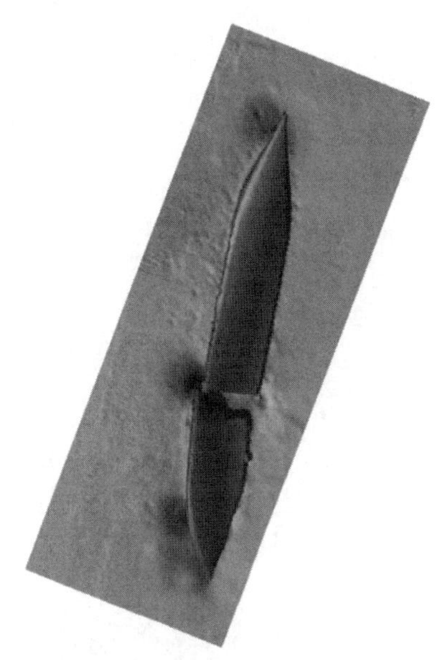

图 2.4　疑似托莱多城市服务号沉船遗址的多波束测深图(Evans et al., 2013)

球化学特性和生物特性的信息(Camidge et al., 2009),以及沿岩芯剖面的沉积物粒度和岩土特性。

Tesla-BOEM 研究涉及的每处遗址都通过潜水员获得了沉积物岩芯。通过对每个岩芯岩性的描述、用质谱仪测得的粒径和以放射性同位素进行的分析,分析了遗址沉积物的特性。粒径被认为是“第一等重要的特性”(Masselink and Hughes, 2003: 102),结合抗剪强度测量,提供了各处遗址沉积物物理特性信息。为了建立极端风暴事件中泥沙输移潜力的局地特殊模型,需要了解单个颗粒的物理特性(Keith and Evans, 2009; Rego et al., 2012)。调查区域东部接近密西西比河河口地区通常是粉砂和黏土,而西部地区的样本中多是砂、粉砂和黏土(Evans et al., 2013: 401 - 410)。调查还发现离岸距离也会影响粒径分布。粒径曲线显示了沉积模式,在某些情况下还显示了反复发作的冲刷和充填的证据。图 2.5 通过比较位于离岸约 21 海里①的两个水深相似的遗址的沉积物岩芯岩性,可

① 译者注:计量海洋上距离的长度单位。1 海里 = 1 852 米。

以看出沉积物模式的明显变化。这些遗址之间的主要区别是沉积物类型、流态以及与历史风暴的距离。

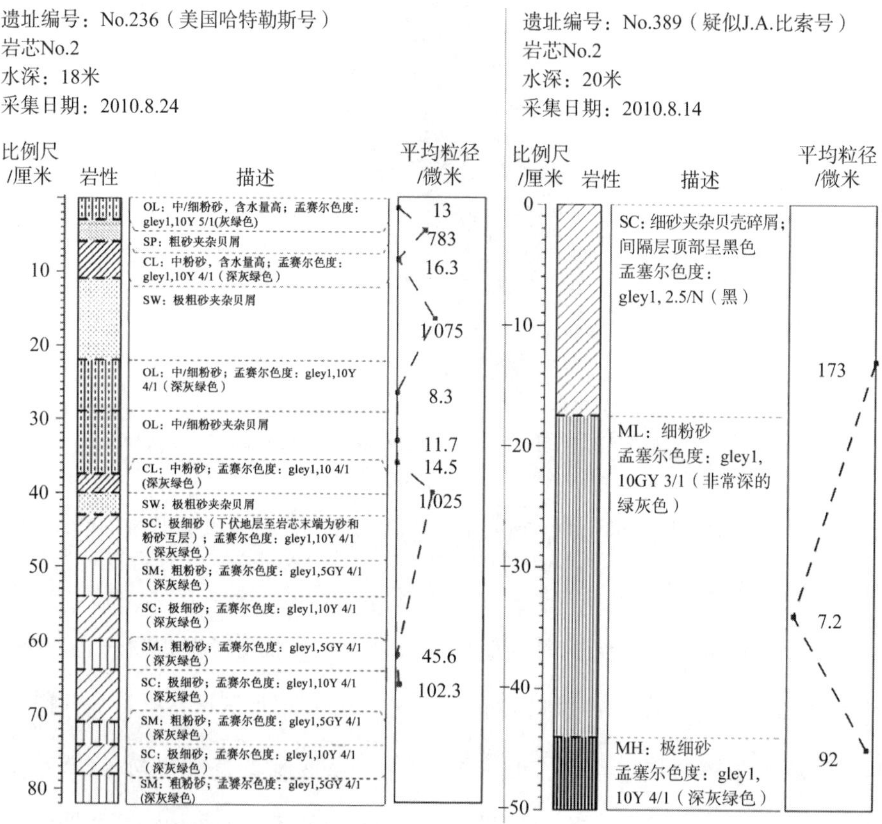

图 2.5　美国哈特勒斯号(Hatteras)和疑似 J.A.比索号(J.A. Bisso)沉船遗址岩芯的岩性分析和平均粒径(基于 Evans 等人 2013 年编制的数据)

取样岩芯做放射性同位素分析的目的，是利用这些数据作为局地沉积速率和冲刷的替代指标(Allison and Lee，2004；Allison et al.，2005；Neil and Allison，2005)。由于放射性同位素示踪剂的半衰期较短，可以作为现代过程的指示物，特别是铅-210($^{210}Pb$)和铯-137($^{137}Cs$)，因此成为研究的一部分。铅-210是自然产生的，半衰期为22.3年，而$^{137}Cs$通过核试验进入大气，半衰期为30年。根据$^{210}Pb$和$^{137}Cs$的测量值可以绘制衰减曲线，有可能从中识别出整个剖面中发生的中断和可能的侵蚀/冲刷事件。

放射性同位素分析的目的是确定扰动后沉积物堆积速率或侵蚀的特征标记，它有助于了解沉船埋藏或冲刷的可能性和速率，类似于对胡萨托尼克号（Conlin，2005）和亨利号（Lenihan and Murphy，1998：16）沉船遗址分析，两者都与遗址保存相关。

放射性同位素分析并没有在岩芯剖面中发现最近30年内的风暴事件。近期风暴证据的缺乏可能是由于在钻孔过程中岩芯套筒内最上层沉积物的保留不足。然而，除一处遗址外，所有检测的遗址都发现了放射性同位素衰变曲线的不连续中断。在某些情况下，观测到的中断似乎与已知的历史风暴事件相对应；在其他情况下，则假定干扰可能是由沉船事件本身引起的，尽管这项研究中的采样间距和现有数据不足以确定这一点。

放射性同位素衰减曲线表明，遗址点取样的所有研究的沉积物沉积速率都相对较低。记录的最高速率为0.14～0.17厘米/年；最低速率为0.06～0.08厘米/年。根据测量所得的沉积速率，目标遗址沉积6～17厘米的沉积物需要100年的时间，这还未包括压实和脱水的影响。放射性同位素分析的结果表明，这些研究遗址中的任何一个遗址，仅是靠持续不断的沉积物加积，不太可能在掩埋遗址方面发挥重要作用。

## 四、数值模拟

利用海洋数值模拟可以确定长时间尺度的沉积物堆积和损失率，并确定风暴事件导致海底受显著影响的区域（Evans et al.，2013；Rego et al.，2012）。这项研究中海洋数值模拟重点是在研究遗址的泥沙输移和起动潜力方面，包括加积和冲刷，因为其与遗址的暴露有关。沉船周围的海底沉积物主要由黏土和粉砂组成，主要来源于密西西比和墨西哥湾沿岸其他河流的陆源沉积物。由于这些沉积物的黏结力，可以认为这些水深的典型水流和波浪作用力不足以自然地带动这些沉积物(Curray，1960)。因此，海洋数值模拟的重点是近年来发生的极端风暴事件，以便对每处遗址的净泥沙淤积和侵蚀进行模拟。

数值模拟使用Deltares软件(Evans et al.，2013；Rego et al.，2012)，模型融合了沉积物特性数据，其源自上述的沉积物岩芯分析、测深数据和近期飓风H＊WIND数据，模拟使用这些数据，通过专有的Delft3D-FlOW和Delft3D-WAVE模型来模拟水动力和波浪作用。有关该方法的更详细讨论，参见埃文斯及其同事(Evans et al.，2013：21－22)的研究成果。

研究遗址的海洋数值模拟显示出相当大的变化，扰动深度在0.3～150厘米之间，取决于沉积物固结的程度和与模型风暴路径的接近程度。该模拟表明，风暴可能会对许多遗址造成显著的冲刷，在风暴过后，被扰动的沉积物会有明显的再沉积[如图2.2(b)所示]，导致适度的沉积物净冲刷(1例出现了净加积)。

## 五、案例研究小结

Tesla-BOEM研究成果为墨西哥湾西北外陆架的若干沉船遗址的泥沙沉积和冲刷率提供了有用资料。研究成果还使人们对不同技术在数值模拟和测量沉船遗址形成过程的实用性和适用性有了深入了解(Evans et al.，2013)。地球物理数据不仅有助于处理若干研究目标，对于说明遗址一级的泥沙运动具体模式也是必不可少的。利用海洋数值模拟来证明极端风暴事件可能产生的影响，提供净泥沙运动估算，从而协助遗址管理。

放射性同位素分析的目的是为确定遗址沉积物的年代，并作为沉积物加积和侵蚀率的指标。

这项研究的成果提出了沉船遗址周围常年流速强度的问题，以及常规水流是否足以起动主导整个区域的黏性沉积物，或者是否风暴才是起动的必要条件。目前在选定的沉船遗址周围的测量活动，加上沉积物岩芯的可塑性和含水量数据，将有助于回答这些问题，这也是未来研究计划的一部分。

遗址形成研究最具挑战性的任务是提出具备成本效益和高效率的研究设计。Tesla-BOEM 研究中使用的方法并不是唯一的选择，但是考虑到合同的参数，可以认为这些方法是在相对较短的时间内提取最多长期数据的最佳选择。因此，该方法侧重于能够一次性获取研究遗址最多的信息量。另外，奥克斯利（本书第九章）讨论了遗址长期监测使用的方法的实例，卡米奇等人（Camidge et al.，2009）、威塞克斯（Wessex，2003）、沃德等（Ward et al.，1999b）、迪克斯等（Dix et al.，2007）和英国海事和海岸警备局（MCA，2012）等学者和机构证实了这些方法。

## 第五节　结　论

了解海底沉积物的特征及其相互作用可以提供丰富的信息。理解区域沉积物，可以在寻找沉船遗址时提供策略和作出解释；遗址特定地质地貌环境研究可以提供关于沉船遗址埋葬历史的信息（Lenihan and Murphy，1998；Evans et al.，2013）。此外，这些信息还可以为遗产管理者和文保人员制定管理策略提供依据。

随着考古学家和其他遗产管理同行越来越多地负责保护和/或管理沉船遗址，很显然，重要的第一步是了解海底特性。虽然不可能改变海洋的盐度或从平衡状态中除去木材中的钻孔生物，但重埋是保护沉船遗址的一种实用和常用的方法（Gregory，2009；Gregory and Manders，2011）。正确理解沉积物特性以及沉船遗址周围的宏观和微观环境，对于确保遗址就地保存方法的成效和完善十分重要。

## 第六节 致 谢

感谢美国内政部海洋能源管理局为案例研究提供资金。本研究的放射性同位素分析由得克萨斯大学奥斯汀分校的米德·艾利森(Mead Allison)博士负责,海洋数值模拟由若昂·利马·雷戈(João Lima Rego)博士指导、用 Deltares 软件完成。地球物理数据和结果分析由帕特里克·赫斯普(Patrick Hesp)博士协助完成。

# 第三章　海洋环境中非黏性沉积物的冲刷

罗里·奎因[①]、罗宾·桑德斯[②]、露丝·普莱斯[③]、基兰·韦斯特利[④]、贾斯汀·迪克斯[⑤]

当某地区的沉积物受到诸如波浪等振荡流(oscillatory flow)、定向流(例如潮流、河流或密度流)或组合流(Whitehouse, 1998)的作用而受到侵蚀时,海底会发生冲刷。通常情况下,引发冲刷的原因是床底地貌的变迁,或是起因于故意地(如海岸工程)或意外地(如沉船)在海底加入某一外来物体(Soulsby, 1997; Whitehouse, 1998; Quinn, 2006)。海洋结构物很容易由于波浪和潮流的冲刷而受到侵蚀,冲刷过程最终会导致海洋结构物完全被破坏并引起倒塌(Soulsby, 1997; Whitehouse, 1998)。海洋环境的冲刷地貌(Scour Signatures)常常被报道,考古学也注意到了冲刷地貌的发展及其在短期和长期遗址演化中的重要性(Arnold et al., 1999; Caston, 1979; McNinch et al., 2001; Quinn, 2006;

---

① 罗里·奎因,阿尔斯特大学环境科学学院准教授。他的研究兴趣是海洋地质考古,特别是沉船遗址形成过程和水下考古景观。

② 罗宾·桑德斯,特许建筑工程师、英国水文学学会会员,2005 年凭借其土木工程学背景(南安普敦大学工学学士,2000 年)获得南安普敦大学(University of Southampton)博士学位,其博士学位论文研究了淹没三维物体周围的海床冲刷。

③ 露丝·普莱斯,阿尔斯特大学环境科学学院讲师。她的研究兴趣是将地球物理技术用于水下考古,此类调查的重点是沉船和水下景观成像、特征和可视化。

④ 基兰·韦斯特利,阿尔斯特大学海洋考古中心讲师。他目前的研究重点是使用地球物理、岩土工程和考古方法重建史前淹没的景观;他的兴趣还包括利用海洋地球物理绘制沉船图以及沿海侵蚀对考古遗址的影响。

⑤ 贾斯汀·迪克斯,南安普敦大学国家海洋学中心海洋地球物理学和地球考古学的高级讲师。他的研究兴趣是地球物理(尤其是声学)、地质、考古和水动力方法的开发和集成。

Trembanis and McNinch，2003；Uchupi et al.，1988；Ward et al.，1999a)。冲刷还与其他一系列活动有关：生物学调查(Eckman and Nowell，1984)、海岸工程和海床开发(Carreiras et al.，2003；Kumar et al.，2003；Sumer et al.，1997；Sumer et al.，2001)；冰川和地貌研究(Hay et al.，2005；Richardson，1968；Russell，1993；Sharpe and Shaw，1989)以及矿藏探测(Hatton et al.，2004；Smith et al.，2004)。

从淹没在近岸浅水中的沉船遗址(Arnold et al.，1999；Caston，1979；McNinch et al.，2001；Quinn et al.，1997；Wheeler，2002)到大陆架和更远的深海遗址(Ballard et al.，2000，2002；McCann and Oleson，2004；Uchupi et al.，1988)，考古调查中多次报道冲刷地貌。从完整及分散的沉船遗址(Arnold et al.，1999；Caston，1979；McNinch et al.，2001；Quinn，2006；Wheeler，2002)和单件文物和散落的文物(Ballard et al.，2000，2002；McCann and Oleson，2004)中都发现了冲刷痕迹。海洋考古学关注遗址形成理论(Muckelroy，1978，O'shea，2002；Quinn，2006；Stewart，1999；Ward et al.，1999a)，并且认同遗址形成的早期阶段由物理过程主导(Ward et al.，1999a)，这表明更深入地理解冲刷过程以及与之相关的沉船遗址沉积和侵蚀过程是很重要的。

## 第一节　水下结构物的流态

因为全面讨论冲刷过程的运作方式(以及相关的水动力学和沉积动力学)超出了本章的范围，所以本节总结了冲刷的一般原理，并介绍与本研究相关的术语。有兴趣学习更多关于冲刷知识的人可以翻阅索尔斯比(Soulsby，1997)和怀特豪斯(Whitehouse，1998)的著作以及苏梅尔和弗雷德索(Sumer and Fredsoe，1999)以及苏梅尔等人(Sumer et al.，2001)的文章，这些著作和文章都给出了优秀的概述。此外，卡斯顿（Caston，1979）、桑德斯（Saunders，2005）、奎因（Quinn，2006）和迪克斯（Dix et al.，2007）更全面地讨论了沉船遗址周围的冲刷过程和地貌。

海底外来物体的加入，导致流速增大（由于连续性）和湍流现象（由于旋涡的产生）（Whitehouse，1998）。由于外来物体附近的流速增大，随后发生冲刷，导致原来处于平衡（或准平衡）状态的海床变低。这是因为该地点的希尔兹参数（Shields parameter，用于计算流体中泥沙起动的一个无量纲数）也随流速增大而增加，导致沉积物运移机制发生变化，从而使海床偏离平衡态（Voropayev et al.，2003）。因此，海底外来物体的加入会引起其周围水流状况的变化，造成下列一种或多种情况的组合：水流收缩；水下结构物前形成马蹄涡①（horseshoe vortex）；水下结构物后形成尾涡（有时伴有尾涡脱落）；紊流；反射波和绕射波的产生；波浪破碎（wave breaking）；沉积层液化加速遗址材料的流失（Sumer et al.，2001）。这些过程增加了局部泥沙输移，随后导致冲刷（Sumer et al.，2001）。当冲刷发生在细颗粒沉积物（粉砂或黏土）海床上时，被侵蚀的物质以悬浮状态被带离沉船遗址，留下一个可能不容易被自然过程填满的海底洼地（Whitehouse et al.，2011）。当冲刷发生在粗颗粒沉积物（砂或砾石）海床上时，除冲刷外，通常还会有被侵蚀物质的局部堆积。由于粗颗粒沉积物从水体中沉降的速度要快得多，因此在浅水和沿海环境中，考古研究的沉船主要位于以沙子或砾石为主的海床上。因此，本章的讨论和案例特指以粗粒沉积物为主的地区。细粒沉积物为主的地区的讨论请参阅本书第二章。

一个水下短圆桩（与沉船很相似）周围的流体力学基本上是三维的（Testik et al.，2005），由两类基本水流结构组成，即桩前马蹄涡和桩后尾涡（见图 3.1）。来水水流在桩前旋转形成马蹄涡。在圆桩产生的逆压梯度的影响下，海床上升流边

---

① 译者注：在边界层中流动的流体（空气、水等），如果遇到障碍物，流体会受到障碍物的阻碍作用，流速降低，产生下游压力大、上游压力小的逆压梯度，当逆压梯度大到一定程度时，流体原来的运动不仅会被停止，而且会在逆压梯度的作用下向上游（反方向）运动，从而在靠近障碍物根部附近的地面角区形成沿着障碍物的根部区域。这种涡旋由于涡面形状类似于弯曲的马蹄铁形状，因而被称为马蹄形涡旋，简称马蹄涡。

界层发生三维分离，向上翻滚形成一个绕桩的旋涡，拖曳圆桩迎向水面的下沉流(Sumer et al.，1997;见图 3.1)。马蹄涡的形态可能会严重扭曲，导致复杂的流动模式，其结果是涡旋脱落并随水流向下游运输(Testik et al.，2005)。

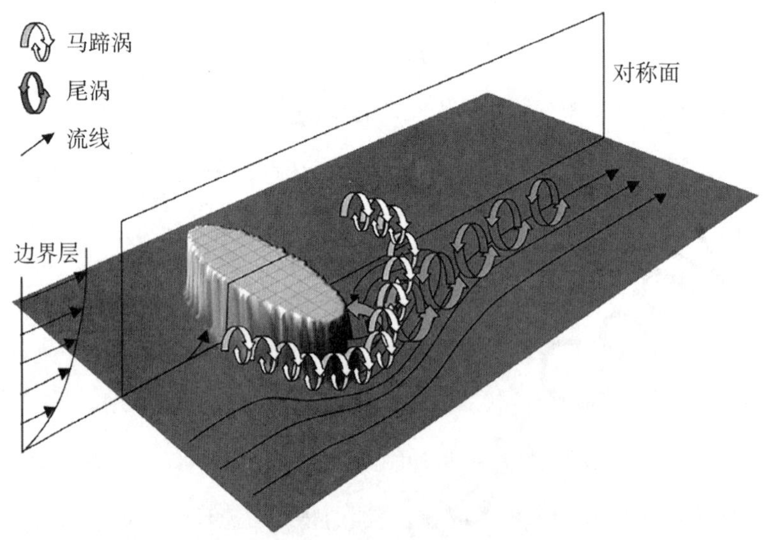


图 3.1 完全淹没的沉船遗址的理想流体力学模式和涡旋发展状态(Quinn，2006)

注：本节中的天气模型基于埃克曼和诺埃尔(Eckman and Nowell，1984)与苏梅尔等(Sumer et al.，1997)以及苏梅尔和弗雷德索(Sumner and Fredsoe，1999)与泰采克等(Tetsik et al.，2005)，还有沃罗帕耶夫等人(Voropayev，2003)提供的数据和研究成果。

尾涡由圆桩上表面边界层内的旋转形成(见图 3.1)。端部效应(来自水下结构物的尖端，这里指水下沉船的船头和船尾)在流体力学模式中起主导作用，并强烈地改变了旋涡的结构(Testik et al.，2005)。由于水流的辐合(convergence)，水下结构物表面产生的尾涡在结构物附近聚集(Hatton et al.，2004；Smith et al.，2004；Testik et al.，2005)。此外，在结构物背水面(lee side)的近尾迹处，两个反向旋转的涡形成一个涡区(Testik et al.，2005)。沃德等人(Ward et al.，1999b)在大堡礁(Great Barrier Reef)英国皇家海军潘多拉号(HMS Pandora)沉船遗址的船头和船尾用两个单点流速仪检测到了局部水流加速。

在工程术语中，冲刷通常广泛地分为局部冲刷（例如单体障碍处的陡坡冲刷坑）、全面或碟形冲刷（障碍物周围形成的宽而浅的洼地）或一般海床运动，导致侵蚀、沉积或底形发育（Whitehouse，1998）。但是，对术语局部（local）、全面（global）和碟形（dishpan）很难定义，充其量是定性描述。奎因（Quinn，2006）采用术语“近场”（near-field）和“远场”（far-field）描述在沉船直接区域（近场）和尾流（远场）形成的冲刷地貌，而桑德斯（Saunders，2005）使用术语局部和尾流冲刷（wake Scour）来描述类似的概念。本章采用局部冲刷和尾流冲刷两个术语。

## 第二节　冲刷作用和沉船遗址形成

沉船遗址的形成过程由化学、生物和物理过程的某种组合驱动，物理过程在初始阶段占主导地位（Ward et al.，1998，1999a）。尽管许多作者描述的是沉船与周围环境处于某种平衡状态（Gregory，1995；Quinn et al.，1997；Ward et al.，1999a；Wheeler，2002），但需要认识到沉船遗址作为一个开放的系统，具有跨越系统边界的物质（沉积物、水、有机物和无机物）和能量（波浪、潮汐、风暴；Quinn，2006）。因此，沉船在自然环境方面通常处于动态平衡（而非稳态），其特征是负的不平衡，最终将导致沉船解体（Quinn，2006）。

在沉船瓦解及和周围环境相互作用中，发生各种和水体、沉积地层的物理、化学和生物过程相关的正、负反馈（Ward et al.，1998，1999a）。因此，驱动遗址形成的基本过程取决于沉船遗址的复杂侵蚀（净泥沙/物质损失）和加积（净泥沙/物质沉积）历史。此外，暴露的沉船结构部分容易受到好氧细菌、钻孔生物和腐蚀速率增加的影响，而埋藏的沉船构件则容易受到厌氧细菌的影响（Ward et al.，1998）。因此，即便是有助于遗址形成的主要的化学和生物过程，也受到冲刷这一物理过程的限制（Quinn，2006）。

海床冲刷有不同的时间尺度，最初对固定的（静态）构件的冲刷速度很快，这个过程持续几天到几周，达到接近最终（平衡）状态（Whitehouse，1998）。但近岸区域由于处于动态的自然环境中，水下沉船遗址和人工制品所在海床的冲刷作用的时间尺度可以有很大的变化范围（数小时至数十年），在外力作用下，遗址和人工制品不断地被埋藏又暴露。此外，全部或部分沉船构件及文物的起动可能导致其成为冲刷作用起始的活动核，进一步使冲刷过程复杂化（McNinch et al.，2006；Quinn，2006）。

海底冲刷的空间尺度变化也很大，从整个沉船遗址到单件文物或人工制品。沉船遗址冲刷作用空间尺度的控制因素是一种组合，其中包括文物的方向、形状和大小，海底和浅地层的地质、水深以及主要的水动力和沉积物动力（Caston，1979；Saunders，2005；Quinn，2006；Dix et al.，2007）。

## 第三节　潮流形成的冲刷地貌

在大多数环境下，包括近岸和内陆环境（如海湾、河口和河流），以及在波浪作用不明显或没有规律的近海环境下，潮流（tide current）是冲刷的主要机制。潮控环境下的主水流可以是单向的，也可以是双向的，单向的主水流主要出现在受潮汐影响的河流环境中，双向的水流发生在受每日潮汐波动影响的环境中。在潮流对沉船造成的冲刷地貌方面，最深入且基于野外调查的研究案例是英国泰晤士砂砾质的外河口（Caston，1979），在那里，经侧扫声呐探测显示，平均冲刷长度为275米，有些与比较强的涨、落潮流流向平行的冲刷地貌可以长达1千米。卡斯顿（Caston，1979）描述了分级的一系列与沉船相关的冲刷地貌，所有这些地貌单元都与最强的潮流（peak flow）流向平行。相对于潮流，沉船的方向和宽度被认为是控制沉船冲刷痕迹长度的重要因素（Caston，1979）。

单冲刷或双冲刷痕迹反映了沉船相对于最强潮流的方向(Caston, 1979)。产生单条冲刷痕迹的沉船平均宽度为 13 米,冲刷阴影的平均长度为 130 米。产生平均长度为 400 米的双冲刷痕迹的沉船残骸平均宽度为 60 米。研究发现,最短和最窄的冲刷地貌产生于沉船长轴方向与水流方向一致的情况下,即沉船呈现流线型。记录显示,泰晤士河口的冲刷深度大多数为 1.5～2 米。卡斯顿(Caston, 1979)还认为,沉船冲刷地貌与海底岩性有关,砂质海底形成宽、浅、纵向范围大的冲刷槽,砾质海底的冲刷痕迹相对较窄、较深,分布范围小。

为了量化,卡斯顿(Caston, 1979)根据现场数据确定了冲刷地貌和沉船规模之间的关系,而桑德斯(Saunders, 2005)构建了一个基于实验尺度的单向水槽物理模型。该模型既适用于水流可视化实验,也适用于动床冲刷实验。尽管该模型所用的雷诺数①(Reynolds numbers,测量惯性力与判断黏性流体流动状态的一个无量纲数)仅为 $10^3$ 和 $10^4$(而通常沉船遗址水动力过程的雷诺数为 $10^5$～$10^7$),但实验结果与现场数据仍比较一致(Saunders, 2005)。拉姆金和他的同事(Lambkin et al., 2006)进行了后续实验。他们选取了不同的沉船宽高比,并将沉船模型置于风洞中,其雷诺数高达 $10^6$,因此可以与完整的沉船残骸规模相比较。结果表明,当雷诺数超过 $10^4$ 时,这些由障碍物产生的流场特征与雷诺数无关。

图 3.2(a)总结了本研究的结果,显示在单向主水流的河流或近海环境里,随着物体与单向水流的角度逐渐增大,沉船在尾流中的一般情况。当角度较小时,障碍物呈现流线型边界层沿物体的侧面发展,并在下游端与之分离。这个分离边界层立即在物体背水面引起旋涡。模型中没有证据支持尾涡脱落;相反,所有卷入旋涡的流体都向上喷射到迎面而来的主流中。

---

① 译者注:雷诺数是流体力学中表征黏性影响的相似准则数。为纪念 O.雷诺而命名,记作 *Re*。雷诺数可用来表征流体流动情况的无量纲数。$Re = \rho v d/\mu$,其中 $v$、$\rho$、$\mu$ 分别为流体的流速、密度与黏性系数,$d$ 为一特征长度,例如流体流过圆形管道时,则 $d$ 为管道的当量直径。利用雷诺数可区分流体的流动是层流还是湍流,也可用来确定物体在流体中流动时所受到的阻力。

随着角度的增大，沉船边界层垂向流体在物体上升流的顶端分离，从而产生压差，导致上升流顶端的背水面产生旋转流（即尾涡）。随着角度的继续增加，尾涡旋转的幅度也继续增大，引入的溢流量也随之增加，从而产生向下流动的、水平方向上流向一致的涡旋。随后，这种水平的旋涡从自由流中拉下了更高速度的流体，在其下方产生尾流冲刷。随着沉船与水流的夹角进一步增大，超过 45°后，下沉流末端背面的涡量增大，直至在尾部产生一个相反方向的水平旋涡。在与水流成 90°夹角时，沉船两端的尾涡幅度相似，相应水平方向的、流向一致的旋涡大小也相似。

图 3.2(b)中总结了这些流体动力产生的冲刷和沉积地貌，很明显，随着水流和物体位向的变化，尾部冲刷模式的变化变得显著。当沉船与流体的夹角为 0°时，沉船仅呈现非常小的投影纵横比，这时冲刷程度最小，在此方向没有尾流冲刷的迹象。观察到的轻微冲刷让人联想到围绕桥墩等工程结构而形成的冲刷，只是局地过程导致的局部冲刷。

当沉船与流体的夹角为 45°时，尾流冲刷是有记录冲刷的主要形式，形成的下沉流为中心式，与流体成一线的冲刷坑可深达 18$H$(其中，$H$ 是物体的高度)。水流可视化技术（flow visualization technique）证实，这直接形成了尾迹下方的水平旋涡，拖曳更高流速的流体，从而导致尾流冲刷形成。在某些情况下，由此产生的冲刷地貌表明在物体下沉流末端的背面也会形成较小的水平旋涡，从而导致其下方的尾流冲刷有限。当夹角到达 90°时，尾流冲刷地貌再次占主导地位。双对称冲刷洼地（depression）形成下沉流，最深可达 14$H$。水流可视化实验确认了对旋式涡旋下的这些双对称冲刷洼地，如图 3.2(a)所示。

迪克斯及其同事用这些实验中识别出来的水流模式设计出英吉利海峡两处沉船遗址冲刷状况的田野调查方案（Dix et al.，2007），这两处遗址分别是黑斯廷斯（Hastings）卵石滩的 20 世纪早期不明身份的沉船和奥厄斯（Owers）浅滩的阿里尔号（Ariel）沉船遗址。通过使用一排 8 个固定在海床上的声学多普勒海流剖

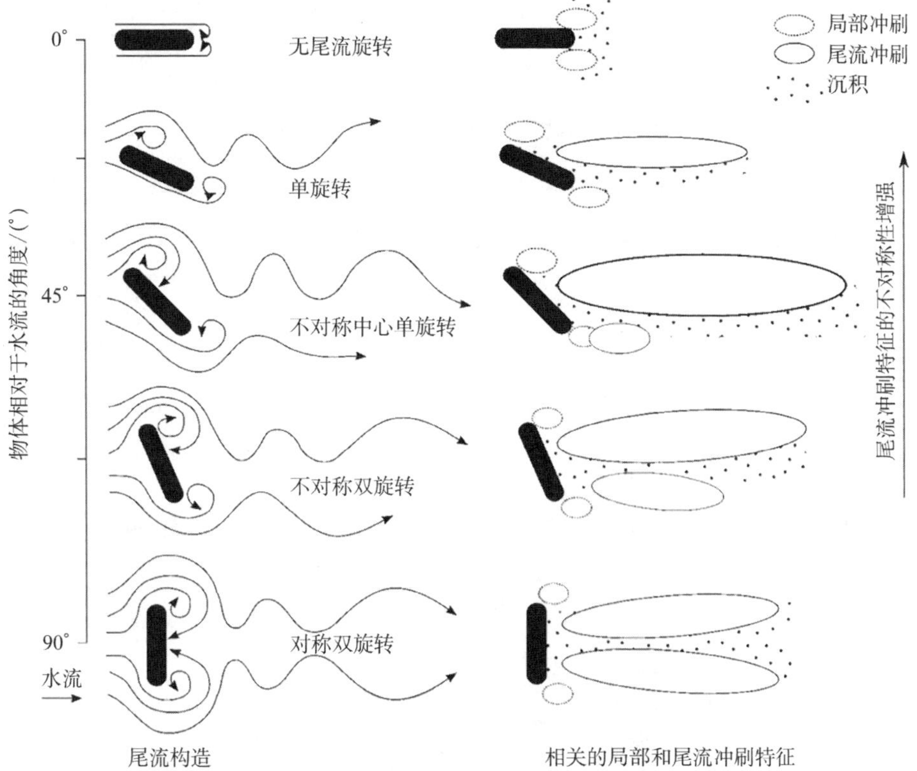


图 3.2(a) 沉船方向与尾流行为之间的假定关系示意图　图 3.2(b) 沉船方向与主要尾流冲刷和沉积地貌之间的假定关系示意图(Saunders, 2005)

注：当尾流中出现旋转时，可以认为这些旋转是广义的螺旋(corkscrew)形式，螺旋式旋转使得海床上的流体向内流动(Saunders, 2005)。

面仪(ADCP)——这些剖面仪既可以测量水平方向的水流，也可以测量垂直方向的水流，在这些遗址处成功获得了潮控环境中的水动力过程，即上升流式马蹄涡、沉船边缘的水流加速现象、尾涡，以及促进沉积物堆积的低流速区。

根据桑德斯(Saunders, 2005)和迪克斯(Dix et al., 2007)的实验室预研，海底局部流速增加的尾流区域(即尾涡)与冲刷区域一致。相反，流速降低的区域与沉积物堆积相吻合。此外，在一段时间内的平均水流明显减弱的区域中，广泛存在着沉积阴影，在该区域中，最大流量流速接近沉积物输送流速的阈值，并且流动方向受到了很好的约束。

这项研究还表明，尽管冲刷的总体方式是在许多潮汐循环中以净沉积物输送为代表的累积效应，但在单个潮汐循环中水流状态发生了显著变化，因此，与局部沉积物相比，与起动流速临界值相当的较小尺度物体可能呈半永久运动状态。

图 3.2 中描述的桑德斯（Saunders，2005）的水槽实验中观察到的过程和模式，得到了从爱尔兰东北海岸贝尔法斯特湾两个第一次世界大战期间沉船遗址（见图 3.3）中采集到的多波束测深仪（MBES）数据的进一步支持。这些遗址位于强双向流态。奇里波（Chirripo）沉船与最大流量水流夹角大约为 45°，蒂贝里亚（Tiberia）沉船与最大流量水流夹角约为 90°。奇里波沉船遗址表现出了单向冲刷和双重冲刷之间的经典过渡模式，冲刷地貌从沉船位置延伸至 1 020 米处。蒂贝里亚沉船遗址位于更深的水域，显示出经典的双重冲刷地貌，其侵蚀和沉积地貌

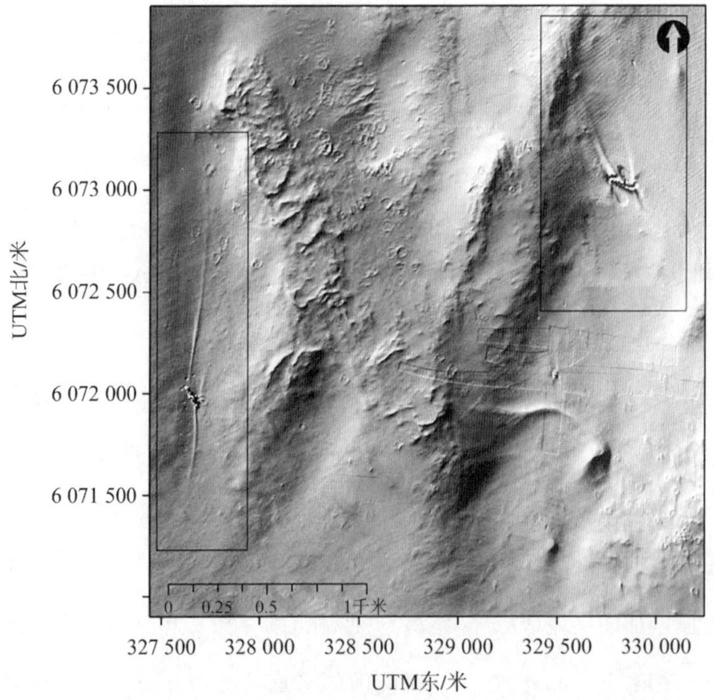


图 3.3 双流态下贝尔法斯特湾奇里波（西部）和蒂贝里亚（东部）沉船残骸遗址周围复杂的冲刷地貌

（资料来源：英国皇家海军和英国水文局）

比奇里波遗址更短、更宽广。

与位于强单向或双向流态中的沉船遗址相反，在旋转潮流（在一个潮周期潮流方向改变 360°）影响下的沉船遗址，主要表现为局部冲刷地貌，而尾流冲刷地貌较不发达或不存在（见图 3.4）。旋转潮流的相互作用似乎导致沉船充当了固定核的作用，促进沉船周围和下方的局部冲刷，导致沉船逐渐沉入海底地层。图 3.4 中的多波束数据表明，在爱尔兰北部近岸浅海，因为旋转潮流形成的冲刷坑，布里斯托尔市（City of Bristol）沉船遗骸几乎被完全埋葬。

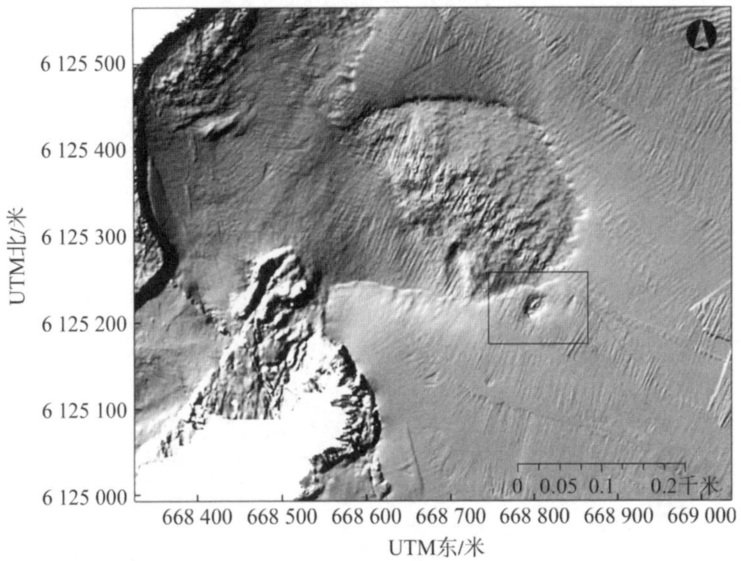


图 3.4 布里斯托尔市沉船残骸遗址多波束数据

注：旋转潮流使布里斯托尔市沉船残骸遗址周围形成良好的局部冲刷地貌（Joint Irish Bathymetric Survey）。

## 第四节 波浪形成的冲刷地貌

在浅水高能量环境中，波浪作用（振荡流）通常是主要的冲刷过程。在海洋环境中，由于波浪边界层比潮流边界层薄得多，振荡流作用下的剪切应力要比相同速度的潮流大得多（Whitehouse, 1998），因此，与深水区潮流为主导的沉船遗址相比，波浪主导的高能浅水区沉船遗址的动力更强、降解速率可能更高（Quinn, 2006）。

基于模型的浪控环境沉船遗址形成代用指标，可以用振荡流条件下短圆桩周围的冲刷物理模型表达（Testik et al., 2005；Voropayev et al., 2003）。沃罗帕耶夫等（Voropayev et al., 2003）基于以下实验，即对沙质海床上的重型圆桩不断施加更强的振荡流，提出了四种局部（近场）海床演化状态：①无冲刷/埋葬；②初始冲刷；③扩张冲刷和④周期性埋葬。图 3.5(a)和图 3.5(b)说明了在逐渐变浅的波浪高能条件下，沉船残骸从初始冲刷模式向扩张冲刷模式转变。在冲刷开始时，如图 3.5(a)所示，平行于最强水流形成了三个一组的冲刷地貌，其中一块冲刷位于沉船中部，另两块较短的位于船首和船尾。在沃罗帕耶夫及其同事（Voropayev et al., 2003）进行的大多数实验中，由于波浪的非线性，三块冲刷地貌形成于圆桩的向岸侧。但是，对于弱非线性波浪，在近海一侧也形成了相似（但较弱）的冲刷，类似于在稳定双向流下形成的成对的双冲刷地貌。随着时间的流逝，船首和船尾会出现小沙波，它们向岸边传递引发波痕形成的信息，并随着距遗址的距离越远而衰减。

在更高能的条件下，冲刷最初以如图 3.5(a)所示的趋势发展，但变得不稳定，并随着细长的三个一组的冲刷地貌合并成半椭圆形的单个冲刷坑，成为图 3.5(b)所示的扩张冲刷状态（Voropayev et al., 2003）。在持续施力的情况下，如果底形的规模增加到大于圆桩直径的水平，则可能会导致圆桩的完全埋葬。因此，底形的运动[①]会引起圆桩周期性的埋葬和暴露。

图 3.5(c)显示了福伊尔湾（Lough Foyle，爱尔兰）的斯特皮号（Stypie）沉船遗

① 译者注：指冲刷地貌的变化。

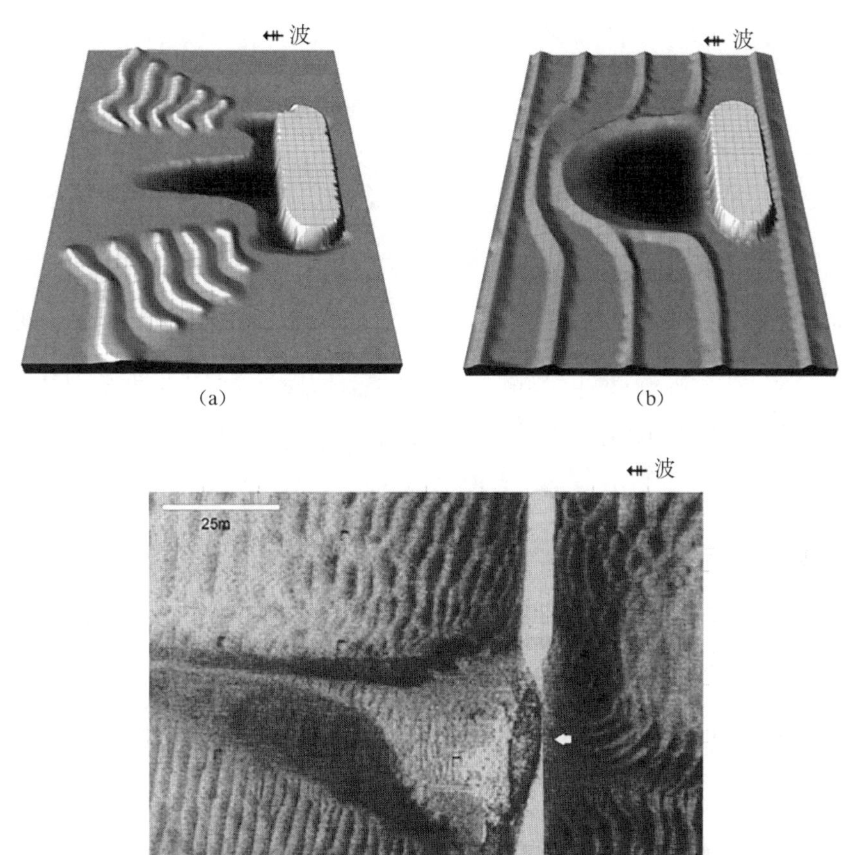


图 3.5　斯特皮号沉船遗址冲刷理论模型与侧扫声呐数据的对比

注：在逐渐变浅的波浪产生较高的能量条件下，沉船从(a)初始冲刷模式向(b)扩张冲刷模式转换的理论图示。模型基于沃罗帕耶夫等人提出的数据和讨论(Voropayev et al., 2003)。(c)爱尔兰福伊尔湾斯特皮号沉船遗址的侧扫数据(改编自 McGettigan, 2003)。

址的侧扫声呐数据，该数据支持图 3.5(a)和图 3.5(b)中描述的发展状态。沉船遗址形成的冲刷模式的形貌表明，实验室模型与田野数据之间存在很强的相关性，这意味着斯特皮号沉船遗址目前处于初始冲刷和扩张冲刷之间[见图 3.5(a)和图 3.5(b)]。因此，该遗址为使用基于实验室按比例的物理模型来解释沉船遗址的冲刷过程提供了进一步的支持。

## 第五节　讨　论

沉船坠入海底会导致流速和湍流强度增加，最终导致海底沉积物的冲刷和遗址持续的不稳定。因此，冲刷威胁沉船遗址的稳定性，并且可以促成加快遗址的物理、生物和化学降解，基本控制着遗址形成过程的许多方面。此外，可以从埋藏遗址的地貌和包含物中收集有关沉船降解和保存的信息。冲刷凹坑的尺寸表明，这些地貌比部分退化的沉船可能更易于识别。在极端的情况下，比如木质沉船完全降解以致沉船的大部分上部结构破碎，沉船本身可能无法产生强烈的声学特征，但是冲刷地貌可以①。这种鲜为人知的概念显然是未来的研究领域。

海床冲刷发生于各种空间尺度，包括完整的沉船遗址到单件器物或人工制品。沉船构件和相关人工制品全部或部分被掀起，可能导致它们成为冲刷的活动核，使冲刷过程进一步复杂化。

沉船遗址的冲刷可以发生于各种动力条件，包括海浪、潮汐或两者兼有的复杂环境。在单向水流下(通常是一种潮流，即涨潮流或落潮流占主导的强潮汐环境)，沉船遗址可能会出现平行于最大流量水流的单或双冲刷地貌。在往复流(即涨、落潮流都强的)潮汐环境中，即典型的双向流条件下，沉船的长轴与水流夹角成 90°，呈现成对的双冲刷地貌，相对冲刷长度受控于涨、落潮流强度。在强大的旋转潮流影响下，沉船可能充当固定核，加速沉船周围和下方的冲刷，最终可能导致全部或部分沉船结构被埋葬。

在浪控环境典型的振荡流条件下，在沉船的向陆侧，出现平行于最大流量水流方向的三重冲刷地貌。在较高能量条件下，三重冲刷地貌变得不稳定，并扩展

① 译者注：即冲刷地貌可以协助探测有无沉船。

为半椭圆形单一冲刷坑。在波浪的持续作用下,底形规模的增加(即冲刷坑变深)可能会导致沉船结构的完全埋葬。

对于非周期性的高能量事件(例如风暴潮增水),沉船遗址的准平衡冲刷地貌可能会被临时破坏。但是,风暴造成的破坏如果没有超出临界条件,随着时间的流逝,沉船遗址会恢复到风暴前的状态。最终,单个沉船遗址的遗址形成模型必须考虑周期性和非周期性的动力事件。否则,将导致遗址形成模型的过度简化。

沉船遗址冲刷地貌空间尺度的控制因子包括导致冲刷的物体①的方向、形状和大小,海底和浅部地层地质、水深,以及优势水动力和泥沙动力。桑德斯(Saunders, 2005)根据模拟情况制作了图表,描述尾流冲刷约束(见图 3.6),可以作为通用指南,其中模拟的是单向流体,垂线平均流速为 0.4 米/秒,介质为中砂。尽管此模拟并不适用于所有环境中的所有沉船遗址,但它仍然对外力作用下的冲刷地貌的规模提供了一些有价值的数据。一旦确定主要的水流方向,就可以根据冲刷地貌从该图中自上向下读取相应的沉船方向信息(见图 3.6)。

首先,整体考虑冲刷的普遍性质,其中包括任何证据证实尾流冲刷洼地的上流局部冲刷活动。从观察结果来看,尾流冲刷模式最初可以归类为单个或双重冲刷洼地。单洼地沉船与主水流方向的夹角小于 45°,双冲刷洼地的夹角在 45°～90°之间。第二,考虑尾流冲刷特征的几何形状。对于双冲刷洼地,有可能获得不对称比,这样就可以进一步指示物体方向,较小的冲刷洼地连着物体的下游端。最后,也可以考虑任何物质沉积的证据。对于单个冲刷洼地,任何向下游延伸、达到或超过冲刷洼地长度的脊状沉积体连着物体的下游端。同样,利用有关物体(即沉船)方向和流向的信息,也可以从下向上读取图表,预测任何最终的冲刷模式。

---

① 译者注：即沉船。

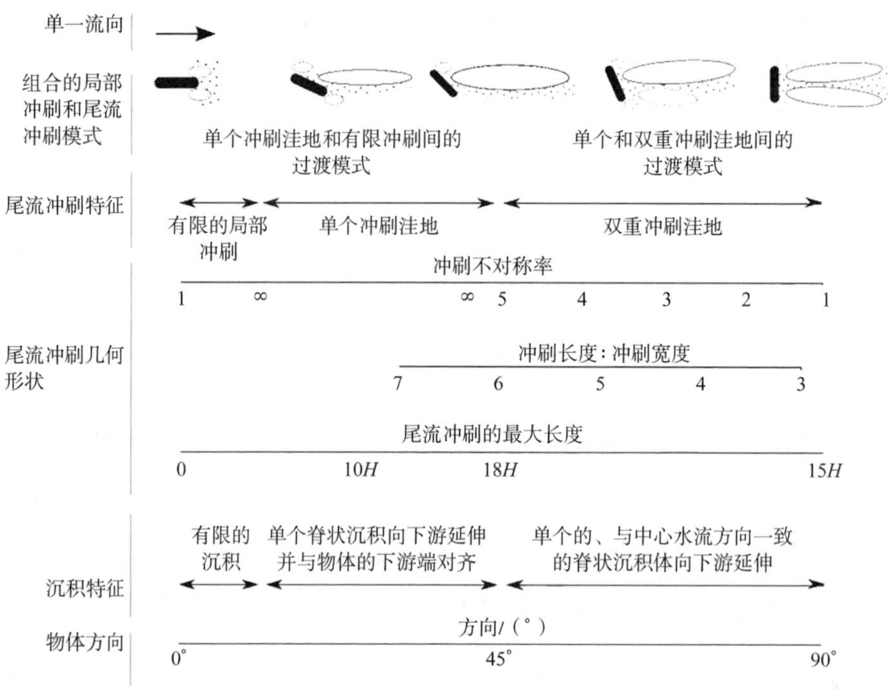


图 3.6　尾流冲刷约束图

(资料来源：Saunders，2005)

在未来的工作中，进一步研究冲刷在沉船遗址形成过程中的作用至关重要，物理实验和数值模拟代表了一些最吸引人和最明显的解决方案。然而，这种强非线性过程的物理实验和数值模拟仍处于起步阶段，在沉积物连续性方程中需要进一步研究海床和悬浮沉积物输送速率的参数(Voropayev et al.，2003)。

# 第四章　腐蚀产物和遗址形成过程

伊恩 · D. 麦克劳德[①]

金属物体上发现的腐蚀产物性质的数据通常作为未解读的数据放在附录中，表明工作已经完成，但是对于读者、遗址管理者或项目负责人而言，他们几乎很少能认识到其蕴含的真正价值和意义。腐蚀物体传递给我们信息，但是我们并没有认识到其重要性，产生这种现象的原因是根深蒂固的。考古专业毕业的人中很少有人进修过电化学、腐蚀产物形成涉及的复杂过程的课程，腐蚀产物会导致物体表层上矿物的沉淀，再通过波浪作用分散到沉船遗址表面。文物保护课程的授课内容中缺少这些内容，这样就能理解为什么很多人工制品报告中描述了腐蚀产物鉴定，但是没有任何解释。本章提出了腐蚀的性质、水分运动对腐蚀动力学的影响以及腐蚀产物对遗址形成过程的作用等独特见解，为海洋考古学家提供了全新的沉船遗址的信息。作者及其同事对澳大利亚水域沉船的研究贯穿全文，并提供了具体的案例分析。

① 伊恩 · D. 麦克劳德是位于弗里曼特尔的西澳大利亚博物馆（Western Australian Museums）的执行董事，自 1978 年加入博物馆文物保护部以来，一直致力于沉船文物腐蚀问题研究。他曾在加拿大、苏格兰、芬兰、美国和密克罗尼西亚联邦进行沉船研究。他是特许化学家，也是皇家化学学会、国际保护和艺术品研究所、皇家澳大利亚化学学会、澳大利亚技术科学和工程学院以及苏格兰古物学会的会员。此外，他还是同盟潜艇亨利号的保护顾问以及美国莫尼托号沉船项目的顾问。

# 第一节　金属的腐蚀

历史沉船上发现的金属，除了自然沉积的金属铜、银和金之外，母矿物矿石已经过加热和化学处理，去除氧化物、碳酸盐、硫化物和硫酸盐，重新形成母体元素。腐蚀是发生在沉船遗址的电化学过程，与制造金属的过程相反，当不同的金属结合在一起时，就形成了许多合金，这些合金具备有用的机械性能，使其具有更高的强度或更好的塑性（延展性）。数百年来，造船者一直在开拓合金范围，例如在铜中添加锡会形成一系列耐磨青铜，而在铜中添加锌会形成一系列用于护套和舵配件的黄铜。含碳量在 2.5%～4.2%的铁合金具有较高的强度，但铸铁本身具有高脆性。含碳量在 0.02%～0.18%时的铁合金可制成更柔韧的钢材。研究金属的微观结构，有助于了解合金在淡水和海水中的腐蚀过程。

## 一、合金的微观结构

在二元合金（仅含两种金属）中，熔相阶段是相互熔融的，但随着熔体冷却，固体开始从溶液中结晶析出。当熔融金属冷却凝固时，晶体按树枝状方式结晶析出，被称为枝晶组织。熔点最高的金属晶体首先结晶析出，被称为 α 相。以铜银二元合金为例，其简化相图如图 4.1 所示。沉船上的银币就是这类合金的典型例子。α 相富含铜，因为铜元素熔点较高，但它也包含一些熔点较低的金属（如银），其比例取决于它们的互溶性。随着冷却过程的进行，在生成的液体混合物中的第二成分（银）的含量，随着固化温度逐渐降低而含量逐渐增加，直至达到一个共同的平衡熔点，被称为共晶点（见图 4.1），同时析出 α 相和 β 相。富铜的 α 相中溶解有一定量的银，富银的 β 相中也含有一定量的铜。

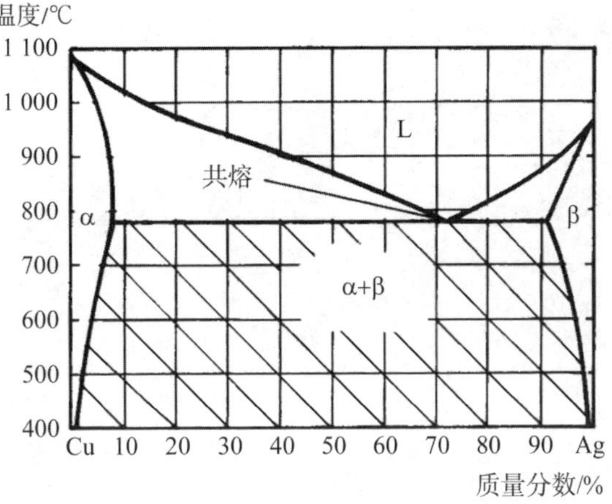


图 4.1　铜银相图

（资料来源：*Metals Handbook*，*Metallography*，*Structures and Phase Diagrams*，第 8、253 页）

α 相对微环境变化的反应不同于 β 相。细微的成分差异导致合金配件的不同部分具有不同的腐蚀活性。腐蚀加剧了内部结构的差异，可能导致沉船过程中的操作故障。

每种金属向溶液溶解氧释放电子（腐蚀）的条件不同。当物体表面腐蚀产物的浓度超过矿物的溶解度时，它就会沉淀在物体的表面，这样记录了导致沉船遗址形成的化学环境。在一定的条件下，α 相成分会先行腐蚀，然后随着遗址的变化，同一合金 β 相成分的腐蚀程度也会增加。不难发现，金属降解产物是出现在组成成分差异很大的层中。衰减带反映了环境的变化（见图 4.2）。尽管这种固有的腐蚀敏感性可能导致材料在应力作用下失效，但是它也提供了沉船遗址微环境随时间变化的考古学证据，有助于人们更深入地了解遗址的形成过程。

## 二、有氧和厌氧腐蚀

水、电解质和氧化剂是产生腐蚀的三个关键要素。金属腐蚀产物的转移需要水。

图 4.2 Vergulde Draeck 号沉船(1656 年)上锡腐蚀产物的扫描电子显微照片

注：照片显示了夹在两层好氧氧化锡之间的硫化铅厌氧层(PbS)。图像宽 250 微米。

电解质(大多数情况下是溶解盐)使电子从腐蚀金属转移到氧化剂的阻力最小化。氯离子是盐水环境中最常见、最有效的电解质，直接参与铜、铁及其合金的腐蚀机制。在淡水湖中，氯离子形式的盐很少(例如，五大湖中休伦湖的氯化物浓度为海水的 1/5 000)，其他离子(例如碳酸盐)可以作为电解液，携带电流腐蚀沉船。由于微咸水湖的氯化物浓度较高，本质上比淡水湖更具腐蚀性。

确定溶解氧指标是测量水中溶解氧含量的一种方法，通常用作氧化剂。氧气在淡水中的溶解度高于在盐水中的溶解度，所以这往往抵消了氯化物含量降低的有利影响。含氧淡盐水中的腐蚀称为需氧腐蚀，因为主要的氧化材料是溶解氧。图 4.3 显示了 pH 值(酸碱度以氢离子浓度的负对数表示，其中中性 pH 值为 7)，氯化物浓度和沉船遗址的深度。*y* 轴显示的腐蚀速率是在公海沉船遗址中观察到的腐蚀速率，而氯离子影响来自铸铁的实验数据。pH 值数据源于密克罗尼西亚联邦丘克(Chuuk)环礁的藤川·马鲁(Fujikawa Maru)号沉船(1944 年)中铸铁测量结果(MacLeod, 2006)。腐蚀速率随深度增加呈对数下降，但随酸度呈对数增加。腐蚀速率随着盐度的增加，呈线性增加。

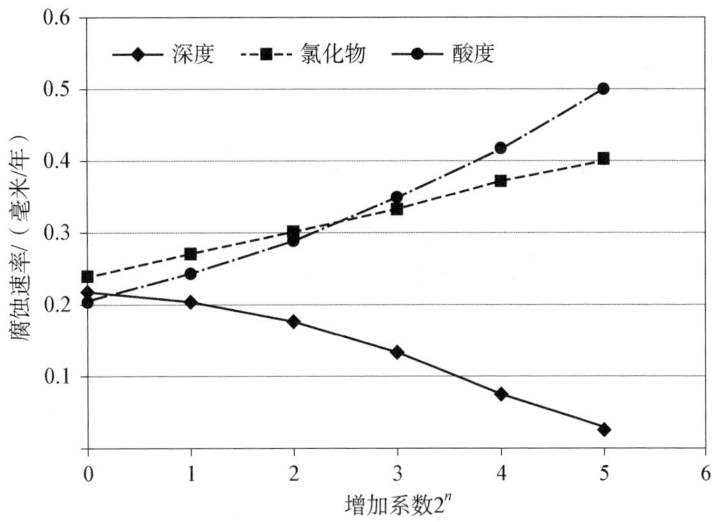


图 4.3　腐蚀速率(毫米/年)与深度、酸度和氯化物的变化关系示意图

注：图中深度范围为 2～64 米，4.0 ＜pH＜5.5，氯化物的物质的量为 $4\times10^{-3}$～$1.23\times10^{-2}$ 摩尔。

世界上大多数暴露在水中的水下沉船残骸及部件，均处于有氧过程之中。通常，位于沉积物 20～50 厘米处的物体，其腐蚀属于有氧腐蚀，但是被埋藏在更深处的物体，腐蚀机制就会转变为厌氧。厌氧暗示缺氧，厌氧条件与好氧相反。厌氧遗址中，阴极或还原反应过程涉及还原水产生氢。在这种情况下，水是氧化剂。当物体被埋在沙子或其他地质碎屑中时，淡水、微咸水和咸水中均可能出现厌氧遗址。受厌氧条件破坏的沉船材料，包括埋在沉积物中的沉船材料以及世界上少数厌氧水域(例如黑海部分水域)中的沉船。如果沉积物非常细，例如 RMS 泰坦尼克号遗址，埋葬深度几厘米处就可能存在厌氧条件。例如，在有氧和无氧条件下，泰坦尼克号上的一组浴缸水龙头都受到腐蚀，产生了严重后果。埋在沉积物中的铜管和连接管道大部分被厌氧细菌“吃掉”，而位于海床上方的手柄和水龙头却状况良好(MacLeod and Pennec，2004)。2004 年，波罗的海发现了一架瑞典 DC3 飞机，部分残骸从 1956 年起就埋在缺氧泥浆中，上部残骸在适度有氧环境中被腐蚀。两种埋葬环境导致了完全不同的降解机理，给文保人员带来了许多挑战（Tengnér，2014）。

## 三、温度的影响

沉船遗址中氧气在水中的溶解度取决于温度和盐度的相互作用。正如溶解盐的增加会降低溶液中的氧气含量，温度的升高也会降低氧气含量。在 0℃时，随着盐度增加到 40‰，淡水溶解氧浓度下降 23%。在相同的盐度范围内，随着温度从 0℃升高到 30℃（Riley and Skirrow，1975：561－562、附录 1、表 6），溶解氧下降 19.7%。虽然温度升高必然会加快腐蚀速率，但是由于溶液中 $O_2$ 的含量降低，任何定殖生物（例如藻类、海绵和被囊动物）生长，以及珊瑚藻类、苔藓虫类和软体动物等的钙质沉积物增加，都会使得腐蚀速率降低。较厚的海洋生长类似于在腐蚀电路中增置了电阻。西澳大利亚州附近出水的铸铁炮的腐蚀测量显示年平均温度为 16～29℃，这表明，枪支位于海床上的部分能够控制凝结物表面腐蚀氧气通量，相比之下，温度影响的重要性是次要的（Carpenter and MacLeod，1993）。

温度最有可能是通过影响不同数量的海洋定殖生物，进而影响腐蚀。温水中沉积的凝结物层要比冷水中沉积的厚得多。凝结物的存在导致了氧化反应的分离，在氧化反应中，金属失去电子变成离子，在凝结物和周围水的界面上氧被还原。这种变化在亚热带至赤道海水中铁凝结物表现最为明显，那里的 pH 值可以从海水的 8.2 降至凝结物内部的 4.2，4 个 pH 值的差别，相当于凝结物内部酸度的 10 000 倍。酸度的增加归因于初始腐蚀产物与水的反应。氯离子浓度也增加至周围水盐度的 3～4 倍。贸然去除保护性的凝结层，氧气就能直接接触到高氯化物溶液中已经腐蚀的铁质物体，在这种情况下，腐蚀率过高，会导致炮弹汽化。

# 四、腐蚀机制

有氧腐蚀的金属物体上发现的腐蚀产物主要是氧化物、氢氧化物、氯化物、氯氧化物、碳酸盐和一些硫酸盐。在厌氧条件下，大量细菌在海洋和河流环境中发挥作用，它们的酶对腐蚀动力学以及腐蚀产物的性质产生重大影响。由于缺乏呼吸和代谢过程所需的氧气，厌氧细菌利用硫酸盐（$SO_4^{2-}$）离子作为能源，硫化物是这些过程的副产品。船舶建造和维护时使用的所有金属和合金，都会产生不溶性金属硫化物腐蚀产物，因此，它们的存在确切地表明，这些人工制品存在于历史遗址的某个阶段（Machel et al.，1995）。当报告显示在腐蚀产物中发现了硫化物和氧化物/氢氧化物的混合物时，即证实物体在两种不同的微环境中已经腐烂，而且是经受过明显的遗址扰动带来了这种改变（见图 4.2）。

在任何腐蚀单元中，电流从金属氧化的阳极流向阴极。因此，在阴极处消耗的电流量等于并与阳极处释放的电流量相反。由于氧气扩散到腐蚀界面的速率受到限制，阴极反应的电压随电流的增加而下降。随着腐蚀速率的增加，氧化金属的电压随之增加，直到腐蚀单元两边的电流和电压匹配。这是一个动态电压，被称为系统的腐蚀电位或 $E_{corr}$（Stern and Geary，1957）。

正如加尔瓦尼（Galvani）发现从交替堆积的铜和锌薄片的伏打堆中流出的电流可能导致死蛙的肌肉收缩，因此，船用合金的不同相的优先腐蚀所产生的腐蚀电流也会引发一些出乎意料的结果。此类反应的例子包括从覆盖有一层铁渍的海洋凝结物的氯化银基质中再沉积金属银，作为阴极反应中氧还原的屏障（Kaneko et al.，1989）。在低氧条件下，银铜合金中的富铜相被腐蚀并释放出电子，这些电子在凝结物层下被氯化银消耗，产生金属银晶体（MacLeod，1982a）。当反应速率足够快、产生非常精细的银晶体时，有可能找到如同 Zuytdorp 号（1712 年）沉船中含 56%Ag 和 42%Cu 的共晶合金硬币表面，有纯金属银层光泽的原始表面的假象沉积，并在银含量≥92%（重量）的硬币表面发现不连续的银晶体（见图 4.4、图 4.5；MacLeod，2013b）。

图 4.4　Zuytdorp 号沉船中的硬币（含银 56%、铜 42%）

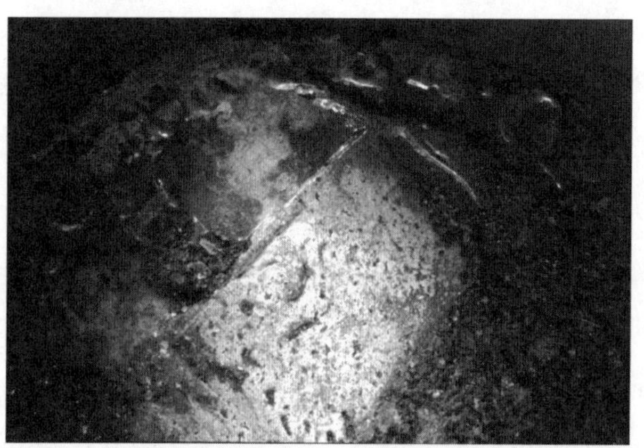

图 4.5　Zuytdorp 号沉船中硬币（含银 56%、铜 42%）表面的同晶再沉积银

## 五、微观结构在腐蚀机制中的作用

金属的底层微观结构受其制造和组成的影响，决定了其表面的硬度和物理特性以及船舶在建造阶段所包含的物品。分析金属微观结构，能够帮助文保人员和

考古学家辨别相关技术，以及在金属机械加工中如何产生具有不同程度坚固性、功能性和防腐蚀的产品，与金属相关的一些术语，例如熟铁、钢和铸铁，反映了这些特征。熟铁是指脱碳铸铁的产物，其产生的材料可以热加工或锻造成具有特定功能物体的形状(Tylecote, 1979)。该过程降低了铸铁的硬度，并克服了脆性断裂的敏感性。钢是高炉技术的产物，其成分与熟铁相似，但不含降低耐腐蚀性的矿渣夹杂物(Tylecote, 1979)。钢具有更良好、更均匀的力学性能。铸铁是一种高碳合金，由木炭还原铁矿石制成(Davis, 1996)。铸铁是一种硬而脆但容易铸造的合金。灰口铸铁有铁素体(纯铁相)、珠光体(由铁素体和渗碳体组成的层状相，碳化铁 $Fe_3C$)以及其他渗碳体和石墨的相。由于它们在反应性上的差异，从标准氧化/还原电位表中可以看出，石墨的碳相因腐蚀而保持不变，富铁相优先被腐蚀。在保护过程中，切开被腐蚀的铁质海洋凝结物，发现曾经是固体的物体内部深处的腐蚀前沿有一条非常清晰的分界线(North, 1982)(见图 4.6)。这种非合金相称为石墨化区，主要组织为残余石墨，也有渗碳体。石墨化深度可以用于自船只沉没开始碳长期衰变的测量。如果沉船遗址部分暴露和部分掩埋，那么就

图 4.6　SS Xantho 号沉船(1872 年)发动机的分段铸铁法兰

注：SS Xantho 号沉船发动机的分段铸铁法兰显示出了石墨化深度和由于尖锐棱边外侧的复合腐蚀加深了石墨化深度。

会发现大炮石墨化深度的差异高达 4 倍并不罕见(Carpenter and MacLeod, 1993)。显示铸铁物品不同石墨化深度的沉船遗址图,为考古工作者提供了一件宝贵的考古工具(MacLeod and Viduka, 2010; MacLeod, 2013a)。

## 六、凝结物形成及其对腐蚀产物和腐蚀机制的影响

黑色金属和有色金属之间的根本区别在于其腐蚀产物与海洋生物群的相互作用。就铁而言,所有外层生物凝结物的生长速度都受到可用溶解铁的内在限制,溶解铁是线粒体的主要无机成分,是有氧呼吸的主要场所,为生长和繁殖提供能量。沉船遗址铁器上海洋生物的生长速率,大约是惰性基材(如砖、石和低温陶器)的 2 倍(MacLeod, 1988)。

当金属元素被有机体定植并包裹时,其摆脱了周围海水中溶解氧的直接影响,导致在金属-凝结物界面处形成基本无氧的腐蚀微环境。在这种环境下,pH 值是受主要腐蚀产物的水解以及这种酸性溶液与钙质包裹有机体的相互作用控制的。诺斯(North, 1976)在其开创性工作中详细论述了关于铁基材料这种相互作用,西澳大利亚博物馆保护实验室也报道了有色金属凝结物方面的相关研究(MacLeod, 1982b)。周围的海水中含有厌氧细菌,那么海水就会富含氯离子,可以将铁的磷化物转化为挥发性的磷化物,这将直接影响铁器上凝结物的平均生长速度(Iverson and Olson, 1983)。

## 七、海洋凝结物中腐蚀产物的分析

对在海洋凝结物中发现的非铁合金(有色合金)比例的分析表明,沉积环境的确切性质决定了不同相的选择性腐蚀。当铜质人工制品与铁器或船舶的铁/钢结构元素通过电流连接时,铜合金物体就会被阴极保护。这类物体的特征是附着有

一层致密且不透气的无机碳酸钙薄层(存在形式为文石和方解石),可作为氧气屏障。铜基材料与相邻铁器接触,铜质人工制品将产生这种保护层,伊丽莎白夫人号(Lady Elizabeth)沉船(1878 年)的黄铜舵钮(rudder gudgeon)就是例证(见图 4.7)。因此,在金属和凝结物层之间的界面上发现了厌氧铜腐蚀产物,如辉铜矿、$Cu_2S$(MacLeod, 1985)。

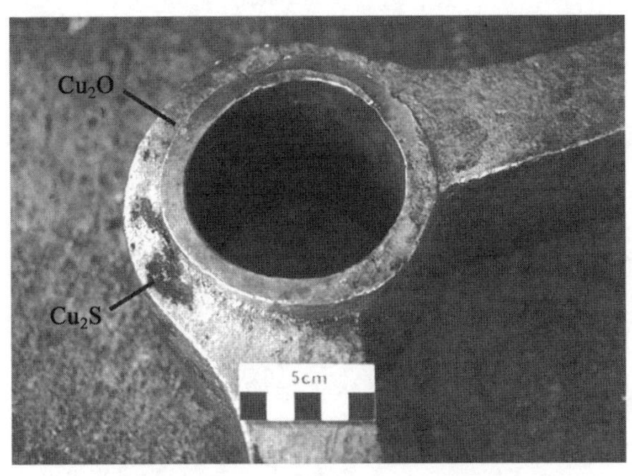


图 4.7　伊丽莎白夫人号沉船(1878 年)的黄铜舵钮表面受到钙质沉积层的阴极保护(注意金属上的 $Cu_2S$ 和 $Cu_2O$)

"阴极保护凝结物"中钙和镁的比值为 22.4±3.4,而海洋生物形成的凝结物中钙和镁的比值为 10.8±3.0。对受阴极保护的黄铜和青铜器物的研究结果表明,与铁共存的黄铜和青铜器物,合金中的富铜相受到保护,但是合金中富锌相和富锡相分别遭受优先腐蚀(参见表 4.1)。由于合金中的富铜 α 相中固溶有少量锑(Sb)固溶体,因此该元素不会被选择性地腐蚀,并与共同溶解的铜一起被保护。在所有厌氧环境中,合金元素被选择性腐蚀的程度,取决于金属硫化物腐蚀产物的热力学稳定性。从厌氧微环境的分析数据可以看出,铜合金中的锌(Zn)比锑更难腐蚀,铅(Pb)比锑次之,然后是锡(Sn)(铜合金中金属元素的抗腐蚀性: Zn>Sb>Pb>Sn)(见下表)。

表 4.1　铜合金的选择性腐蚀指数

| 遗址条件 | Cu | Zn | Sn | Pb | Fe | Sb |
|---|---|---|---|---|---|---|
| 高氧 | 1.16±0.13 | 0.47±0.11 | 0.21±0.19 | 0.7±0.5 | 2.6±1.7 | 2.0±0.6 |
| 低氧 | 0.7±0.2 | 1.01±0.18 | 3.6±1.4 | 2.4±1.2 | 4.8±3.4 | — |
| 阴极保护 | 0.75±0.25 | 44.5±23.7 | 6.2±3.4 | 2.9±1.6 | 21±13 | 0.7±0.5 |
| 厌氧铜 | 0.997±0.003 | 4.1±3.9 | 1.5±0.8 | 2.7±1.4 | | 3.4±1.0 |

注：表中厌氧铜数据是凝结物的电子探针分析数据，样品用环氧树脂镶样并抛光。

即便在同一件人工制品上，不同程度的氧化作用对遗址材料劣化的影响也很明显。西澳大利亚州利温角附近的坎伯兰号(Cumberland)沉船(1830 年)上发现的一个方形的黄铜绞盘柱基座，水平躺在海床上，其外表面完全暴露于流动的海水中，而下面的一面则被自然掩埋。方形基座每个面的四个位置都采集了凝结物样品，分析其凝结和腐蚀产物混合物中全金属、钙和镁。镀锡黄铜插件的原始成分为锌 13.9%和锡 4.4%。就金属的微观结构而言，实际上是 18.3%的锌黄铜，因为在黄铜的微观结构上锡与锌类似，因此金属的微观结构显示为单相黄铜(见图 4.8)。铸造黄铜的树枝状组织在组成上有细微的差异，这种差异在物体暴露

图 4.8　坎伯兰号沉船残骸上的黄铜绞盘柱基座

注：坎伯兰号沉船残骸上黄铜绞盘柱基座对有限氧化作用的腐蚀，表现出较低的凝结状态。

于两种化学环境中的腐蚀差异尤为明显。研究结果表明，不同的腐蚀机制导致了物体的上（暴露）部和下（埋藏）部发生了不同的衰变。

处于高氧条件下的物体上半部分发生了选择性腐蚀，铜-锌 α 相被腐蚀，而富锡的树枝状晶间带得到保护。埋于海床的构件处于低氧环境中，合金中的富锡区域（包括铅和铁杂质）发生了选择性腐蚀（MacLeod, 1985）。由于腐蚀产生的金属离子量不同，暴露和半埋物体表面凝结物中钙镁的比例（$Ca/M_g$）发生了变化。在凝结物下侧 $Sn^{4+}$、$Fe^{3+}$ 和 $Pb^{2+}$ 离子浓度要高得多，通过水解反应产生更多的酸，它改变了钙镁比。因此，坎伯兰号沉船的绞盘插件证明了有色金属对腐蚀环境中细微变化的敏感性。它为考古学家提供的证据表明，需要仔细记录沉船遗址的文物方位，及留有沉船遗址布局的详细照片和描述。

经过机械或化学清理后，受阴极保护的合金铜物体表面通常保存状况很好，尽管腐蚀程度很小，最好还是要对这些物体进行脱盐处理，但是处理时间仅为有氧腐蚀的人工制品的 1/4（MacLeod, 1987）。需要注意的最重要的事情是，由于凝结物在物体的整个生命期一直与其共处在海床上，因此凝结物记录了该物体对海底性质变化的反应方式。

关于凝结物分析的重要价值的一个令人信服的例子就是一根在 SS Xantho 号沉船遗址中发现的铜线。这根铜线曾经将润滑油带入蒸汽机的曲轴轴颈中。麦卡锡（McCarthy）在关于铁质沉船考古的经典著作中，详尽地介绍了 SS Xantho 号沉船的非凡历史（McCarthy, 1988）。当切开铜线凝结物时，发现其在海水中浸泡 112 年后，形成 16 条 $Cu_2S$ 的交替沉淀带，埋藏和暴露周期平均为 7 年。这个配件安装在发动机的铸铁部件上，所以只要发动机暴露在流动的海水中，并与黄铜注油器形成电流耦合，就可以使这个配件免受腐蚀。该遗址的特点是具有周期性的填埋现象，大约每七年海床就会上升几米。对遗址监测表明，大约 6 个月的时间，整个发动机系统就可以被埋在数米厚富含黏土的砂下。在这种埋藏条件下，铁质发动机不能再保护铜配件，因此在富含硫化物离子的厌氧环境中，产生铜的硫化物的腐蚀产物。每当遗址暴露在外时，发动机就会再次开启保护功能（见图 4.9，MacLeod，1992）。

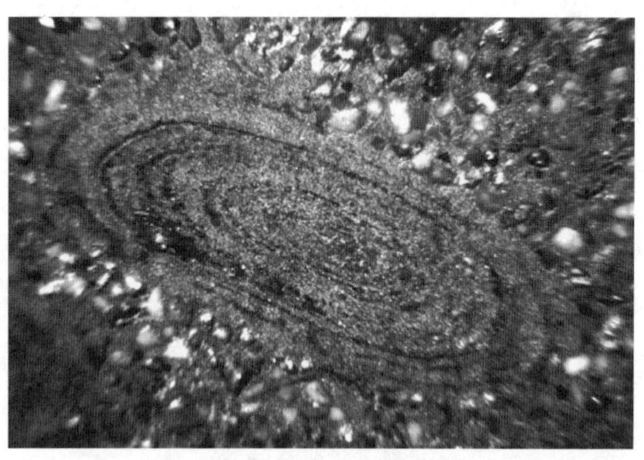

图 4.9 SS Xantho 号沉船供油管被腐蚀的铜线截面

注：SS Xantho 号沉船供油管道被腐蚀的铜线截面上的 16 条腐蚀带表明，遗址在水下 112 年间的交替掩埋和暴露。

# 第二节 案例研究

## 一、礁石散落沉船的厌氧腐蚀

中美贸易商船 Rapid 号（1811 年）沉船位于西澳大利亚州克洛茨角附近海域下方 7 米处，该沉船曾进行了三个季节的发掘，提取了大量人工制品（Henderson，2007）。在（23.9±2.2）℃下，沉积物深度剖面超过 25 厘米，足以为这艘 1809 年马萨诸塞州布伦特里（Braintree）建造的船只上出自木工间的铜配件和结构元件（大量的铜缆和螺栓）创造厌氧微环境。通过对船上卸扣（grip）上的藤壶物种的氧同位素分析，确定了 1811—1812 年的遗址温度（MacLeod and Killingley，

1982)。在相同条件下，橡木木材自然浸水，但保存相对较好。压载物堆和珊瑚砂厚度的变化，创造了厌氧微环境，这种微环境具有足够的氧化性，可以促使其形成铜蓝[主要成分为硫化铜(CuS)]，以及过渡(非化学计量)化合物的循序形成：蓝辉铜矿(digenite)($Cu_{1.8}S$)、久辉铜矿($Cu_{1.9}S$)，最后形成辉铜矿(chalcocite)($Cu_2S$)，所产生的辉铜矿和铜蓝似乎是半钝化的，因此金属不太可能受到周围环境的进一步影响(MacLeod, 1991)。在沉船形成过程的最初阶段，当 Rapid 号迅速卡在礁石上时，需氧腐蚀将螺栓中的铜转移到周围的橡木木材的细胞中，后者起到防腐剂的作用，因为需氧的铜腐蚀产物起到了杀菌剂的作用。随着飓风影响沉船遗址(MacLeod, 1982a)，沉船解体，浸铜的木材被掩埋，好氧腐蚀产物转化为厌氧硫化物(见图 4.10)。

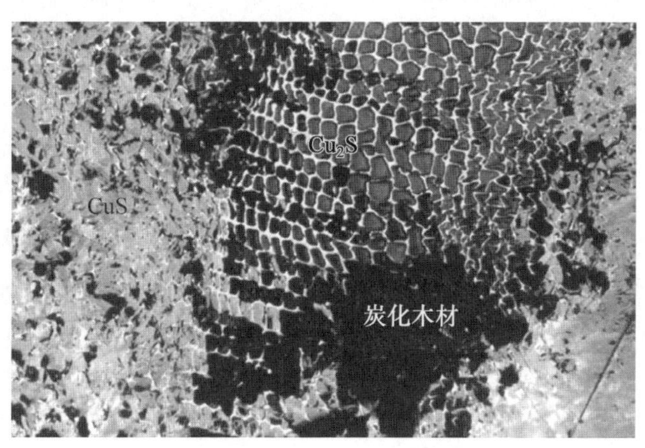


图 4.10　Rapid 号沉船的橡木横截面

注：Rapid 号沉船的橡木横截面显示了蓝色铜蓝(CuS)和深灰色的 $Cu_2S$，表明特定的氧化和还原电压范围。

根据公布的热力学数据，铜蓝的形成电压范围为−0.25～0.15 伏特，而与普通氢电极相比，铜蓝的相应范围为−0.5～0.25 伏特(MacLeod and North, 1987)。通过硫化凝结物基质中的 Ca/Mg 比值，可以估计 pH 值的平均值为 6.81±0.49，这是最适合厌氧硫酸盐还原菌繁殖的微环境条件。凝结物和腐蚀产物分析得出的微环境数据，提供了以往遗址处条件性质的基本信息，以及这信息如何影响文保人员的工作和海洋考古学家的阐释。

## 二、铅腐蚀和腐蚀产物的现场测绘

对于海洋考古学家来说，铅制品通常被认为比银锭、铜和黄铜制品的“价值”低。然而，铅制品不仅在历史沉船遗址极为常见，而且还会产生大量的腐蚀产物，这些腐蚀产物对腐蚀微环境极其敏感。标准的脱盐处理往往会显示出与沉船遗址氧化程度大致相符的腐化降解程度，大多数浅水遗址的湍流会产生具有较高氯化物含量的腐化人工制品。此外，对铅腐蚀产物的详细分析表明，大量不同的矿物决定了铅制品产生的微环境的性质。矿物的性质对腐蚀动力非常敏感。

铅含量为75%±10%的锡制品上的腐蚀产物，与类似环境中腐蚀的铅制品上发现的矿物有显著的相似性(MacLeod and Wozniak，1997)。对许多沉船遗址的铅制品进行分析后，总共出现了7个主要和7个次要的腐蚀产物；然而由于实验用海水是静态的，对含铅量为99%±1%的铅模拟样片的腐蚀模拟实验中，产生了4种主要腐蚀产物和4种次要腐蚀产物。尽管几乎所有的沉船遗址都普遍存在铅制品，如护套、压载铁块、步枪子弹、管道和排水孔等，但在文物保护文献中，关于铅制品腐蚀的信息相对较少(Campbell and Mills，1977)。

## 三、海洋和实验室中的铅腐蚀

从未登记的铅制品碎块上切片并用树脂包裹再制成铅腐蚀样片，对这些样片的电化学扫描分析结果表明，几乎所有不同的腐蚀产物都对应于一个特定的电压，该电压可以通过SEM或X-ray衍射鉴别。经过长达10周的暴露期后，在测试样片上鉴别出5种不同的腐蚀产物，分别是$PbCl_2$、PbCl(OH)、$PbSO_4$、

$Pb_3(CO_3)_2(OH)_2$ 和 $PbCO_3$，并转化为 $Pb_{10}(CO_3)_6O(OH)_6$。铅的氧化与含有不同比例的氯化物、硫酸盐、氧化物、氢氧化物和碳酸盐阴离子的腐蚀产物的连续或同时沉淀有关。已知络合物 $PbCl^+$ 和 $PbSO_4$ 是不稳定的，而 $PbCO_3$ 和 $PbOH^+$ 在海水中仅部分不稳定(Beccaria et al., 1982)。腐蚀人工制品表面的铅化合物的种类取决于表面 pH 值，对于 6<pH<7 的中性至接近中性的 pH 值，$PbCl_2$ 是主要种类。对于 8<pH<9 的多数碱性区域，$PbCO_3$ 是主要产物，但是自然铅继续在内部腐蚀并贯穿铜绿(Turner and Whitfield, 1979)。腐蚀产物的孔隙率越大，被动腐蚀速率越高(Tranter, 1976)，如在碱式碳酸铅(铅白)[$Pb_3(CO_3)_2(OH)_2$]所观察到的那样。缝隙孔腔中较高的氯离子浓度(7 个月后比正常海水高 3 倍)和酸性比海水更高的微环境(pH 值为 6.57)使 $PbCl_2$ 成为主要的腐蚀产物。在沉船失事过程中，铅制品被挤压折叠，自然会出现裂缝，因此可以预见，与完全暴露于流动海水中的表面相比，海洋考古学家会在折叠过的铅板制品下发现不同的腐蚀产物。

在研究哈达号(Hadda)(1877 年)和莱夫利号(Lively)(约 1820 年)沉船遗址数据时，发现了能够将沉船遗址的原位数据与实验室识别的腐蚀产物相关联的最有力的证据，这两处沉船遗址均位于含氧丰富的海水的高能量区域。两组铅制品的腐蚀电位相同，并与实验室确定的 PbOHCl(碱式氯化铅)或羟氯铅矿(laurionite)的阳极峰值电压一致。除了有效浓度的氢氧根、氯离子、硫酸根和碳酸根阴离子外，与铅腐蚀有关的电压自然取决于腐蚀产物的溶解度。如果腐蚀动力学的反应速度快，那么电位将由溶解积的热力学确定；但是，如果动力学参数(例如沉淀和水解反应)与转化或沉淀的能量势垒有关，那么基于热力学的观测值与预期值之间将存在差异。

本章提及的所有沉船遗址都普遍存在硫酸铅(anglesite, $PbSO_4$)，这是海洋铅制品腐蚀产物的主要成分。对暴露于空气中超过 100 年的轧制铅的红外光谱研究证实，硫酸铅铜绿具有保护作用(Tranter, 1976)。所有含有 $O^{2-}$ 阴离子并且仅在高能遗址发现的是矿物，例如混合铅腐蚀产物硫酸-氧化合物黄铅矿

(lanarkite)($Pb_2OSO_4$);氯-氧化合物白氯铅矿(oxide chloride mendipite)($Pb_3O_2Cl_2$);氧-羟基-碳酸盐水白铅矿(plumbonacrite)[$Pb_{10}(CO_3)_6O(OH)_6$]和一氧化碳形式的红色的氧化铅(PbO)。MacLeod 和 Wozniak 在 1996 年发表的论文中介绍了沉船遗址不同程度湍流的性质。在英国皇家海军天狼星号(HMS Sirius)沉船中发现的含有氧化物的矿物来自离海岸最近地点的最浅区域,那里的海浪不断翻滚。一个 4 米的波浪在下降到 3 米时穿过人工制品,角度比 45°稍微陡一点,下降过程中局部速度为 12 米/秒(Cresswell, 1989)。溶解氧的很高流动通过氧还原产生很高浓度的氧离子,使形成的沉淀物含 $O^{2-}$ 阴离子,而不是普通的 $PbCl_2$ 或氯铅矿(cotunnite)(见图 4.11; Barradas et al., 1975)。图 4.11 显示了铅腐蚀产物作为遗址能量测绘过程的分布。

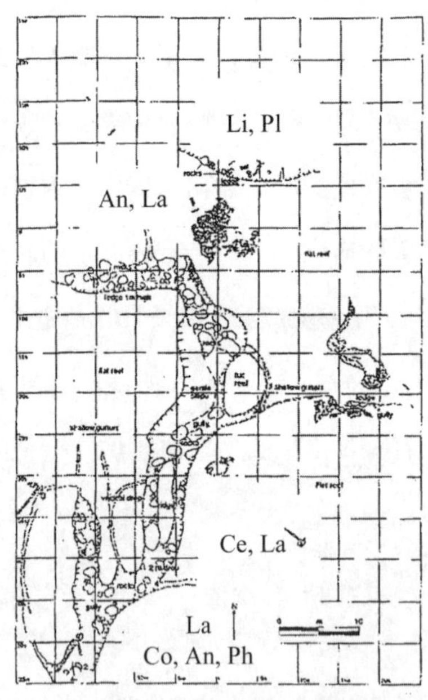


图 4.11 诺福克岛附近英国皇家海军天狼星号沉船遗址图

注:An 代表 anglesite(铅矾,$PbSO_4$),Ce 代表 cerussite[白铅矿,$2PbCO_3 \cdot Pb(OH)2$; $PbCO_3$],Co 代表 cotunnite(氯铅矿),La 代表 laurionite(羟氯铅矿),Li 代表 litharge(氧化铅),Ph 代表 phosgenite(角铅矿,$Pb_2CO_3Cl_2$),Pl 代表 plumonacrite[碱光碱酸铅,$3PbCO_3 \cdot Pb(OH)_2 \cdot PbO$]。

英国皇家海军天狼星号沉船位于澳大利亚南太平洋诺福克岛金斯敦沿礁的内部。遗址最靠近沿礁的部分显示出以氯铅矿($PbCl_2$)和羟氯铅矿的水解产物PbOHCl为主要矿物，而在距沉船最内层的20米处，以铅矾(硫酸铅矿，$PbSO_4$)为主要矿物。在该遗址的最良好的位置，还发现了羟基碳酸盐矿物水白铅矿[hydrocerussite，$Pb_3(CO_3)_2(OH)_2$]和直链铅的碳酸盐矿物白铅矿(cerussite，$PbCO_3$)。在遗址该部位的产物的最外层铅发现了次要矿物角铅矿[phosgenite，$Pb_2(CO_3)Cl_2$]。在澳大利亚另一侧的Rapid号沉船遗址深度为7米处也发现了水白铅矿。相比之下，荷兰东印度公司沉船遗址中更湍急的位置，报道的仅有例子是存在部分水解的铅氯化物$Pb_2Cl_3(OH)$或六方氯铅矿(penfieldite)。

在每一个沉船遗址的海底铅制品腐蚀过程中，都会发生大量竞争性的水解和沉淀反应。双盐(the double salts)的存在与实验室研究一致，实验表明，在静止海水中这些腐蚀产物抑制铜绿(Beccaria et al.，1982)。图4.12显示了一些关于铅化合物转化的复杂平衡示意图。

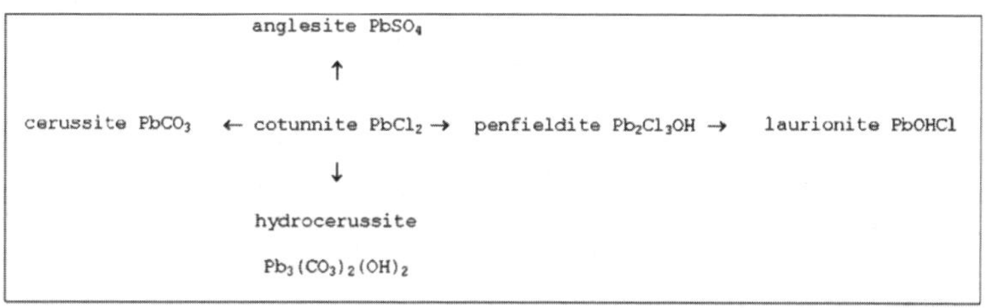


图4.12 铅腐蚀产物转化反应示意图

由于每种含有碳酸根或氢氧根离子的矿物都对pH值敏感，因此可以计算出多相平衡时的pH值。天狼星号沉船上的铅板(SI 66)，其表面的主要物相有硫酸铅矿、羟氯铅矿和氯铅矿，可以计算出的这三种矿物质共存的pH值为$5.2\pm0.2$(Linke and Seidell，1965)。水流携带的沙和沙砾的侵蚀现象也会对腐蚀产物的形成产生影响。

有时会在铅制品上发现特殊的腐蚀产物，为物品来源提供了线索。一个很好的例子是在 Zuytdorp 号沉船(1712 年)的被腐蚀的铅质压舱物(ZT 4179)上发现了稀有铜氯铅矿($5PbCl_2 \cdot 4CuO \cdot 6H_2O$)和银砷硫化物黄银矿($Ag_3AsS_3$),以及在氧化性极强的沉船遗址发现了普通的氯化铅和铅的羟基氯化物。这些矿物质的存在有助于追踪矿石是否来自英国北部(van Duivenvoorde et al., 2013)。

## 第三节　结　论

对一些澳大利亚沉船上形成的腐蚀产物的分析表明,有可能重建导致形成一批处于平衡状态的矿物的物理和化学环境。根据腐蚀的矿物学和电化学的详细知识,可以确定沉船遗物的腐蚀是由动力学控制的还是由热力学控制的。对发掘出来的文物的凝结物和腐蚀产物进行取样保存是至关重要的,因为凝结物基体的合金元素比例能够非常灵敏地反映沉船遗物埋藏条件和遗址的变化。

自船舶沉没后的殖民时期起,海洋变化就使文物一直处于动态平衡中,因此为其分析提供了新的令人振奋的解释途径。小心地展开变形的有色金属护套和配件,可以揭示与遗址形成过程相关的大量信息,这些信息在第一轮的保护性处理和展示中得以保留。每种腐蚀产物都有其独特的故事讲给公众听,在考古学家的控制下提高了收藏的价值和意义。

必须记住,即使在发掘时没有现场记录的腐蚀数据,无论从经济性或社会领域上考虑都不宜返回遗址现场,通过对腐蚀产物及其在遗址现场分布情况的详细分析来重建过去的环境,是切实可行的。

# 第五章　木材的降解

大卫・格雷戈里[①]

我们通常想当然地认为,沉船是一艘几乎完好无损的坐落在海床上的船,帆仍然系在索具上。实际上,沉船遗址保留的是那些在沉船过程中残存的零件和材料,经过一段时间的劣化或稳定后,与新环境保持平衡,尽管这是个动态平衡。图 5.1 显示了一艘木质沉船沉没过程的理想状态。

实际上,沉船及其零部件在开放海域和海底沉积物两种截然不同的环境中受到持续不断的作用。在这两种环境中,沉积期后的形成过程对沉船木质部分的影响是截然不同的。本章只聚焦木材的生物降解,这是这种特殊材料的最主要降解过程。然而,应该强调的是,生物过程与本书第一、第二和第三章中描述的许多物理过程同时存在,并可能由于这些物理作用而加剧。生物过程的影响会在木材上留下痕迹(产物),通过遗址现场调查和发掘后的实验室研究,可以了解遗址环境及从沉船沉没直至考古干预为止其对木材的影响。在开展任何沉船调查时,要关注这些生物形成过程及其产物,可以为解释沉船构成提供更多视角。

本章概述木材在开放水域和埋藏环境中的降解过程。简要介绍木材钻孔生物、木材结构、海洋沉积物以及微生物木材降解的微观形态。接下来讨论如何利

① 大卫・格雷戈里在获得考古学学位之前是分析化学家(1991 年莱斯特大学荣誉文学士,1992 年安德鲁斯大学哲学硕士,1996 年莱斯特大学博士学位)。他特别关注自然科学在考古学和保护科学中的应用,重点是饱水考古木材和铁的退化和保护。他曾以潜水员身份参与众多海洋考古项目,因此具有考古和保护的能力。他目前是博物馆保护部门的教授,研究浸水古木的退化,评估其保存状态以及水下环境中原地保存考古材料的方法,发表论文 80 余篇。

用这些信息进行反向假设讨论，推断沉积后的遗址形成过程。本章的目标并非作为实用的实验室“操作方法”指南，但参考书目包含了有关木材分析方面的参考资料。

图 5.1 一艘木质沉船沉没过程的理想状态

注：图中分别显示了沉船部分暴露于开放水域中和部分掩埋在了海床上两种情况，两种不同的环境都将影响木材的降解过程。

## 第一节 开放水域中木材的生物危害和降解

木材暴露于海水中会逐渐被各种生物有机体危害。生物危害之初是细菌附着于木材表面，然后是其他微生物，包括硅藻、真菌、微藻、原生动物以及钻孔的甲壳纲动物和软体动物。细菌和真菌会产生胞外酶，酶会破坏它们生长的物质，而甲壳动物和软体动物会钻入木材中摄取并持续利用。此外，还有一些污损生物，如藻类、苔藓虫（polyzoa）、被囊动物（tunicata）和软体动物，它们以木材为基质生长（Floodgate，1971；Jones et al.，1976；Cundell and Mitchell，1977；Zachary et al.，1978）。

迄今为止，在开放的海洋环境中对沉船造成破坏的这些生物中，最具破坏力的是海洋木蛀虫，它们可能会在相对较短的时间内造成破坏和考古学信息的丢失。木蛀虫实际上可以分为两类：软体动物和甲壳纲动物。

## 一、软体动物类木蛀虫：船蛆

钻孔类软体动物是一种双壳类动物，隶属于海笋蛤亚目（Pholadina），此亚目包含两个科：船蛆科（*Teredinidae*）和海笋科（*Pholadidae*）。通常船蛆是指专门的木材蛀虫，不包括滩栖船蛆（*Kuphus*：一种会吃硫黄的船蛆）和栖息于海草中的船蛆[*Zachsia*：在海草（*Phyllospadix iwatensis*）的地下茎中采到的一种特有的船蛆]。这个科中共有66种生物（Turner，1966）。海洋考古学家最熟悉的是遍生种船蛆（*Teredo navalis*），在全世界各地都被发现过。船蛆在生命周期的幼虫阶段，通过自由游动侵扰木材。在水柱中停留约14天后，它们便定居在木头上，从幼虫逐渐成至成虫；也就是说，它们不会从一块木头移动到另一块木头。定居的船蛆会钻入木材，很少附着于木材表面。木材上除了有小的洞口（直径＜1毫米）以外，看起来几乎完好无损。因此，很难用肉眼察觉到这种破坏，尤其是在水下。通常在木材降解过程的后期洞穴暴露在外时，才能发现木材被破坏（见图5.2）。

动物前部的细锯齿状壳反复锉磨并在木材上磨出一个完美的圆孔。独特的内共生菌（*Teredinibacter turnerae*，船蛆杆菌属涂氏船蛆杆菌）能够产生纤维素酶

图 5.2 松木暴露在有船蛆的水中 3 个月的截面

注：图 5.2(a)木材外部，只有通过在木头表面上的小孔才能证明船蛆存在；图 5.2(b)木材内部，显示船蛆造成了大量的洞穴。

(纤维素酶在分解纤维素时起生物催化作用)，在其帮助下船蛆通过吃木材而进入木材。小的盔状壳仅包裹成年船蛆的前部，在木头中的时候，薄薄的钙质层保护了细长身体的其余部分。船蛆后端有一对可伸缩的虹吸管和两个特有的托盘(见图 5.3)。船蛆通过用托盘密封洞穴可以隔绝周围水的不利条件，并在预先储能的情况下至少存活 3 周。木材外部只能见到船蛆的管状虹吸管(见图 5.4)，虹吸管可以用来过滤浮游生物并获得氧气供应，进而存活下去。随着成虫的成长，船蛆会顺着木纹，并避开木材节疤或接头，很少受到其他干扰或闯入其他邻近船蛆的洞穴。根据年龄、种群密度、木材类型和环境的不同，船蛆的成虫大小从几毫米到 1 米不等。在斯堪的纳维亚(Scandinavia)的温带水域中，船蛆每天的生长速度为 0.5～1 毫米，一块 20 厘米长的木头可以在一年内被船蛆完全吃掉(见图 5.2)。

海水的几个环境因素影响船蛆的生理和生态行为。但是，关键物理参数是盐度、温度、溶解氧、洋流和木质基质的可用性(Turner, 1966)。有关这些关键参数

图 5.3 从洞穴中取出的船蛆

注：右边是其前部的硬壳；左侧是钙质托盘，可以密封洞穴。

图 5.4 伸出木材表面的船蛆虹吸管

的文献搜索，可以在沉船保护专题研究网站（http://wreckprotect.eu/，National Museum of Denmark Nationalmuseet，2013）上找到，下表列出了这些参数对船蛆生长的影响。有研究显示，在超过 2 000 米深处的出水木材中依然发现有“船蛆”[不一定是海洋考古学家最熟悉的遍生种船蛆（*Teredo navalis*）]，因此深度似乎不是限制参数。考虑到最佳的环境参数，船蛆在沿海地区肯定无处不在。

**表 5.1 温带水域的船蛆的关键环境参数**

| 参数 | 成虫① | 幼体② |
|---|---|---|
| 温度/℃ | >11 | >12 |
| 盐度（PSU） | >8 | >8 |
| 含氧量/（mg/L） | >4 | >4 |

注：① 成虫可以繁殖。
② 幼虫可能变态=再次侵蚀的风险。

水流在船蛆幼虫扩散过程中也起着重要作用。船蛆攻击的发生、数量和强度取决于上述因素，通常每年的差异很大。

## 二、甲壳纲木蛀虫：蛀木水虱

最常见的甲壳纲动物的种类包括蛀木水虱属（*Limnoria*），团水虱属（*Sphaeroma*）和蛀木水蚤属（*Chelura*）（Kuhne，1971）。与船蛆不同，它们具有游动或爬行到其他相邻木材的能力，并且经常在其幼虫或成虫青壮阶段就这样做。与穿透木材的船蛆不同，蛀木甲壳类动物（蛀木水虱）主要在木材表面啃食和挖洞，在木材表面留下许多小坑道。从考古学的角度来看，这可能比船蛆破坏更严重，因为文物表面的细节会迅速消失（见图 5.5）。与船蛆一样，它们对生存有特殊的环境要求，但对盐度（从 15～40 PSU）和温度（从 10～40℃）条件要求相对宽泛些。然而，与船蛆一样，周围海水的溶解氧含量是其生存的限制因素。

图 5.5　典型的蛀木水虱和被其同类攻击后的松木样品

注：图 5.5(a)典型的蛀木水虱（*Limnoria* spp.）是蛀木甲壳纲。图中成虫体长 2～3 毫米；图 5.5(b)为被蛀木甲壳类动物侵蚀 12 月后的松木样品。

# 第二节　木材在沉积物中的劣化

如果沉船因沉积物积聚或液化过程而被沉积物覆盖，例如阿姆斯特丹号(Amsterdam)沉船(Marsden，1985)，木材的劣化过程主要是微生物作用。在这种情况下，蛀木虫不会劣化木材，因为沉积物中溶解氧的供应有限，会阻止蛀木虫呼吸(Turner and Johnson，1971；Becker，1971)。取而代之的是，木材降解是微生物(真菌和细菌)的生物介导作用导致的，这些微生物可以在海洋沉积物中的低氧甚至是缺氧条件下生存。

## 一、海洋沉积物的性质

几乎初期沉积物中的所有的生物地球化学过程(即早期成岩过程中)都直接或间接与有机物的降解相关(Rullkötter，2000)。在开放水域中，藻类和其他生物可以产生有机物，然后沉入海床并融入沉积物。也可能是植物的残余物，如鳗草或海藻，或沉积在沉积物中的沉船残骸。

沉积物中生物体对有机物的利用涉及氧化还原(redox)反应(schulz，2000)。这些反应遵循有据可查的连续演替(见图 5.6)，并根据它们产生的能量来利用各种化学物质(电子受体)(Froelich et al.，1979)。

从潜在的电子受体库中，微生物群落从可利用的基质中选择能使其能量产出最大化的微生物。在海洋沉积物中，可以从空间上观察到在深度增加的水平层中电子受体利用的顺序。在通常靠近海岸的海洋沉积物中，只有最初几毫米的沉积物被氧化。这是因为氧气为微生物提供了最大的能量，因此被微生物迅速利用。在含氧区下方几厘米处，硝酸盐充当电子受体，其次是锰和铁氧化物。在此之下更深处，硫酸盐是主要的电子受体，由于海水中硫酸盐的浓度高，硫酸盐还原通常是在浅海沉积物中的主要过程，也是泥泞的海滩中“臭鸡蛋”气味的成因。甲烷生成通常局限于硫酸盐耗尽的较深沉积物层，尽管生成的甲烷可能向上扩散到硫酸盐还原区中。因此，由于厌氧生物的活性，在缺氧环境中的有机物依然会被降解，不过速度较慢。木质沉船材料实际上是另一种有机物，尽管与海藻等自然沉积的有机物相比要大得多，它在沉积物中的劣化取决于其在沉积物中的深度以及存在的微生物和电子受体。

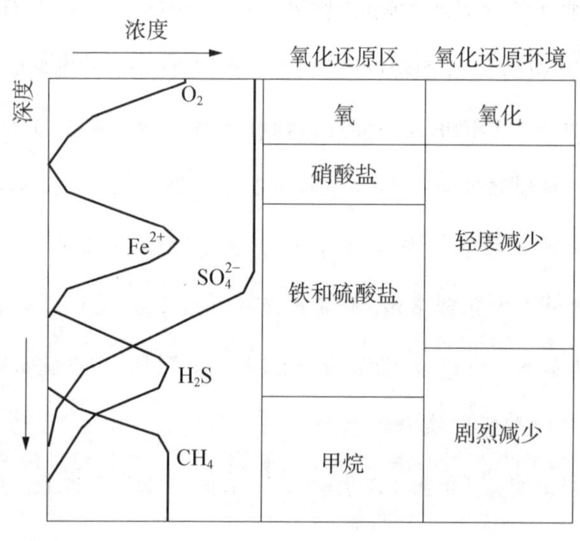


图 5.6 各种电子受体

## 二、木材的微生物腐解

通过显微镜技术可以观察到木材微生物腐解。根据腐解方式的形态，可以确定引起腐解的微生物类型。了解微生物的环境或生态约束意味着可以知道这些微生物是否存在，以此作为确定木材及其所处环境的替代指标（见图 5.7）。深入探讨木材的结构超出了本章的范围，读者可以查阅比约达尔和格雷戈里（Björdal and Gregory，2012)的著作，了解更多相关知识。相反，本章着重研究木材的微观结构和微生物侵蚀的形态，可以通过相对简单的工具(例如光学显微镜)观察到。

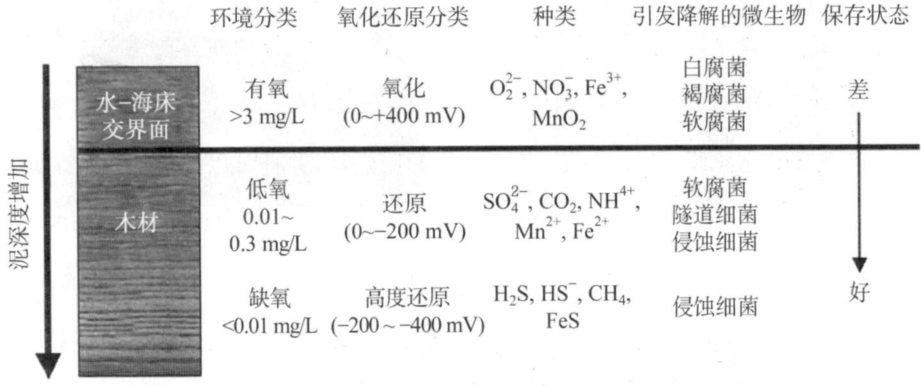


图 5.7　木材微生物降解和环境条件

木质细胞壁(见图 5.8)可分为初生细胞壁(primary cell wall)和次生细胞壁(secondary cell wall)。初生细胞壁非常薄，次生细胞壁可以细分为三层，称为 S1、S2 和 S3 层，其中 S2 层最厚。纤维之间的基质称为胞间层(middle lamella)，将各个细胞黏合在一起，形成木质组织。中间薄片和两个相邻的主壁通常称为复合胞间层(compound middle lamella)。木管胞或纤维的中心是一个称为细胞腔(lumen)的内腔。木材的 S2 层，即次生细胞壁，含有木材的大部分纤维素(约 80%)，正是该

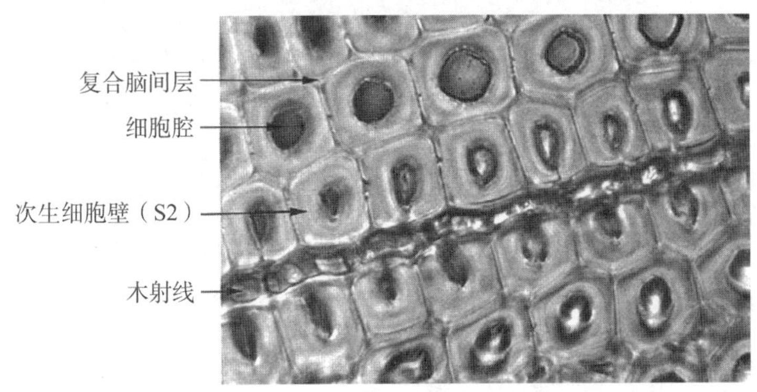


图 5.8　新鲜松木薄切片木材细胞壁结构的光学显微照片(放大 450 倍)

处最常被微生物降解。复合胞间层(主要由木质素组成)对多种类型的微生物腐解具有很强的抵抗力,这一因素加上饱水一起阻止了木材的全部消失。

基于微生物腐解性质的考虑,适当染色的薄横切面非常有用。重要的是,它们反映了引起其生物体特有的特征降解模式。海洋沉积物中木材的主要微生物降解剂是软腐菌,称为隧道细菌和侵蚀细菌。

## 三、软腐

软腐(soft rot)是由子囊菌和半知菌(一种真菌)引起的一种腐解。“软腐”是描述真菌腐蚀形式的术语,即在木材细胞壁内产生具有圆锥形末端的空腔特征链。某些软腐真菌除了会形成空腔外,还会引起细胞壁腐蚀,但是该术语通常用于描述由子囊菌和半知菌(一种真菌)引起的所有形式的腐蚀。

软腐降解最典型和最广为人知的形式表现为通过菌丝的酶活性产生的空腔,这些空腔与木质细胞壁内的纤维素微纤维平行生长。如图 5.9 所示,侵蚀(attack)主要局限于次生细胞壁,并限制在菌丝的附近,并在次生细胞壁上形成一

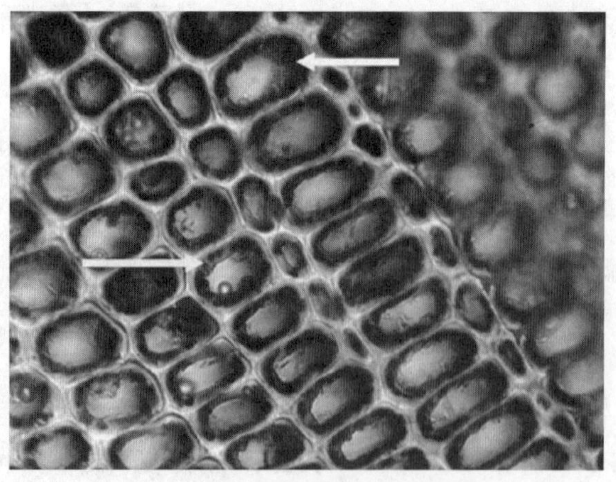

图 5.9 软腐侵蚀的次生细胞壁横切面的光学显微镜照片(放大 450 倍)

注:箭头所指为软腐菌丝降解的次生细胞壁。

系列小孔，而复合胞间层的侵蚀却很少见。

软腐菌能够在饱水条件下和氧含量低于其他木材腐烂真菌的情况下腐解木材。它们还可以承受含水率的巨大波动。因此，在长时间保持干燥并且仅偶尔受潮的木材中也会发现这种腐蚀（反之亦然）。对于暴露在水中的木材，或者在被沉积物覆盖或埋藏之前暴露的木材，外部区域的典型软化通常是由软腐引起的。

## 四、隧道细菌

沉积物的劣化主要是由细菌引起的，这是一个非常缓慢的过程；在适当的环境中，考古木材可以存活数万年（Björdal，2000）。隧道细菌（tunneling bacteria）是一种已经发现的、可降解木材细胞壁的细菌。与软腐菌一样，它们明显需要一些溶解氧才能存活，并且比侵蚀细菌需要更高的氧气浓度（Björdal，2000）。它们主要通过细胞腔进入木材细胞，能够降解木质素和细胞壁的胞间层区。一旦细胞壁被穿透，细菌就会降解次生细胞壁的所有层，并通过降解和细胞外黏液产生同心的残留物带，这些残留物带被保留下来，通常在显微镜下可以观察到（见图 5.10）。

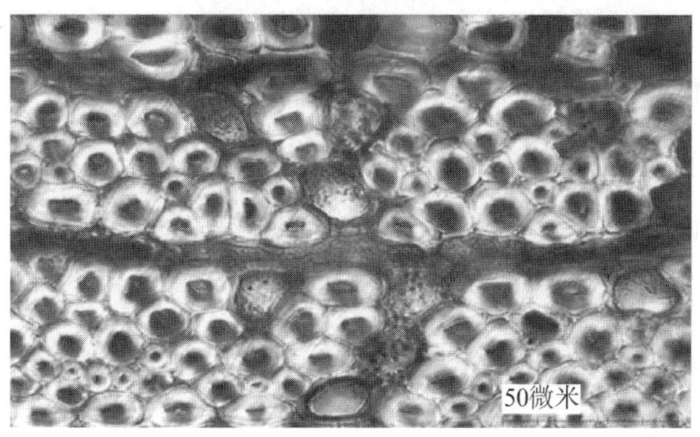


图 5.10　纵向薄切片的光学显微照片（放大 450 倍）

注：箭头处表明隧道细菌（可见单个细菌）引发细胞恶化。细菌已经降解了富含木质素的复合胞间层，因此相邻的细胞已经被降解。

## 五、侵蚀细菌

在饱水和缺氧环境中，引起木材劣化的主要细菌尚未完全确认（Helms, 2008），但由于其进入和腐蚀木材细胞壁的方式而被称为“侵蚀细菌”（erosion bacteria），通过显微镜可以观察到其留下的独特的侵蚀模式（Singh and Butcher, 1991）。对考古学家来说，幸运的是侵蚀细菌只能降解木质细胞壁中的纤维素（cellulose），而且尽管它们可以改变复合胞间层中的木质素（lignin），但不能完全降解木材。因此，富含木质素的复合胞间层得以保留下来，并且通过水替代了细胞的降解部分从而保持其形态完整。目前我们对于降解木材的真正的细菌知之甚少，细菌降解类型的分类依据是腐蚀的微观形态。在腐蚀（attack）的早期阶段，侵蚀细菌通过木射线和纹孔（pit）穿透木材表面，并从那里进入管胞的细胞腔。

侵蚀细菌侵蚀 S3 层并进入富含纤维素的 S2 层，将其转化为由残留的细胞壁质和细菌组成的无定形物质，可以通过显微镜观察到，如图 5.11 所示。胞间层即使在腐蚀的后期也不会降解，但可能会稍有改变。这类腐蚀的另一个特征是腐蚀的非均质性，在重度降解的纤维中发现了完好的管胞纤维（见图 5.11）。在饱水环境和氧含量有限的条件下，木材的腐烂通常归因于这些细菌。

# 第三节　考古学解释

在讨论了木材劣化过程之后，如何运用这些知识来解释沉船上装配的木材是如何被侵蚀细菌降解的。如上所述，随着时间推移木材是一种这些过程作用的产物，其在木材表面和内部留下痕迹。例如，我们可以根据橡木桶顶部的一部分知道其可能用于存储液体。当在爱尔兰西北部 5 米深的水中发现一艘 16 世纪的不

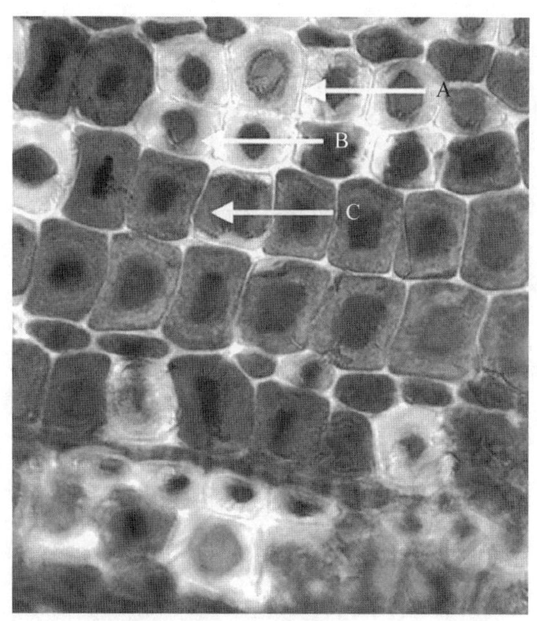


图 5.11 横切面上被侵蚀细菌侵蚀过的特征(放大 450 倍)

注：箭头 A 所指为木材细胞的复合胞间层；箭头 B 所指为未降解的细胞壁；箭头 C 所指为降解的细胞壁，细胞腔充满了降解的纤维素和细菌废物组成的无定形物质。

明沉船时，它完全被埋在细粒砂质沉积物中(见图 5.12)。图 5.12(a)为发现时桶盖的顶部，露出残留有工具和制造商标记的痕迹。但是，下图显示了在其翻转的背面可以看到蛀木水虱留下的花样和图案。事实上，没有发现蛀木水虱侵蚀的痕迹表明木桶已经被掩埋了一段时间。显微镜分析证实了这一解释。如工具标记所示，从考古角度来看，木桶保存状况很好；但是从材料的角度来看，实际的木材保存状况很差，因此，需要后续对其进行保护。在显微镜下观察时，外层几毫米处显示出软腐的迹象，是一些隧道细菌导致的劣化。这证实了是蛀木水虱侵蚀的残留痕迹，综合考虑这些现象，表明在被沉积物覆盖之前，桶或桶盖至少都已经在含氧的海水中暴露了一段时间。在外层几毫米以下，木材整个被侵蚀细菌降解，侵蚀细菌在缺氧条件下可以很好地存活。这意味着，在船只沉没以后的大部分时间里，这些文物都处于埋藏状态。

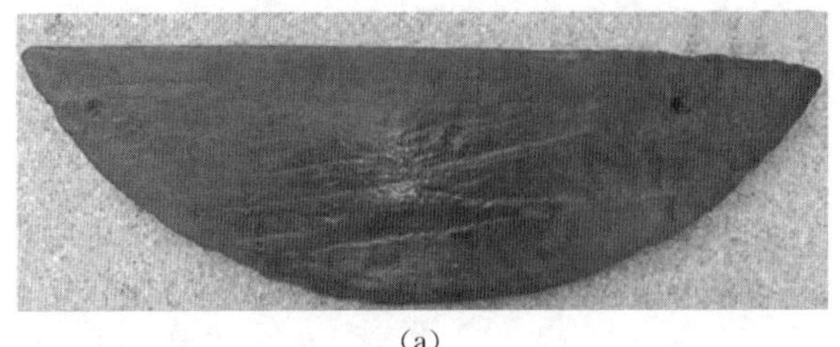

(a)

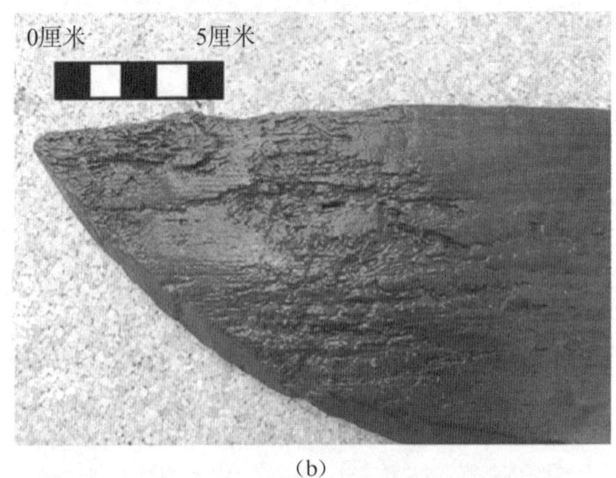


(b)

图 5.12　爱尔兰西北部发现的被蛀木水虱攻击的桶盖

注：图 5.12(a)为沉积物中发现的一个桶的顶部，直径为 50 厘米；
图 5.12(b)虽然没有观察到活的蛀木水虱，但底部有其攻击留下的迹象。

木桶分析表明，可以从木制品和沉船部件的分析中收集到大量信息。这类分析可以用来确定和缩小沉船事件发生后，沉船的哪部分暴露在外或处于埋藏状态，进而帮助考古学家进一步了解沉船遗址的埋藏史。

# 第二部分

## 文化过程

# 第六章　人为因素对近海环境下考古学发展导向的影响

阿曼达·M.埃文斯[①]、安东尼·弗思[②]

人类活动可能直接或间接影响海洋环境中的沉船遗址。沉船遗址形成的人为过程可能发生在沉船事件发生之时，例如为了避免沉没选择性地丢弃材料，也可以在沉船事件之后的任何时间点或持续时间段内，以长期、累积或单次的形式发生(Muckelroy，1978)。影响某处遗址的人为或文化过程可能包括捕鱼和拖网捕捞、沉船打捞、垃圾处理等，这里讨论的重点是以开发为导向的活动(development-led activities)(Stewart，1999)。近海环境中开发导致的影响可能来自和经济发展有关的各种人类活动，例如石油、天然气和可再生能源的开采、骨料提取(aggregates extraction)、港口开发，以及管道、传输线缆或电缆的铺设安装等(见表 6.1)。

**表 6.1　多种放置波浪和潮汐能设备的配置方式**

| | 物理取样 | 建设 | 操作 | 停止 |
|---|---|---|---|---|
| 直接 | 钻心 | | 遗产资产设置 | 设备基础/系泊移除 |
| | 采样 | 系泊设施 | 景观 | 电缆移除 |

① 作者简介见第二章。

② 安东尼·弗思是总部位于英国的 Fjordr Limited 的董事。该公司为公共机构、私人开发商提供有关海洋和历史环境的建议。他最初是一名考古工作志愿者，研究淹没的史前景观和 16 世纪的沉船事故。他博士期间研究了英国和整个欧洲国家(包括法律、政策和实践)的水下考古管理状况。随后，他参与了大量以发展为导向的海洋考古项目，以及众多港口、海洋聚集体和海洋可再生能源领域的项目。

（续表）

| | 物理取样 | 建设 | 操作 | 停止 |
|---|---|---|---|---|
| | 传感器系泊 | 电缆渠 | 海景 | 船舶停止 |
| | | 陆上电缆 | 系泊/电缆移动 | 临时性工程 |
| | | 建设船舶/车辆 | O&M 船舶 | |
| | | 临时性工程（如联通道路、硬路肩） | | |
| 间接 | | 建设相关的腐蚀 | 局部冲刷 | |
| | | | 改变海床 | |
| | | | 海岸侵蚀 | |
| | | | 地下水位/盐度的变化（潮差图） | |

注：许多近海结构物对历史环境的主要影响（就视觉效果而言）取决于它们相对于海床和海面的构造（改编自 Firth，2013b）。

本章主要涉及当前和未来发生的以开发为导向的人类活动，以及这些开发行为如何通过改变遗址的特征、连贯性甚至其存亡等方式影响遗址。考古学家通常被要求在项目开发之前评估开发活动对考古遗址的影响，因此，本章的大部分内容都基于开发活动对海底特征的直接影响与以前的考古遗址因开发而受影响的经验，对开发活动可能产生的影响进行分析。考古学家必须熟悉开发活动，以便预测其未来对考古遗址的影响。从遗址形成角度考虑开发，也可以帮助考古学家解释遗址并评估已开发的海底区域。除了“清理”旧沉船方便航行外，一些地区对海底的密集开发已经有100多年的历史了。认识到开发活动通过能确定的特定的过程影响了这些地方，考虑遗址形成过程是研究开发活动的一个重要方面。

将海洋开发视为遗址形成过程的另一个原因是，我们对海洋考古资源的全面了解一定程度上是由进行调查的机会和发现所推动的。海底开发项目引导着考古学家的视线，他们最关心的是遗址属什么类型，以及能够使用什么样的工具，这反过来会影响考古发现的内容和位置，进而影响我们对整个考古资源的认识。举例来说，直到最近，英国周围海洋考古资源的特征还是由遗址受法律保护的方式所决定的(Firth, 1999)。以开发为导向的海洋考古学的出现改变了我们的认识。然而这并非简单意味着消除旧偏爱,而是引入一个新的偏好。海洋开发的发展模式由技术和经济驱动,各方面的侧重不同。立法、科技和市场需求推动了开发的产业,从而决定了会被考虑的开发区域。例如,因为石油和天然气开采的需求,考古学家预先得以使用自治式潜水器(AUV)不断到达更深的水域进行勘测,而对大陆架浅水区的评估需求却日益减少。因此,我们需要认识到并强调,参与海洋开发有利于形成全面的考古认知。

以发展为导向的开发活动通常受州和/或国家监管,考古学依据法规开展相应的工作,根据地区的不同,它可能有很多名称,包括文化资源管理(CRM)、商业考古和考古咨询。监管机构主要关心的问题是开发对该区域内的重要考古遗址是否有不利影响。因此,了解计划中的开发活动对考古遗址可能会产生的直接和长期影响至关重要。

## 第一节　石油和天然气开采

1947 年,墨西哥湾茫茫无际的海面上出现了第一口商用海上油井,石油和天然气作业自此开始影响海洋环境(National Commission, 2011)。从 1974 年开始,在美国,联邦政府针对石油和天然气开采的许可程序中就制定了对考古评估的要求。过去 40 年间,石油和天然气的钻探、钻井平台的结构物、管道的安装和拆除对海底的影响日益明显。这些油气作业的监管责任和许可权限取决于项目所在的区域。以美国为例,海洋能源管理局(BOEM)为联邦水域的石油和天然气项目签发许可证,许可条例公布在《联邦法规》里,并作为《承租人告知书》(Notices to Lessees, NTL)发给开发商。考古 NTL 要求在批准拟议的开发活动(例如钻探或管道安装)之前,需要根据地球物理调查和/或对海底的图像检视进行评估。评估报告必须详细说明海底状况,并确定拟开发活动可能影响的区域中任何潜在的重要考古遗址。NTL 合规评估需要由合格的海洋考古学家撰写并提交给许可证申请人,然后作为许可证申请流程的一部分提交给 BOEM。在许可证申请审查流程结束之后,如果所有事项均符合标准,则该开发活动将获得批准。磁力异常、声呐目标以及在地球物理数据中的某些地下特征可能代表有潜在的考古资源,这就需要实施规避标准或缓解措施,规避标准会在发给运营商的批准通知书中标示。运营商通常更喜欢遵守规避措施。但是在某些情况下,如果潜在的重要目标被确定,可能需要对其进行后续目视调查。虽然这里所举案例适用于美国联邦法律,但说明了在整个海上开发过程中考古学的作用。这一过程在不同国家和地区各有不同,但共同的是,所有以开发为导向的考古学都必须在准确了解拟开发活动对海底会造成的直接作用和潜在影响的基础上规划出缓解和避让区。

钻探行为本身就是一种对海底的明显且直接的影响,有可能对沉船或其他考古特征造成重大破坏。在海上,钻井使用针对特定深度的技术和设备,会对海底产生不同程度的影响。美国的钻探作业水域有越来越深的趋势。这些深水钻井使用锚泊定位(系留)或动力定位(不系留)的钻机和钻探船进行钻探。尽管钻井被认为是对海底的主要影响,但钻孔本身相对较小,与钻井作业相关的活动和设备更有可能造成重大海底扰动。

在浅水区(小于 200 米),钻井作业通常使用安装在海床上的钻井平台,即自升式钻井平台。在全球范围内,在海床上安装的自升式钻井平台是最常用的平台类型,占全球海上钻井船队的 43%(Rigzone, 2014)。在墨西哥湾,自升式钻井平台占所有钻井平台类型的 2/3(Rigzone, 2014)。这些钻井平台没有自主动力,需要由辅助船只拖曳到位。它们的桩腿设计在拖曳过程中升出水面,一旦就位,就下伸到海底承受整个结构的重量(见图 6.1)。自升式钻井平台有两种基本样式:桩靴式和沉垫式(见图 6.2)。桩靴式通常有三条桩腿支撑,每条桩腿直接站立在海床上。沉垫式与桩靴式类似,不同之处是它包括了一个连接各桩腿的平坦基座,

图 6.1 2009 年加尔维斯顿港(Port of Galveston)的自升式钻井平台(Amanda Evans 拍摄)

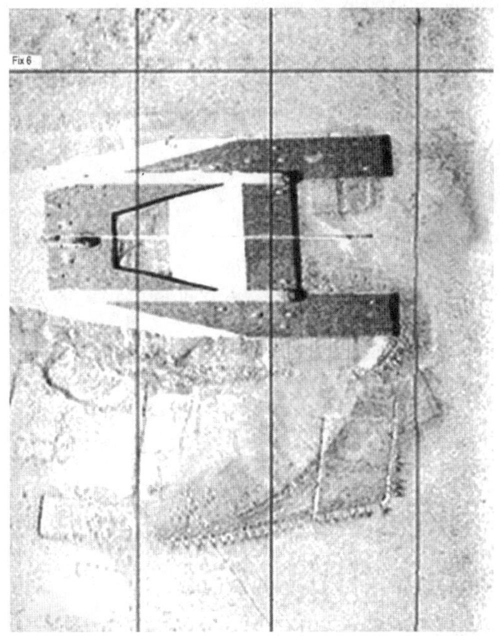


图 6.2 沉垫式钻井平台在海底的声呐图像(数据由 Tesla Offshore 提供)

将整个平台的重量均匀分布于宽阔的基座面上。在浅水中，历史沉船的残骸和其他文化资源会受到钻井物理钻孔或钻井平台的桩腿或基座放置的影响。

自升式钻井平台的桩腿长度有限，因此只能限制在较浅的水深中使用。大部分深海钻探（这里指小于等于 1 500 米的水深）和超深海钻探（这里指所有大于 1 500 米的水深）会采用锚泊或动力定位的半潜式钻井平台。有时会使用钻井船，但并不多见。锚泊定位和动力定位之间的区别在于，前者通过带有锚链、锚缆的锚将钻井平台系留在海底。在墨西哥湾北部，典型的布锚方式使用 8 个锚点，在飓风季节（6 月至 11 月）则需要 12 个锚点。通常锚泊半径是水深的 2.5 倍，因此，在 1 500 米的水中，锚泊范围可延伸超过拟定钻井眼孔 3 750 米之外。深水钻井平台的锚泊技术包括使用吸力桩（suction pile）和重力锚（gravity-installed anchor）。锚的大小不等，但必须足以在不同条件下将平台固定到位。目前，在使用中的一种锚是重 84 000 磅[①]的 OMNI-Max 锚，长 9.7 米、宽 3 米，“与类似负载量的吸力桩相比，这种锚相对较小”（Shelton，2007；见图 6.3）。

图 6.3　尚未投入深海的固定锚（Amanda Evans 拍摄）

① 译者注：英制中的质量单位。1 磅＝0.453 6 千克。

动力定位钻井平台，也称为DP钻井平台，在钻井作业期间使用先进的推进器来保持其在水中的位置。因此，DP钻井平台对海底的影响仅限于井眼，在现场周围设置了定位的应答信标以及相关的水下采油树。由于阵列锚的放置，锚泊装置的使用会对海底造成更大冲击。相关的锚链、锚缆以及布锚和收锚过程中使用的任何辅助结构都会横扫海底，因此而破坏海底遗址及历史沉船遗骸的事件已有先例记录在案。

2011年之前，墨西哥湾北部的钻井作业并没有普遍要求对其进行考古评估，而是在拟议的许可项目中对需要进行考古评估的区域使用沉船事故发生的高概率模型（high probability model）。然而，依赖高概率模型是有缺陷的，因为它基于历史航海路线且以前曾发现沉船的地点，却没有考虑到海洋条件和有意或无意偏离常规航行路线的船舶（Lugo-Fernández et al.，2007）。这种情况导致对深水地区的调查要求有限，而深水区域正日益受到石油和天然气开发商的青睐。高概率模型会报告已知沉船的位置，但都有不同程度的不确定性。不幸的是，SS Gulfstag号这艘长167米、宽23米的钢壳油轮的位置与其报告位置不同（NOAA，2013）。在施工前的危险调查期间，由于调查参数粗略，该船未被识别，因此受到了经许可的钻井平台锚链的破坏（见图6.4）。

如上所述，钻井产生的孔径相对较小，但是与钻探相关的活动所造成的影响却很大，可能需要更好的缓解措施才能充分保护考古资源。除了现场设置或锚固钻井平台直接造成的海底扰动外，钻井作业过程中产生的钻屑、钻井泥浆或钻井液以及产出的水可能会从井眼向外扩散（Boesch et al.，1987：22）。钻屑是在钻井过程中产生的泥土碎片，可通过用钻井液（又称钻井泥浆）冲洗井筒将泥土碎片从井眼中清除。美国水域唯一合法使用的是水基钻井泥浆。但是，在其他地区可以使用油基和合成基钻井泥浆。钻井泥浆被定义为是一种“黏土（或天然有机聚合物）、硫酸钡、木质素磺酸盐、褐煤和氢氧化钠以及几种少量添加剂组成的淡水或海水泥浆”（Boesch et al.，1987：23）。钻屑包括碎泥块和沉积物，是钻头向目标深度

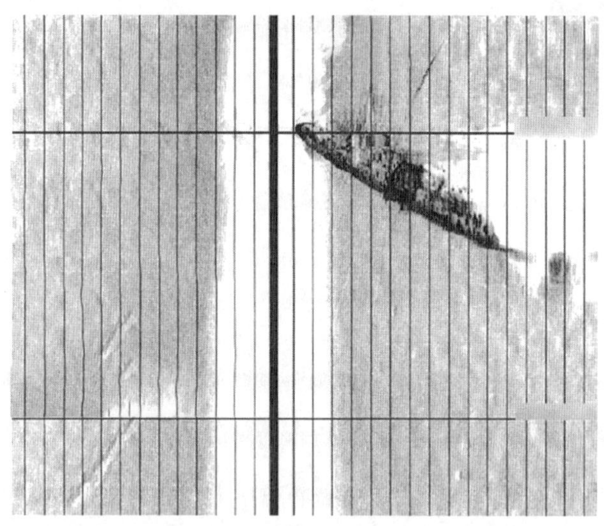

图 6.4　SS Gulfstag 号钢壳油轮的声呐图像

注：图中可见锚的拖痕从左下到右上横穿沉船（BOEM/BSEE 授权使用；C&C Technologies 扫描的数据）。

穿透井筒向目标深度钻进时由磨削作用产生的（Boesch et al.，1987：23）。钻井液或钻井泥浆在井筒中不断循环流动润滑钻头，防止钻头过热，并将固体物质冲出井筒（Neff et al.，1987：150）。操作员经常在钻井平台甲板上循环过滤钻井液以便分离出钻屑，使其可以重复使用（Neff et al.，1987：150）。在某些情况下，分离钻屑会在钻井平台的侧面进行处理。倾倒的碎屑沉积在海底，形成次级废弃物处理堆，而钻屑和从井眼中喷出的流体是主要的废弃物处理堆（Neff et al.，1987：150）。

根据伯施及其同事的研究（Boesch et al.，1987：23），一口探井（非生产性）的钻探活动可产生“5 000～30 000 桶钻井液（包含 200～2 000 吨固体）”和“1 000～2 000 吨钻屑”。而开发井通常比探井浅且直径小，钻井液和钻屑也相应减少。内夫及其同事（Neff et al.，2000：15）的研究表明，位于油井平台附近的钻探固体废弃物处理堆可以高达 26 米，但是大多数高度不到 10 米。

监管机构可以通过与运营商合作，移动拟钻探的井孔位置来保护已识别的、甚至潜在的考古资源免受钻探活动的直接影响，但是要保护遗址，尤其是未被识别的考古资源免受与钻井相关的作业影响就很困难。采油树和钻屑堆可能在深海考古资源的周围或上方积聚。观察表明,钻屑和钻井液在深水环境中更易积聚。在浅水区海床上钻屑通常不会堆积,它们反而会受水流和波浪的影响被驱散(Zingula, 1977: 548; Neff et al., 2000: 15)。尽管已有大量研究分析了关于钻屑对生物群落的影响(NRC, 1983; Boesch and Rabalais, 1987; Neff et al., 2000; UKOOA, 2005),但还没有任何已知的研究来检验钻屑对考古遗址的影响。沉积后的化合物能在多大程度上改变考古分析的结果尚未知晓。埃克森·瓦尔德斯(Exxon Valdez)漏油事件后开展的初步研究集中在放射性碳样本可能产生的污染上。科学家检查了10处受石油影响的遗址,初步结果表明,未发现对放射性碳测年的不利影响(Reger et al., 1992)。但是,如果没有进一步的研究,就不知道油基钻井液、水基或合成基钻井液中的添加剂在多大程度上(如有的话)会污染遗址,并对人工制品保存、化学样品测试或数据恢复产生何种不利影响。并且,水下采油树会遮蔽考古遗址,使记录更加困难和耗时。

探井成功勘探后,通常会在现场搭建永久(或半永久)的结构(例如平台或沉箱)。在油气钻取和随后的平台操作阶段,井场(well site)内的活动可能包括用不同大小的钻机或布锚方式钻探额外的油井,用安装在海底的起重船进行维护或修理工作以及与潜水工作船或其他供应船只的锚定。钻机、平台或其他服务供应船上都可能丢弃材料,或因意外损失而沉入海底。除了与资源开采相关的辅助活动外,油井平台和沉井(well caisson)往往会成为渔民和休闲潜水者的热门地点,他们也可能会对考古遗址产生不同的影响。

如前文所言,井场是更大系统的一部分,不能单独考虑,在潜在的考古资源附近钻探井位时,充分认识这一点至关重要。尽管分配给该资源的避让区可能足以确保钻井活动不会影响该遗址,但如果探井成功,该遗址可能会面临更大规模的开发。潜在资源接近施工区域会使施工计划复杂化,或使遗址遭受意外的破坏。所以,当一个井场最初被批准建在重要考古资源附近时,需确保对未来的活动考虑周全，就能缓解这个问题。

## 第二节　可再生能源

在英国，由于监管制度的差异以及海洋考古在近海油气行业的“最佳方案”中不具很强的优势，考古学家与英国近海油气行业的合作远不如美国广泛。相比之下，考古学在海上可再生能源的兴起中具有相对较高的知名度。在新的可再生能源开发项目获批及建设过程中，必须整体考虑其对考古遗址的潜在影响（Wessex Archeology，2007；Gribble and Leather，2011；Firth，2013b）。

海上风电场（OWF）是英国海域可再生能源开发的支柱。截至 2014 年 1 月，共有 22 个海上风电场在运行，总计 1 075 台风电机，总容量为 3.6 千兆瓦，运行的风电场由从 2 台到 175 台大小不等的风电机组成（见图 6.5）。另有 12 个项目共 856 台风电机（容量为 3.8 千兆瓦）已获批或正在建设中（Renewable UK，2014）。一系列规模更大的“第三轮”风电项目正在筹备中，总计 7.8 千兆瓦的项目已经通过审批程序。

图 6.5　运行中的近岸风电场（近期规划中的项目通常距离海岸更远），照片由 Antony Firth 提供

海上风电场对考古遗址的影响主要源自它的基座。海上风电场由大型风电机组成，通过三片巨大的转子叶片发电。每台发电机都安装在高塔的顶部，高塔则安装在基座上。迄今为止，最受人欢迎的基座是“单桩基础”(monopile)，即一根大直径的金属管，被打入或钻入海床数米。气象站(也称“气象桅杆”，met mast)、海上变电站和其他设施也往往倾向于以类似的方式建造。单桩基础能穿透埋藏在其附近的考古遗址，包括船只、飞机残骸以及史前遗存。在英国大陆架的大部分地区，单桩基础通常能一直穿透深处的考古时期沉积物。因此，对考古材料的影响可能会发生在海床表面下数米处。

尽管许多 OWF 一直青睐使用单桩基础，但人们正在思考采用其他解决方案来应对离岸更远更深的情况。工程师从海上油气作业中获取灵感，提出了由钢格架即“导管架”(jacket)组成的基础，作为位于海床上的混凝土重力基础，通过其自身重量将涡轮机固定在合适的位置(Reach et al., 2012)。针对浮式风电机，还考虑使用锚固系统固定其漂浮式基础的方案。这些不同形式的基础，对海床、海床表面及埋在其中的已经存在或可能存在的任何考古材料都会有不同的影响。

除了将电力输送接入陆上主电网的电缆外，海上风电场各个风电机之间也需要敷设大规模的电缆网络，即阵列电缆(inter-array cabling)。与海上风电场相关的电缆对考古遗址的影响通常与用于其他目的的海底电缆相同，本章稍后再做讨论。除了风电场的直接影响外，与其他形式的海上开发项目一样，施工特点的采用会干扰流体动力状态，可能引发水流冲刷，造成基础覆盖范围之外的考古材料暴露出来。

尽管风电场在英国海上可再生能源中占主导地位，但另有三种形式的海洋可再生能源正受到重点关注，试验场和示范场均已投入运行，它们是波浪能(wave energy)、潮流能(tidal stream energy)和潮汐能(tidal range energy)。波浪能的原理是将海面的上下运动转换为电能；潮流能是潮水来回流动所产生的能量；潮汐能则是通过蓄水来提取能量，海水涨潮时水位升高产生势能，在退潮时海水奔腾而去，势能转化为动能推动发电机发电。目前，各种利用波浪能和潮汐能的设备正在研发中，就考古影响而言，最重要的是它们在海床上的安装方式，而不是这些装置的工作方式(见图 6.6)。

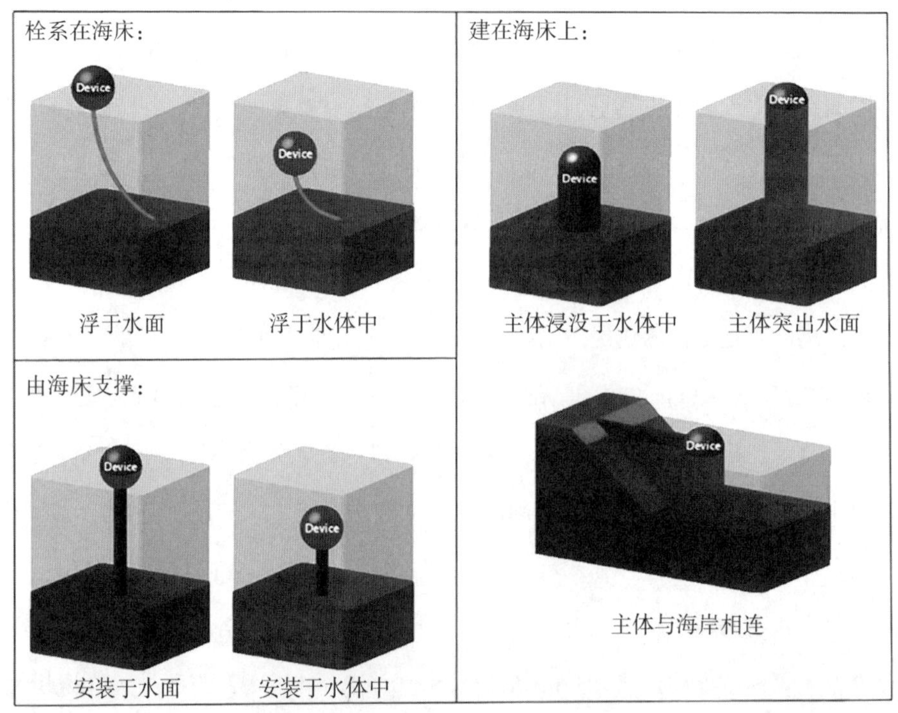


图 6.6 海上结构物构型示意图

注：许多海上结构物对历史环境的主要影响(就视觉效果而言)取决于它们相对于海床和海面的构型。该示意图为研发中的波浪能和潮汐能设备的各种构型(改自 Firth, 2013b, © English Heritage, Historic Scotland and Cadw)。

有些方案需要在海床上架设大型结构物，而其他方案则涉及系泊需要的大范围阵列布锚。对考古遗址的影响取决于将设备保持在预定位置的定位方式、设备的覆盖面积以及现有或可能存在的考古材料的特征。阵列电缆和输出电缆的需求与海上风电场相似，然而也有一些重要的区别。首先，为了从水中提取能量，波浪和潮汐的发电工程会直接干扰水流和泥沙流动，这可能使当地地貌发生变化，导致埋藏的遗址暴露出来引发劣化，反之亦然。其次，这些发电工程涉及复杂的流体力学，很难为了避开考古遗址改变风电机组的规划位置，因此需要在规划过程的早期阶段就考虑到考古资源保护。

## 第三节　骨料提取

英国严重依赖从海中挖出的沙子和砾石用于建筑施工以及保护海岸线的“海滩再造”计划。这需要使用配备大型泵的大型专业船舶①进行骨料疏浚（见图 6.7）。工作时，泵的吸力被引导到“耙头”（drag head），用长管沿着海床拉动。耙头在海床上拖动，沙子和砾石就通过管道被吸进船舱（见图 6.8）。疏浚船返回码头，卸出骨料进行加工，通常有 4000～5000 吨。耙头经过的海床上会留下宽数米、深约 20～30 厘米的沟槽。

图 6.7　正在工作的骨料疏浚船

注：一只巨大的吸力拖曳头在左舷沿海床拖拽，泵把骨料和海水的混合物抽到船上，并通过右舷的滤网排入货舱，多余的水和细颗粒物质从侧面排出（照片由英国海洋骨料生产商协会提供）。

① 译者注：即“骨料疏浚船”，也有称为“集料挖泥船”。

图 6.8　耙吸式挖泥船(trailer suction dredger,用于集料和航行时挖泥)

注：船航行时,耙头会降到海底。海底物质和海水的混合物被泵送到船上,然后排入货舱(照片由英国海洋骨料生产商协会提供)。

骨料疏浚已被证明在许多场合对考古材料有影响。避让已知的沉船是因为沉船可能会给疏浚设备带来风险。实际上,人们也会极力避免诸如泥炭(可能是古大陆的表层)对骨料货物造成任何“污染”。考虑到骨料疏浚可能对考古遗址造成影响,主要的骨料公司与其行业协会——英国海洋骨料生产商协会(British Marine Aggregate Producers Association, BMAPA)合作,制定了自己的行业指南并引入一项协议,根据该协议,意外发现会被迅速报告给考古学家(BMAPA, 2003,2005; Russell and Firth, 2007)。该协议实施以来,已经发现了数百件文物,每件文物都曾遭遇过挖泥船,这表明考古材料肯定受到了影响。许多案例中,所报道的材料只是显示英国沿海地区几个世纪以来的人类活动。而在其他情况下,在某地进行调查时或重复调查时发现大量材料则可能表明或多或少有完整的遗址存在。例如,可能有第二次世界大战期间被击落的飞机,也有追溯至 20 万年前的一组明显在原位的旧石器时代的手斧这种惊人的发现(Tizzard et al., 2011)。尽管对考古材料的确会有影响,但从行业主导的评估和报告中获得考古知识也是一种极大的推动,不仅有助于了解进一步的骨料疏浚可能产生的影响,而且有助于评估该区域其他海洋工业的潜在影响(Firth, 2013a)。

## 第四节 港口与航道疏浚

港口及其通行航道与以往岁月总有着耐人寻味的联系。一个港口所在地通常都有数百年的历史,其水下存在考古材料的潜力很大。港口的建设和疏浚会对考古遗址造成巨大冲击,对其影响显而易见(Adams et al., 1990)。建设和疏浚活动通常发生在港口形成的早期阶段,有些也许年代比较晚,但有些则可能已持续了数个世纪。这些较早的港口活动会对海床物质产生影响,因此,开展港口环境中遗址形成过程方面的研究要考虑可能已经发生的损害,无论是关于先前受到影响但待分析的个体船只,还是关于全面了解考古资源。

港口开发商对工程前期阶段的考古记录抱有一种极端态度并不罕见,他们认为之前的疏浚作业会彻底清除曾经可能存在的任何东西。因此,开发商会声称不需要在之前疏浚作业过的区域进行海底勘测(例如委托他人开展地球物理勘测)。但是,一些实例表明这一观点是错误的(Parham, 2011; Firth et al., 2012)。不能因为过去曾进行过疏浚就认为考古记录会被抹去,早期疏浚作业的实际效果可能相当“零散”,而可能用以证明早期疏浚“有效性”的记录往往不复存在。考古学家已经在曾经疏浚过的区域发现数个重要遗址,那些曾经是清除目标(危及航行)的遗址也都值得详细分析(Auer and Firth, 2007)。

建造港口和航道所使用的疏浚设备类似于骨料疏浚所采用的耙吸式挖泥装置。但也可以使用其他疏浚形式,例如装有反铲式挖土机的大型驳船或绞吸式挖泥船。“犁”的使用也很常见,这是一种沿着海床拖曳的叶片,主要用于平整挖泥船留下的沟壑。应当指出,任何情况下,拟定的疏浚作业可能不会影响到拟定航道内的整片海床。某些区域的水深可能已经超出要求的水平,因此无须疏浚。当然，了解一项计划的疏浚深度、考虑为应对随后淤积所需要的富余深度或者其他原因提议的加深，对评估考古材料受潜在影响而言非常重要。

除疏浚工程外，港口建设还会涉及多种其他过程可能会对考古材料产生影响。例如岸墙（quay wall）的建造、填海和打桩所用的起重机，等等，它们都可能会对现存的任何水下考古材料产生影响。

## 第五节　铺设管道和电缆

从海域提取/生产的石油、天然气或其他替代能源必须运输到岸上加工和使用。最常见的输送这些资源的方法是通过管道或电缆，而管道及电缆的铺设可能会影响水下文化资源。不同司法管辖区的法规各不相同，例如美国墨西哥湾的管道必须埋在海床以下至少 0.9 米深，且水深要小于 61 米。因此挖沟是明显和直接的海底冲击。管道和沟槽的深度也因地区而异，同样是美国的墨西哥湾，根据《美国联邦法规》第 30 CFR 250.1003(a)(1)条的规定，处在航道区域的管道必须埋在海床以下 3 米深处、锚区 4.9 米内，还要防止抛锚活动对管道造成意外损坏。对考古资源损坏的可能性取决于管道安装的方法，通常使用锚定的铺管船或动力定位的卷筒铺管船（reel-ship）铺设管道。尽管 33 米水深即可使用动力定位铺设管道，但通常在水深超过 61 米时才会使用（Cranswick，2001）。动力定位的铺管船或驳船不需要锚定，海底扰动仅限于管道实际覆盖区域和相关的沟槽挖掘区。

锚定铺管船（lay-barge）是浅水中最常用的铺管船，其潜在影响范围很大。锚定铺管船的操作程序将其使用限制在水深低于海平面 300 米的水域中（Cranswick，2001）。单条船上可用的锚缆数量可能会将操作深度限制在更浅的水域。必要时，铺设过程中会使用喷射式或犁式挖沟机来完成管道埋设作业。铺设船通过一种称为“托管架”（stinger）的设备从水面将管道慢慢滑入海底，铺在喷射式或犁式挖沟机新切开的沟槽中。喷射会严重影响考古资源，但是年代久远的历史沉船尤其是大型金属外壳船相对容易避免。由于沉船很可能损坏管道铺设时使用的高度专业化和昂贵的设备，从而导致施工严重延误，因此大多数运营商都非常愿意绕行避开大型金属壳船只。不过，深海区域不会涉及锚定或挖沟机的拖行，管道也可以直接铺设在海床上，无须挖沟。

无须埋设管道的海域，管道本身可能会对考古资源产生影响（见图 6.9）。例如，在墨西哥湾，一根管道把一艘 19 世纪早期的木船——“迈卡沉船”（Mica Wreck）一分为二（Atauz et al.，2006；Jones，2004）。该沉船位置水深 808 米，残骸长 19.8 米，凸出海床 2～3 米（Atauz et al.，2006：1），残骸直到管道安装后检查时才被发现（Atauz et al.，2006：1），在当时，由于使用了上述预测模型，项目区域在钻探之前不需要进行声呐探测或考古评估，尽管也进行了管线铺设前期调查，但当时的要求并不能确保声呐覆盖所有受管道影响的海床部分。在迈卡沉船被发现后实施了考古破坏评估，发现拆除管道会进一步破坏这艘双桅纵帆船（two-masted schooner）（Atauz et al.，2006：45），因此，管道原封不动地被保留了

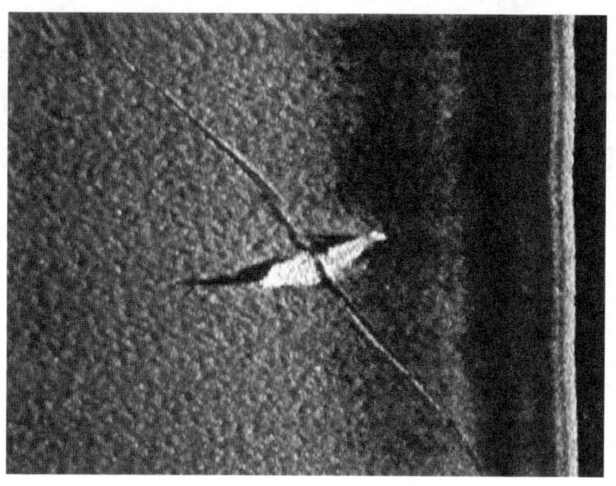

图 6.9　迈卡沉船的声呐图像（管道从左上角至右下角横穿沉船，数据由 BOEM/BSEE 提供；美国海军）

下来，但这起意外事件促使监管机构作出改革，旨在避免今后再发生类似事件。

## 第六节　船只的锚泊

在海底铺设管道和传输线缆的过程中固然可能会影响考古资源，但与钻探一样，安装施工过程中船只锚泊定位的影响往往更甚。前面提到的迈卡沉船的案例只是一个促使监管机构作出改变的极端事件。铺管船在施工期间使用的锚和锚链可能会引起大量的海底扰动。

标准铺管船将其布锚点距船体的距离设置为水深的5倍。锚定铺管船通常需要使用8～12个锚，每个锚的重量为30 000～50 000磅（Cranswick，2001），将锚移置用于布锚的拖轮上沿路线布锚。铺管船上的绞盘拧紧可以控制一侧的锚，同时放松反向侧的锚，进而沿路线移动铺管船。这个动作使铺管船能够沿着稳定的轨道移动。通常在第一次布锚完成后，每铺设610米管线需要移锚重新定位（Cranswick，2001）。锚泊对海床的扰动不限于锚实际的触地点。当后缆松弛时（沿着前缆向一侧拉动船只之前），部分锚链会在海底发生撞击或拖曳。与用于钻井平台的系泊缆及锚类似，这些大型锚配备的大直径钢丝绳和链条可能会对考古资源造成实质性的严重破坏。

## 第七节　结　论

海洋开发导致对考古资源的影响可能来自石油和天然气作业、替代能源生产、港口和港湾的开发、疏浚，以及管道、传输线缆或电缆的铺设安装等。其中，海洋环境中与油气开发相关的管道和线缆的铺设可能是沉船遗址面临的最大威胁。

与之相关的锚和锚链会严重损坏浅水区的沉船，而深水区的管线铺设会损坏或紧邻历史沉船(Jones，2004；Ford et al.，2008)。通常，考古资源破坏事件会促使法规修订，确保不会再次发生类似的破坏事件。油气钻探本身对海床的影响相对较小，但相关的锚定系统会在更大范围内对海底造成重大影响。对于各种形式的可再生能源生产来说，其海上结构物的基础，以及电缆的问题最需要被注意。至于骨料疏浚、港口和航道疏浚，尽管这两个行业的发展足迹和强度可能存在很大差异，但对考古资源造成影响的是疏浚本身。监管机构必须明确知晓拟议开发活动的范围，以便就项目区域内对考古资源的必要避让或可能的缓解措施作出最明智的决定，保护沉眠于海底的水下文化资源不受人类活动带来破坏。

# 第七章　拖网对沉船影响的量化分析

迈克尔·L. 布伦南[1]

沉入海底的船只与海洋环境发生各式各样生物、物理和化学的相互作用。随着时间的流逝，有机物分解、木材腐烂、金属锈蚀，沉船遗址渐渐与周围环境达成了化学和物理平衡。某些情况下，例如装载陶瓷类船货的有些古代沉船残骸或缺氧水域的木质沉船残骸，其船体的主要组成部分几乎可以无限期地保存下来。满足这些条件的特征是海洋考古学关注的焦点之一（Brennan and Ballard，2014；Brennan et al.，2011）。尽管这些淹没在海底的沉船遗址经过数百或数千年已处于稳定状态，但现代人类活动的影响正使这些沉船遗址遭受到损毁或根绝的威胁。在世界许多地区，最普遍的威胁是移动式渔具。虽然底拖网对底栖生态系统的破坏性影响数十年来一直是海洋学和渔业研究的重点，但水下考古界却忽视了这一点，直到最近才出现对沉船遗址破坏的分类（Kingsley，2012）或量化（Brennan et al.，2012，2013）研究。

考古学对拖网的讨论主要集中在损害观察和定性描述上。拖网对沉船的破坏一方面因为渔网会勾缠现代钢质船身的和木质船身的沉船，另一方面拖网网板（trawl door）会毁坏和分散开古代沉船的陶瓷等船货和木质构件。为了了解拖网

---

① 迈克尔·L. 布伦南，鲍登学院（Bowdoin College）考古学和地质学专业文学学士，URI 历史学硕士，2012 年获罗德岛大学海洋学研究生院海洋学博士学位。他的论文研究重点是量化拖网渔船对沉船的影响。目前，他是海洋探索信托基金会和鹦鹉螺探索计划的海洋考古学和海洋历史项目的主管、经理。他曾在伯利兹玛雅人遗址、意大利和希腊等地进行考古发掘，具有十几年的田野考古经验。

在更大区域范围对不同遗址的影响，有必要对其破坏性进行量化分析。本章介绍了爱琴海和黑海水域底拖网捕捞(bottom trawl fishing)的背景，对该水域沉船遗址破坏的在案记录，并进行了量化分析。关于拖网渔具和底拖网捕捞及其对底栖生态系统的影响已有大量文献，本章引用了一些基本文献，读者可以从中找到更多的参考书目。最后，本章还讨论了如何保护受拖网威胁的沉船遗址，以及如何在考古价值较高的地区有效管理拖网捕捞。

## 第一节　移动式渔具

几个世纪以来，人们一直拖曳着重型网具在海床上捕捞海底生物。最早意识到此类活动对生态系统造成破坏的证据(March, 1953)是1376年渔民担心他们的渔业受到影响而向英国议会提交的请愿书。水下拖网的危害来自这种捕鱼方式的盲目性，包括不加选择地捕获非目标物种和幼鱼或体型过小的鱼类。然而，20世纪蒸汽拖网渔船(steam trawler)发明以后，底拖网和移动式渔具的应用使拖网装置的规模、重量以及可以到达的大陆架深度和影响面积都急剧增加(German, 1984; Jones, 1992)。20世纪50年代人工合成纤维制作的渔网问世(Klust, 1982)，这种网被缠住时不易断裂，且不可生物降解，因此也会对海洋生物构成威胁。因此，更坚固的渔网可以被用于更深的海域、更大功率的拖网渔船。尽管拖网渔船及渔具的大小和费用将许多渔民限制在水深小于1 000米的水域进行作业，但过度捕捞和因此造成的环境恶化却迫使渔民寻找新的渔场，从而将拖网的捕捞深度扩大到了1 800米以上(Watling and Norse, 1998)。底拖网捕鱼自20世纪90年代引起人们越来越多的关注之后(Collie et al., 2000)，现在许多沿海水域都对其实行严格管制，其对底栖生态系统的影响已成为许多研究的主题。更多关于底栖渔业的管理工作正以联邦法规、国际水域限制和划定海洋保护区等形式在推进(Arceo et al., 2013; Williams et al., 2011)。

最早的底拖网是在疏浚技术的基础上发展起来的,在蒸汽拖网渔船发明之前由帆船搭载使用(NRC, 2002)。拖网一般呈漏斗形,顶部有浮子,底部有沉子。沉子纲有时装有橡胶或钢制的滚柱或滚球,以便越过海床上的障碍物或者采用缠绕式的沉子纲从海底的泥沙等沉积物中捕鱼(NRC, 2002; Watling and Norse, 1998)。目前最常用的海底移动捕鱼方式是单船网板拖网捕捞(otter trawl,见图7.1)。船在前进时放出一对网板,使网保持水平张开状态(NRC, 2002; Watling and Norse, 1998)。网板拖网是20世纪80年代发明的,当时使用横衍拖网捕捞的渔民希望在没有衍杆(rigid beam)的情况下使渔网张开。另一种常见的拖曳式海底网渔具是用于挖掘贝类的耙网,耙网的钢架和金属环袋犁过海床上的淤积物,铲开淤泥挖出贝类,在海床上留下深沟(Watling and Norse, 1998)。拖网渔具的网板和沉子纲对海底造成的破坏最大。

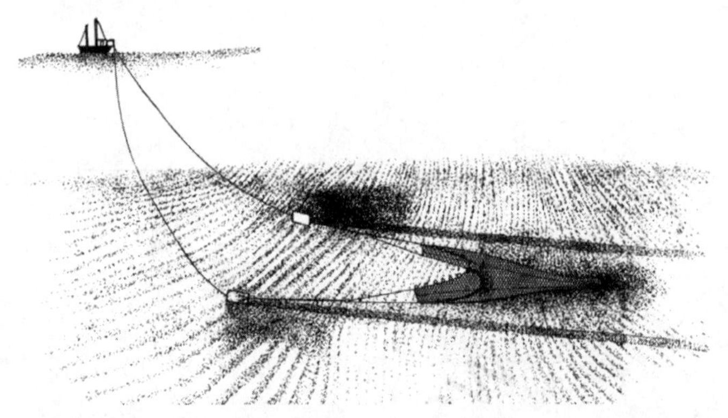

图7.1 渔船拖曳底拖网穿过海床示意图(DeAlteris et al., 1999;图片已获得使用许可)

这些移动式渔具对海底造成的破坏有两种形式:其一是网板或耙网在海底沉积物表面挖出深沟,其二是沉子、铁链和滚柱扫平海底地貌。研究人员早期对海底拖网痕迹大小和形态的观察是20世纪70年代初期在潜水器内进行的(Caddy, 1973)。根据渔具的重量、船速和海底岩性,不同的渔具对海床的影响程度亦不同(DeAlteris et al.，1999；Ivanovic et al.，2011；O'Neill et al.，2009)。德奥特里斯(DeAlteris)及其同事的实验研究表明，拖网在浅层高能环境中对岩石或砂质基底的破坏不那么剧烈，而且几乎立即可以恢复如初，而深水低能环境的泥质海底则受到的破坏更大且恢复缓慢。基底岩性是影响海底上的拖网痕迹持续时间的主要因素(DeAlteris et al.，1999；Jones，1992；NRC，2002)。研究显示，高能环境中的拖网痕迹持续时间为 2 至 7 个月(Brylinsky et al.，1994)，而沉积速率较低的低能环境中的拖网痕迹则会持续数十年或更长时间(Brennan et al.，2012；Caddy，1973；Friedlander et al.，1999)。在拖网活动频繁的区域，侧扫声呐数据显示可辨别的痕迹似乎相互重叠。较早的痕迹会因沉积物的填充而逐渐消除，新的痕迹有时朝着同一方向，更常见的是朝着多个方向。这些痕迹表明了给定区域内拖网捕鱼的强度(Brennan et al.，2012；DeAlteris et al.，1999；Humborstad et al.，2004；Smith et al.，2003)。

拖网痕迹被沉积或洋流抹去的速率与底栖生态系统的恢复时间不同，后者更难以量化。研究人员最近就生态系统对拖网破坏的响应和恢复进行了大量研究(de Juan and Demestre，2012；Kaiser et al.，2006；Rooper et al.，2011；Strain et al.，2012)。随着这类研究日益广泛，通过长期、反复监测生物群落，就可以了解其恢复方式和恢复速度(Strain et al.，2012)。重要但也许并不令人惊讶的是，根据斯特兰等(Strain et al.，2012)的记述，他们监测的爱尔兰沿海的保护区，其生态系统因拖网捕捞变成了另一种状态，受反复拖网捕捞的影响，移动缓慢或固着的生物被流动性强的食腐动物或掠食性动物所取代。还有一个影响是拖网捕捞地区的生物量和物种数量下降，这些地区的捕鱼量远远超过了目标物种的恢复速度(见 Jones 于 1992 年发表的评论)。

拖网捕捞刮擦海床表面以捕捞底栖生物，抹平海底地貌形成破坏，增加了海床的粗糙度却降低了海床的复杂性(Brennan et al.，2012；Humborstad et al.，2004)。底拖网无差别地碾压各种海底生物和海底结构，或埋进淤泥或暴露在海水中，就像乱砍滥伐之后裸露的森林（Watling and Norse，1998）。今天的深海拖网渔船甚至已在重新改造大陆架轮廓，进而通过平整改变海底景观。最近的一项研究将这种影响更多地比作耕地扩张造成的地形消失，而非森林砍伐（Puig et al.，2012）。拖网捕捞对考古遗址的威胁是显而易见的，因为沉船是现代海底景观上的地形特征，因此与自然地形一样会受到拖网渔具的破坏（Brennan et al.，2012）。沉船经常充当人工礁为鱼类（尤其是幼鱼）提供藏身处。破坏这些地形特征不仅威胁文化遗址，而且威胁这些栖息地提供的生态系统效益（Watling and Norse，1998；Krumholz and Brennan，2015）。因此，在监管底拖网捕捞的环境管理问题时也应要考虑到该地区考古遗址的存在和保护问题。

## 第二节　拖网对沉船的破坏

拖网捕捞对水下文化遗产（UCH）的影响很难量化，因为这些事件很少被直接观察到，也很难间接地估量。自 18 世纪以来，渔网捞出过诸如安佛拉瓶（双耳细颈罐）、雕像、木梁和加农炮等人工制品，如今，这种情况仍很普遍（Beltrame and Gaddi，2002；Kingsley，2012；Sakellariou et al.，2007）。拖网从水中拉起之前需要大范围作业，因此很难确定被拖网挂住的沉船位置，尤其是在大于潜水深度的水域。沉船遗址受到破坏与否取决于许多因素，比如沉船残骸在海床上的突出程度、沉积物、船体保存完整度以及靠近岩石或其他可能阻碍拖网的地形等，这些因素决定了特定沉船受损坏的程度，因此，拖网对两艘相邻沉船的破坏程度可能完全不同。此外，破坏的类型和程度还取决于所用渔具的类型、拖网渔船的功率以及周围区域水的深度（Atkinson，2012）。

阿特金森（Atkinson，2012）全面论述了各种受到拖网破坏的沉船遗址及破坏类型。拖网对不同类型的沉船造成的破坏亦不相同。古代沉船遗址往往是由安佛拉瓶和船上的其他货物等组成的呈船形的凸形堆，而船的木质结构已经解体散在周围。对拖网渔具而言，这些遗址与矗立在海底的钢质或铁质船体残骸相比，是截然不同的地形障碍。古代沉船的遗址或被沉重的渔网拖过或由网板划过，文物被拖离原位，陶瓷等人工制品破碎。早期在对斯克基海岸（Skerki Bank）的调查中，就观察到了深海中的拖网痕迹，尽管除了一些可能散落的文物之外，拖网似乎没有对在那儿发现的沉船造成损害（Ballard et al.，2000；Foley，2008；Oleson and Adams，1997）。

对深海古代沉船遗址损毁的直接观察很有限，因为对近岸底拖网的限制，这类地理区域通常禁止拖网捕捞，例如土耳其海岸 2.5 千米以内禁止拖网捕捞（KKGM，2006）。因此，最近才开始调查此类遗址。萨克拉里乌等人（Sakellariou et al.，2007）使用侧扫声呐记录整理了爱琴海中大量的拖网痕迹，并在其中发现了许多沉船。RPM 航海基金会（Royal，2008，2009，2010）在对土耳其西南部的马尔马里斯港、亚得里亚海和西西里岛的勘探中发现，拖网从安佛拉瓶堆积的残骸遗址顶部刮过，拖散并打碎了大量的人工制品。对于拖网已经给古代沉船遗址造成的破坏，布伦南等人对他们在土耳其的博德鲁姆（Bodrum）半岛和达特恰（Datça）半岛附近找到的 16 个沉船遗址（见图 7.2）进行了更直接的研究（Brennan et al.，2012），发现一些沉船几乎没有被拖网破坏的迹象，而另一些则表现出严重受损，例如马尔马里斯 B 沉船（Marmaris B wreck，见图 7.3）（Brennan et al.，2012）。该研究还试图对这些遗址的破坏程度进行量化，见本章下文。

近现代沉船对拖网渔具来说往往是一种较大的障碍，渔民常因此损失渔网。拖网行经遗址之后，遗址的各部分都会缠结着渔网和网坠。这种地形对于潜水员、遥控潜水器（ROV）或调查沉船的潜水器等潜水作业人员而言非常危险。根据拖网渔具的不同尺寸、重量和速度，拖网也会对遗址本身及沉船结构的完整性造成严重破坏。拖网渔具对沉船的撞击，少数几次可能会导致渔网缠结，但是反复的撞击就开始危害船只的结构（Foley，2008）。这样的案例同拖网捕捞对古代

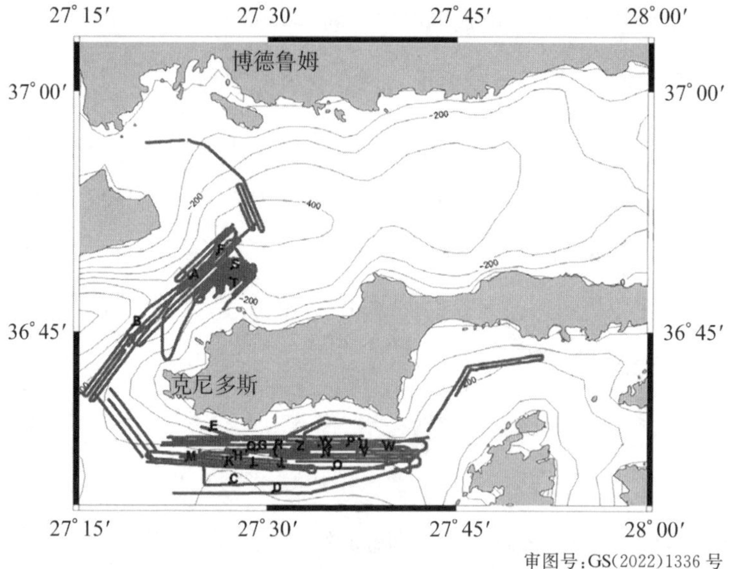


图 7.2 土耳其博德鲁姆半岛和达特恰半岛地图(图中显示了侧扫声呐扫测区域和古代沉船位置,Brennan et al., 2012)

图 7.3 马尔马里斯 B 沉船遗址

沉船的破坏一样,也是最近才引起学者的关注和讨论的。一般来讲,缠绕在沉船遗址上的拖网或拖网造成的损坏会作为遗址描述的一部分被提及,但并没有详尽的图示、描述或量化其影响(Flecker, 2002)。有些研究讨论评估了拖网造成的破坏和影响,但没有将拖网的破坏程度与其他过程或其他遗址的损害程度进行广泛比较(Beltrame and Gaddi，2002；Noevstad，2007)。最近更多的研究集中在一系列受拖网捕捞影响的沉船上，对遗址的破坏情况进行了更详细的调查，同时也讨论了遗址保存的选择。

墨西哥湾的一次深海调查研究了6艘二战沉船，其中3艘因拖网出现大范围损毁，而位于水深超过1 200米的未曾实施拖网捕捞水域中的其他沉船没有受到威胁(Church et al.，2009)。位于水深小于600米处的3艘油船(tanker)沉船很多地方都缠绕着渔网，上层建筑和驾驶室部分缺失，船体的完整性普遍受损。同样，马克思(Marx，2010)的研究表明，斯特勒威根海岸国家海洋保护区(Stellwagen Bank National Marine Sanctuary)内几乎所有沉船都受到了拖网渔具的影响，包括上部结构被移除和被渔网缠结。拖网捕捞是这个海洋保护区为数不多的破坏性活动之一，被认为是合法活动造成的附带损害(U.S. Department of Commerce，2010)。在美国中大西洋外围大陆架上，渔民除拖网外，还使用大型金属扇贝蛤蜊挖泥船进行海底捕捞。斯泰因梅茨(Steinmetz，2010)的论文根据水肺潜水员日志和对52处沉船遗址的观察，还研究了渔具废弃和沉船破坏的问题。这项研究显示，超过一半的遗址都有缠结的渔网和/或受扇贝挖泥机影响。她的观察结合与渔民的讨论表明，被钢壳沉船勾住的挖泥机可能被弃置，但木质沉船残骸对挖泥机没有明显的抵抗力，很容易被穿过。这项工作确定了移动渔具影响遗址形成的三种模式：将渔具丢弃在沉船遗址上，扰乱沉船遗址的文物和结构，以及通过物理撞击移除或提取部分沉船部件及人工制品(Steinmetz，2010)。这项研究还讨论了沉船给渔业设备造成的重大经济损失，并建议渔民和考古学家共同努力，尽量减少文化及经济损失。

金斯利(Kingsley，2010，2012)调查了英吉利海峡的267艘沉船，对拖网给历史沉船造成的破坏做了最全面的评估。其中，有112艘沉船呈现出受渔具影响的痕迹，破坏程度从渔网缠结到挖泥机在沉船遗址上犁出沟壑等。他的研究结果被商业打捞机构用作为自己获利的正当理由。但是，金斯利研究中收集的数据代表了大量记录在案的拖网对沉船遗址的破坏。研究使用了商用渔船的船舶监测卫星（VMS）数据，证明许多沉船遗址位于频繁进行拖网捕捞的区域内。英国皇家海军胜利号（HMS Victory）沉船是这次调查中比较重要的遗址之一，它位于拖网活动高度活跃的区域（Kingsley，2010）。遗址附近有拖网和挖泥船的痕迹，沉船上挂满了凌乱的渔网和线缆，大炮和其他人工制品被拖网渔具拖离。英吉利海峡的其他遗址上，陶瓷制品被碾碎并散落在沉船遗址及其周边的海床上，这种现象常见于古代沉船遗址。金斯利的结论是，拖网破坏作为造成沉船遗址不稳定、损毁和信息流失的主要原因，一直都被考古学界所忽视（Kingsley，2010）。与生态系统不同，这种知识的遗失永远无法弥补。

## 第三节　拖网破坏的量化

观察底拖网对沉船遗址的影响与了解它们有很大不同，后者需要记录给定区域内拖网活动的时空范围和强度（无论是空间还是时间），理想情况下应重复监测遗址，以评估被破坏的程度，这在深海遗址较难实施。全面了解拖网对水下文化遗产的威胁，第一步是进行海洋普查并在深海中发现和记录受威胁的遗址。第二步是量化任何给定沉船遗址中观察到的破坏。这种破坏是由多种因素造成的，使其复杂化，包括时间、沉积和船舶失事对船本身造成的初始损害；这种损害可能很难与近期拖网对沉船完整性的破坏区分开来。此外，位于100米之内的浅水区的沉船很容易因受到飓风和风暴潮的影响而导致损坏。阿特金森（Atkinson，2012）指出，研究的难点在于，沉船遗址周围留下的拖网痕迹会随着时间的推移慢慢消失，除了对沉船本身造成的破坏之外，几乎没有过去拖网捕捞活动的证据。

有效量化沉船遗址上的拖网破坏以及给定区域内拖网破坏的威胁和潜在风险需要分两步进行。首先是衡量该地区拖网捕捞的程度和强度，其次是评估拖网对沉船遗址本身的实际破坏。底栖生态学研究使用侧扫声呐记录拖网强度(DeAlteris et al.，1999；Humborstad et al.，2004；Smith et al.，2003)，在发现大量沉船的爱琴海和黑海地区也应用了类似的方法(Brennan et al.，2012，2013)，例如黑海的土耳其锡诺普(Sinop)附近海域(见图 7.4)，最终的强度图显示海床上可见大小不同的拖网痕迹的数量与发现沉船遗址的位置有关。与拖网痕迹很少的地区(G、H 和 I)相比，拖网强度较高地区(A、B、C 和 F)的沉船受到的破坏要严重得多。不过，就像金斯利(Kingsley，2010)对 VMS 数据的分析一样，这只是对最近拖网活动的量化研究，但是该研究提供了一种很好的量化方法，可用来确定哪些遗址更易受捕鱼活动威胁及可能需要保护的区域。

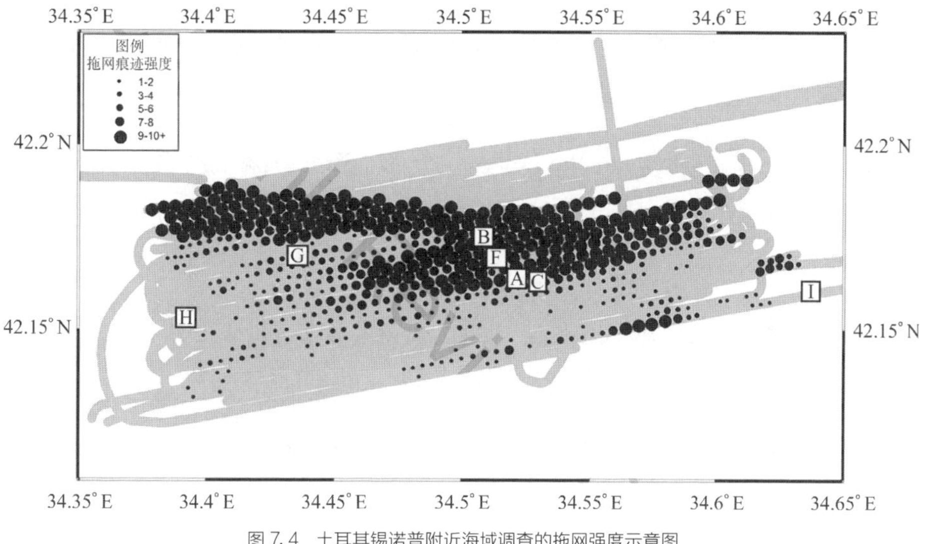


图 7.4　土耳其锡诺普附近海域调查的拖网强度示意图

注：字母标示为沉船位置(引自 Brennan et al.，2013a)。

第二部分是拖网对沉船遗址的破坏，就是对每个沉船遗址受拖网破坏影响的直接量化。钢壳或木壳历史沉船破坏的量化存在着一定的问题，因为很难区分是沉没行为(act)对船体和上层建筑的破坏还是由拖网造成的后续破坏。许多情况下，缠结的渔网、人工制品被拖到遗址外、遗址附近有拖网痕迹等证据表明沉船是被人为因素破坏的。金斯利(Kingsley, 2012)识别了 8 种破坏,但没有对其进行量化。爱琴海古代沉船遗址的拖网破坏量化研究(Brennan et al., 2012),是通过确定每处沉船遗址表面可见人工制品受损的百分比来完成的。此步骤仅适用于安佛拉瓶遗址,例如土耳其克尼多斯(Knidos)附近发现的一些沉船,由于不适用于由压舱石和少量文物组成的小型遗址,因此可以用每处安佛拉瓶沉船遗址的拼接照片来统计破损和未破损的文物。此研究还将位于拖网渔具作业深度以下,或者属于黑海缺氧水域而未曾实施拖网作业的其他古代沉船遗址作为对照组。对这些沉船的分析表明,沉船事件本身造成的文物破损预计小于 5%,更多应归因于拖网捕捞(Brennan et al., 2012)。

图 7.5 显示的是 2009 年至 2012 年间,鹦鹉螺号(Nautilus)考察队在克尼多斯东南区域发现并记录的多处沉船。博德鲁姆、克尼多斯和马尔马里斯沿海一共有 36 艘古代沉船,其中 26 艘位于克尼多斯岬角附近,21 艘位于该区域东南部沿通往古港口的航道(Brennan and Ballard, 2013)。图中使用圆点和字母标识克尼多斯附近的沉船。在 9 处可量化遗址文物破损程度的地方,用饼图说明了破损百分比。这些沉船显示距土耳其海岸越远,文物的破损率就越高。布伦南等(Brennan et al., 2012)发表了该研究成果,文中的数据也包括 2011 年和 2012 年记录的其他沉船数据。距海岸线 2.5 千米内禁止拖网捕鱼。图 7.6 中绘出了破损文物百分比和文物与海岸距离的关系,呈阶梯函数。距海岸 4 千米范围内的 3 艘沉船的破损率非常低(小于 10%),仅略高于沉没事件破坏的预期。随着距离海岸越来越远,其他 6 艘沉船的破损率越来越高,其中受损最严重的是克尼多斯 O(KO),文物破损了差不多一半,且距离海岸超过 7 千米。布伦南等人仅凭若干沉船证明了这种关系(Brennan et al., 2012),但还有其他遗址和数据也支持这个结论。统计数据支持这个假设,即:在 2.5 千米保护区边界内或紧邻保护区边界的沉船没有被拖网破坏,表明达到或几乎达到了破损率标准,从那之后沉船的破损率呈线性增加。这说明拖网渔船遵守限制区的规定,更多的拖网作业在距海岸

更远的地方进行，这表明其他强制性的限制措施可能有助于保护这些沉船遗址。

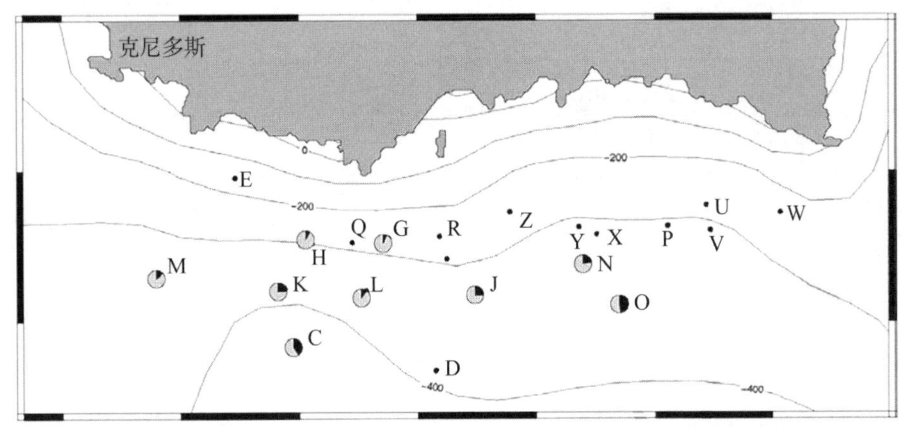


图 7.5　克尼多斯东南区域近视图中的沉船遗址位置(饼图上的黑色部分表示沉船上破损文物的百分比，Brennan et al.，2012)

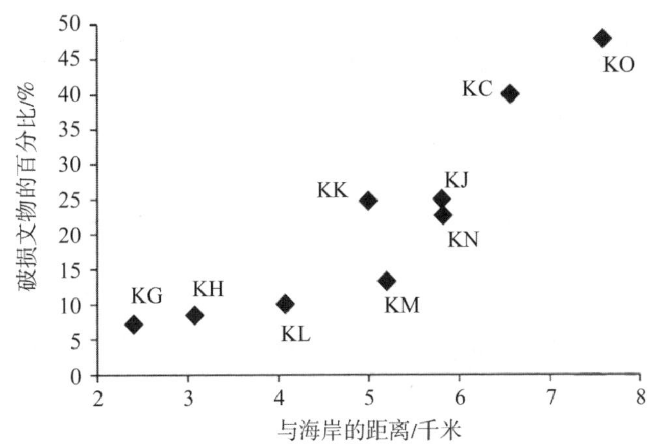


图 7.6　显示了破损文物的百分比及文物与海岸距离的双变量图(Brennan et al.，2012)

克尼多斯东南部的这组沉船很好地说明了拖网对古代沉船遗址的破坏与海岸距离的关系，因为这些遗址位于相对平坦、无特征的海床上，在那里沿等深线拖网很容易。地形陡峭的区域，例如克尼多斯西部和北部有来自半岛的岩石塌陷和大块山脊使海底景观变得复杂，拖网渔船通常避开这些区域。比如 KB 和 KF 沉船遗址，尽管其位置远离海岸，但可见的损坏程度很小(见图 7.2)。克尼多斯以北区域，拖网强度变化更大，一些沉船受到的影响也更大。例如，KS(见图 7.7)是受损最严重的沉船遗址之一，近 65%的文物被破坏，但是在距 KS 数千米之内的 KF(见图 7.8)和 KT 几乎完好无损。这是因为 KS 位于格科瓦湾(Gulf of Gökova)的西边缘，地势较平坦，更易进行拖网捕捞，而 KF 和 KT 则位于外围较陡的斜坡区域。这说明了对潜在威胁区域进行勘探和全面调查的重要性，以确定和记录水下文化遗产的情况，随后对遗址的损坏程度作量化分析，以便了解如何最好地管理和保护水下文化遗产和遗址。

图 7.7　KS(Knidos S)沉船遗址照片

图 7.8　KF(Knidos F)沉船遗址照片

虽然量化拖网捕捞对古代沉船遗址的破坏是一个进步，但却不能预测拖网捕捞对沉船遗址造成的威胁，因为我们对遗址随时间变化的了解不足，而在这一点上每处沉船遗址的情况都各不相同。随着时间的推移对沉船遗址进行复查将极大地帮助我们了解拖网的威胁。研究文章发表后的数年间，鹦鹉螺号复查了多处克尼多斯的沉船遗址，几乎没有发现其他的破坏。然而黑海地区的情况并非如此。这说明土耳其黑海沿岸深海海域沉船遗址的拖网威胁尽管不严重，却已经迫在眉睫。黑海适合拖网捕捞的区域很少，因为深度超过约 150 米的水域变得缺氧（因此鱼类无法生存），但这却造成沿海地区的拖网捕鱼更加严重。实际上，该地区是土耳其最重要的渔场之一（Knudsen et al.，2010）。鹦鹉螺号考察队对两处沉船遗址的调查显示，有证据表明，遗址自发现以来的这段时间内，受到了拖网的严重破坏。锡诺普 A（Sinop A）是一艘 2000 年发现的拜占庭（Byzantine）沉船，2003 年进行了调查（Ward and Ballard，2004）。2011 年鹦鹉螺号重返该遗址，发现 2003 年记录的遗址特征，例如显示整齐堆放的安佛拉瓶堆积已经消失了，拖网痕迹贯穿整片遗址区域和海床（Brennan et al.，2013）。尽管没有 2003 年的照相嵌镶图可供比较，但是 2011 年在土耳其埃雷利（Eregli）发现的沉船于 2012 年进行了第二次测绘。2011 年埃雷利 E（Eregli E）遗址已经严重受损，其 68%的文物已破损。拖网把船木和被确定的人骨从沉积物中翻了出来，散落在海床表面。而 2012 年返回时获得的新图像显示，11 个月后，几乎所有的文物和可识别的特征都已经被移动、破坏或丢失（Brennan and Ballard，2013）。该遗址的情况说明了勘探和重查的重要性，也例证了对拖网捕捞水域沉船遗址进行管理和保护的必要性和紧迫性。

## 第四节　遗址保护：拖网捕捞管理

金斯利（Kingsley，2012）在国际沉船监测网（Wreck Watch International）上

发表的《眼不见，心不烦?》(*Out of Sight*, *Out of Mind*?)中指出，因为受威胁的沉船遗址不如遭砍伐的雨林或推平的玛雅神庙那样触目惊心，拖网对沉船的破坏很容易被忽略或低估。金斯利(Kingsley, 2012)对沉船的就地保护和如今海洋考古学陷入的“道德迷宫”持相当悲观的看法。此外，他称联合国教科文组织(UNESCO)提出的就地保存建议是一项糟糕的、一概而论的管理政策(Kingsley, 2010)。但是，UNESCO的附件声称就地保护是作为第一选择，而并非一概而论(Maarleveld, 2011; UNESCO, 2001)。在某些情况下，有必要对受拖网威胁的沉船作挖掘担保(Delgado, 2009)。不过作者也认为，拖网捕捞对沉船的破坏不能成为商业打捞沉船的理由(Kingsley, 2010; Delgado, 2010; Greene et al., 2011)。

了解拖网捕鱼的威胁需要考虑很多因素，包括给定区域中存在哪些水下文化遗产资源以及受到何种威胁，然而并没有简单的答案。在当今的金融环境下，发掘和保护沉船遗址无论在时间还是金钱方面都面临着非常严峻的考验，特别是深海沉船。必须认识到，捕鱼业不是一个可以与之抗衡的静态实体。现代捕捞活动受到渔业生物学家、海洋生态学家和环保主义者的巨大压力，以限制和规范拖网渔业对底栖生态系统的破坏并减少非法拖网捕捞(Arceo et al., 2013; Cho, 2012; Norse et al., 2012)。金斯利(Kingsley, 2012: 25)指出“要求捕捞业必须小心避让沉船遗址是乌托邦式的理想，不可能实现”。然而，考古学家并不是唯一反对拖网捕捞的群体，如本章前文所述，这种从海底刮取生物的做法具有很高的破坏性，引起了生态、生物地球化学、沉积和考古等多方面学科专家的关注。许多政府部门都在讨论限制此类活动，水下考古学家有充分的理由参与其中。UNESCO、国际古迹遗址理事会(ICOMOS)下属的国际水下文化遗产委员会、NOAA的国家海洋保护区等机构，都要继续发挥积极作用，并将水下文化遗产保护作为限制拖网的重要因素之一。

沉船研究不能脱离沉船所在的海洋环境而单纯地仅从历史或考古的角度去

展开(Brennan and Ballard，2014)。沉船遗址与海洋环境互相平衡，在海床上的位置会使它们成为岩石基底，像人工珊瑚礁一样吸引鱼类尤其是幼鱼前来，为它们提供藏身和保护之所(Church et al.，2009；Watling and Norse，1998)。作者对克尼多斯沉船的连续性研究结果表明，比起受拖网严重影响、文物破损散落、海底遗留物几乎被抹平的沉船遗址，受拖网影响较轻的古代沉船遗址中鱼类种群数量和生物量更高，如马尔马里斯B沉船遗址(见图7.3，Krumholz and Brennan，2015)。如果对这样的遗址加以保护免受拖网影响，特别是在诸如克尼多斯南部等遗址众多的水域，实际上会有利于渔业发展，并通过被称为“溢出效应”帮助生态系统和目标物种恢复。大量研究记录了海洋保护区(MPA)中鱼类种群数量和生物量的增加。随着时间的推移，保护区内个体密度增加导致食物和庇护所等资源的竞争加剧，鱼类就会向外迁移到保护区以外的地区。这些效应虽然是渐进的，但是会形成鱼群从海洋保护区到渔场的净移动(Arceo et al.，2013；Forcada et al.，2009；Harmelin-Vivien et al.，2008；Molloy et al.，2009；Polunin and Roberts，1993)。

拖网和其他移动渔具的使用是对水下文化遗产最大的人为威胁之一。但是，水下考古界在规范这些活动方面落后于底栖生态学家和渔业管理者数十年。此类法规的第一步是调查并记录沉船遗址的位置和类型，才有助于确定采取何种措施。一些主要的海上活动频繁的地区，例如通向波士顿(如斯特勒威根海岸国家海洋保护区)和土耳其克尼多斯等历史港口的航道，将会是限制拖网捕捞的最大受益区。斯特勒威根海岸国家海洋保护区旨在就地保护沉船遗址，管理文化资源，同时促进资源的公众化和私人利用(U.S. Department of Commerce，2010)。但是，该保护区依然允许进行包括使用拖网和挖泥船在内的捕捞和疏浚作业，对特定沉船遗址的复查充分记录了这些活动的破坏作用，因此难以对遗址进行就地保护。

当今市场对鱼类的需求量巨大，渔业及渔业说客都赖此为生，要强制实施对移动渔具的使用限制必须面对这些现实。在这样的政治环境中，保护和保存水下文化遗产的任务异常艰巨，然而必须要意识到，这并不是一场孤独的战斗。保护水下文化遗产的努力可以与正在进行的保护海洋生态系统和改善渔业活动结合起来进行。限制或禁止在上述具有重要文化价值的地区使用移动式渔具，既可以保护该地区的众多遗址，又可以将沉船残骸结构作为人工鱼礁通过溢出效应改善生态系统和渔业。在保护区范围内保护沉船顺理成章，既可以使保护区的影响最大化，同时又使保护区的总体规模最小化，从而减少对生态系统可持续利用（例如捕鱼、游船、运输等）的影响。为了生态恢复和渔业管理的目的，许多沿海地区都限制了拖网捕捞（Arceo et al.，2013），考古学家参与其中，并将水下文化遗产加入讨论议题是合乎逻辑的且是必要的做法。

# 第八章　文化遗址形成过程对沉船和航运事故遗址的影响

马丁·吉布斯[①]、布拉德·邓肯[②]

海洋遗址形成过程的研究，多数集中于各种自然过程，较少研究文化过程对船只残余物（沉船）及相关文物产生的物理影响，同时也忽略了其对当前考古记录的广泛影响。本章探讨了文化过程如何影响一艘沉船转变为沉船遗址，以及持续的人际互动如何能产生其他考古遗址，这些对理解沉船考古同样重要。此外，我们在研究沉船遗址形成过程的行为方面时，还要考虑更广泛的文化行为、社会制度和意识形态也保证了调查研究。

## 第一节　海洋文化遗址形成过程

马克尔瑞在 1976 年发表的一篇开创性论文中提出了一个概念，即使用一个专门针对海洋遗址形成过程的模型来理解沉船遗址中结构部件和文物的明显缺

① 马丁·吉布斯，澳大利亚新英格兰大学澳大利亚考古学教授。他专门研究海洋工业考古学、沉船遗址形成的文化因素、沉船幸存者以及海洋殖民化的过程。他目前的研究项目有 16 世纪西班牙对所罗门群岛开发以及悉尼港海洋文化景观。他与布拉德·邓肯合著了关于海难对社区的响应的著作。

② 布拉德·邓肯，州海洋考古学家，负责澳大利亚帕拉马塔（Parramatta）新南威尔士遗产分会的海洋遗产项目。他专门研究海洋文化景观、历史性海洋基础设施以及捕鱼和国防景观。目前，他的研究项目包括对沿海和内陆水域海洋文化景观的区域性解释，以及拆船和船壳、深水沉船考古，所罗门群岛第二次世界大战遗址的适应性再利用，以及诺福克郡监狱的遥感测绘。

失及分散，从而成为当今考古学的一个特征（Muckelroy，1976）。马克尔瑞的原始模式既考虑了自然过程也考虑了文化过程，这些过程致力于将船只的结构及其包含物从动态的但有组织（系统的）状态转变为稳定的但无组织（考古的）环境（Muckelroy，1976：158）。用马克尔瑞（Muckelroy，1976，1980）的术语来说，这些过程既可以看作是过滤设备，从整体组合中提取个别材料，也可以看作是重新建模的扰乱设备（scrambling device）。它们还可以向遗址中添加其他物质（例如丢弃、放弃或遗失的打捞设备、结构物甚至船只，并且影响环境和景观）。考古学家最终认识到了这些影响，然而考古学家的侵入性活动随之又激发了遗址的进一步转变。

很多作者试图改进马克尔瑞的原始概念，然而大多数人都专注在自然过程方面（McCarthy，1998；Ward et al.，1999；Stewart，1999；Martin，2011）。尽管古德的《沉船人类学》（*Shipwreck Anthropology*，Gould，1983）强调了一些研究船只和沉船周围文化过程的潜在途径，但是在 20 世纪 90 年代之前，似乎只有少数研究涉及这些问题（Keith and Simmons，1985；Lenihan，1987；Hardy，1990）。然而，自 90 年代后期以来，研究者们开始重新关注文化转变对沉船遗址的影响，例如索萨（Souza，1998）关于后沉积因素的著作，辛普森（Simpson，1999）关于历史上的打捞活动的讨论，理查兹（Richards，2008，2011）对弃船的研究，施塔默斯（Stammers，2004）对船舶拆解的概述，等等。最近，学者们在研究海洋文化景观时，在直接的沉船环境之外，也越来越关注相关文化过程和遗址的扩展转变（Duncan，2006a；Ford，2011）。

我们的讨论首先从船舶事故现场的自然和文化遗址形成过程明显的区别开始。我们使用邓肯（Duncan，2000）提出的术语“航运事故遗址”来囊括与船只损失、搁浅、触礁或碰撞相关的所有遗址和附属遗址。自然过程可定义为影响沉船考古完整性的非人为因素，例如风、浪、腐蚀、热等化学和物理过程，以及生物与沉船的相互作用（Martin，2011）。人为影响包括捕捞或疏浚等活动造成的破坏，这些破坏虽然是人为造成的，但却是无意的或者人们并不知晓这些活动会影响沉船遗址。本书的其他章节已经讨论了一些这方面的问题。因此在本章中要介绍的是，文化遗址的形成过程，是指人类有意与沉船遗址及其组分发生关系的过程。文化遗址形成研究，不仅要包括人们带入和带出沉船遗址的组分，还应包括这些组分的来源和去向，以及人们进行这些活动的原因。正如我们所讨论的那样，有时，这些文化过程可以在幸存的船只结构上，在残骸周边或较远处的材料和文物的分布中找到证据，或者即便船只结构已解体，在与沉船使用有关的其他活动相联系的文物、遗址、环境变化和景观中，也可以找到这些文化过程的证据。因此，不仅要考虑导致沉船事件的行动(action)及其直接后果，还要考虑围绕该遗址的长期人类行为。只有充分掌握自然和文化过程，我们才能完全理解遗址在当下存在的方式及原因，以及未来的变化趋势及原因。通过研究类似遗址的考古特征，我们也许能够推测出在类似情况和环境下，人类行为对其他沉船造成的影响。

尽管本章并不准备详尽地论述所有影响沉船的潜在文化过程，但我们探讨了考古记录中可能表现出的一系列行为、过程、相关遗址和考古特征。从小木舟到航空母舰，相似类型的过程发生在不同的体量上可能差异巨大，也可能以不同的强度、在不同的时间跨度内发生。稍后我们讨论的一些过程是连续的，因为它们与沉船事件的发展演变有关，而另一些过程则可能以不同的顺序发生、同时发生或根本不发生，这取决于环境、社会、经济或法律背景。如前所述，许多过程对失事、有意沉船或弃船都一样适用。随着时间的流逝，或者取决于观察角度，一种类型的遗址也可能转变为另一种类型，从而有着不同的表现和过程。本章并不打算提供不同转变模式的案例或细节，相反地，本章的重点是鼓励考古学家更广泛地研究沉船残骸、遗址及特征。笔者将在即将出版的书中更详尽地探讨沿海社区如何处理与沉船的关系，包括打捞活动等(Duncan and Gibbs，2015)。

为了简单起见，我们用组合术语“打捞”来指代许多对航运事故遗址产生影响的文化过程。因此，打捞的考古学研究，不仅包括与回收船舶/废弃物/沉船结构和船上材料有关的过程和特征，还包括相关的遗址外沉船打捞作业、结构物和材料的证据。

想要了解沉船遗址的文化遗址形成过程，我们必须首先了解船舶的构成，每艘船都有它的历史。随着船舶结构及配件的修理和更换、新旧技术（尤其是推进方式）的交替、用途类型的变化，以及货物、乘客/船员及其随身物品的变化，船舶的结构和形式处于不断变化的状态之中（Lenihan，1987；Auer，2004）。为了解船舶失事或沉积事件后遗址上发生的变化，第一步是必须充分了解船舶在失事前的结构、它独特的生平经历、相关的历史。例如，墨菲的“最后一次航行”假说提出：“船舶生产和/或船舶使用群体的经济压力越大，对船舶进行修理的次数就越多，最终船舶的使用寿命超出了合理的报废时限”（Murphy，1983：75）。这些因素可能对沉船事件和随后的遗址形成过程造成重大影响，并且可能被误认为是后沉船过程的结果。因此，我们需要考虑一艘船在其生命历程中的哪个时间点变成了沉船，接下来又发生了什么直到最终变成当前的考古遗址。

在一系列论文中，吉布斯（Gibbs，2002，2003，2005，2006）采用利奇（Leach，1994）在灾难响应分析时使用的框架，探讨了沉船的文化遗址形成过程。该框架提出了一些可能会影响沉船发生和沉船遗址性质的文化因素，包括后续的打捞过程（见图 8.1）。

邓肯（Duncan，2000，2004a）的研究讨论了风险规避和冒险行为在确定运输航线和沉船位置时的作用。他假设，海员对危险（和潜在危险）的认识以及他们随之对危险作出的反应（即风险缓解），是决定沉船模式及其后续文化景观发生的一个重要因素。在谈到后一点时，他还探讨了沉船和沉船物质在社会、经济和象征性海洋文化景观中所起的作用。特别是，沉船事件发生后，沉船作为经济资源的使用已被证明对沉船遗址最终考古特征的形成有显著影响（Duncan，2006a：213－282）。沉船并不是“时间胶囊”，认识到这一点是这项研究的重要基础（参见 Muckelroy，1976：56－57；Dean et al.，1992：32；Gould，2000：12－13），船舶沉没后，人们不断利用和接触沉船遗址，因此沉船遗址也不断发生着变化。

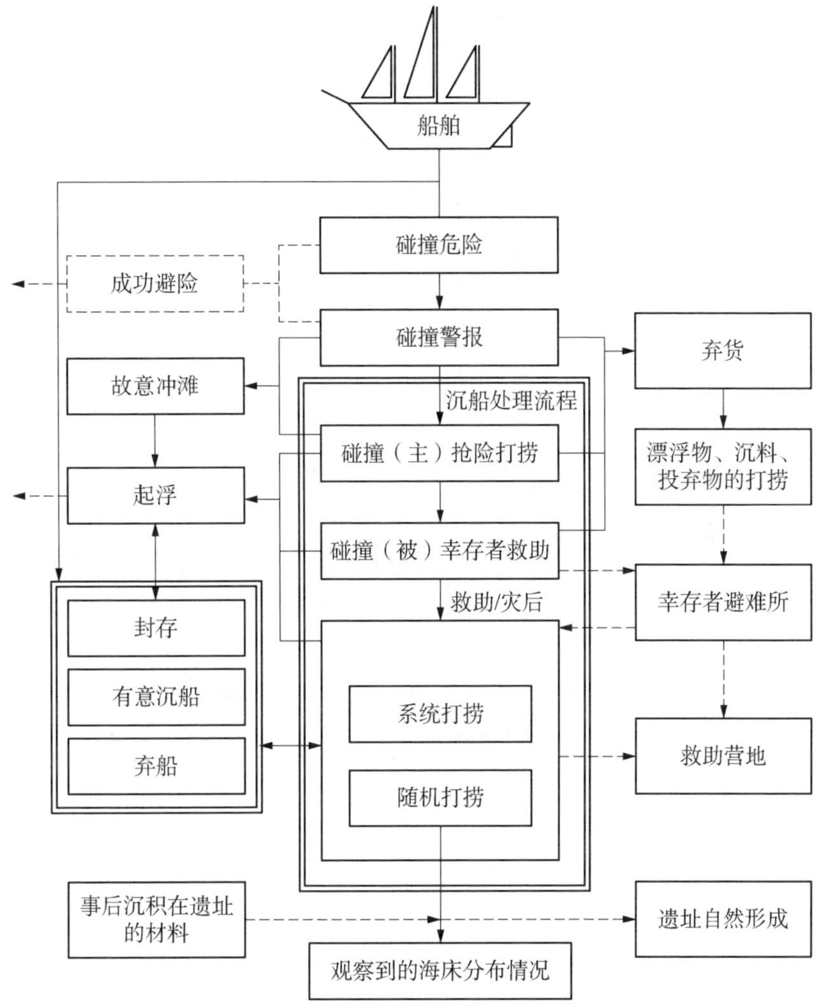

图 8.1　航运事故中的文化遗址形成因素(改自 Muckelroy，1978 和 Ward et al.，1999)

## 第二节　海洋保险对航运事故的影响

如果我们接受邓肯(Duncan，2000，2004a)的假设，即风险是影响船舶事故发生率的主要因素，那么最关注规避与沉船相关的财务风险的组织也许就是海洋保险公司。因此，海洋保险承保人和海上保险法为定义沉船的实际构成提供了一个有用的参照。不过，传统的沉船定义比海洋保险层面的法律定义要宽松得多。海洋保险公司倾向于根据损失程度来定义航运事故，而不是根据沉船事件(Broxham and Nash，2000：x)。航运事故根据事故造成的损失程度分为几类(见表 8.1)。现代法律定义规定，沉船是“船舶或其货物在陆地或海上抛掷的任何部分”(De Kerchove，1961：925)。哈迪・伊瓦米(Hardy Ivamy，1974：209，599)指出，当一艘船无法被打捞上来时，它就成为一艘失事船只。

**表 8.1　船舶事故和损失**

| 船舶事故 | | 造成的损失 |
|---|---|---|
| 碰撞 | | 船只与其他船只或建筑物碰撞 |
| 触底 | | 船只与海床碰撞，造成船体或/相关配件的损坏 |
| 搁浅[①] | 意外搁浅 | 船只与海床碰撞 |
| | 有意搁浅 | 故意将船驶入浅水区，以避免造成实际损失或全部损失或推定损失 |
| 推定全损 | | 船只有即将成为实际损失的危险，因此被抛弃 |
| 实际全损/共同海损损失 | | 船只被毁，不再作为船只的原始功能而被识别。抛弃的材料也被认为是共同海损 |
| 弃船 | | 仅在规定的条件下进行，前提是必须意识到船只、货物和船上的生命受到迫在眉睫的威胁 |

资料来源：De Kerchove 于 1961 年发表的相关著作。
① 船只搁浅但部分或全部在水面之上。

(至少是在过去几千年里)沉船中避险、弃船和后续打捞的过程一直为法规、习俗和权利所捆绑，决定了海员在发生航运事故时会采取可接受的行为。这些法律和政策规定了谁可以(或应该)弃船或打捞；根据具体情况，如何以及在何种程度上那样做；最终谁在物质和经济方面受益[通常是通过船舶优先权(maritime lien)]。例如，公元前 900—800 年形成的《罗德海法》(*Lex Rhodia de Jactu*)被认为是西方海上法典的鼻祖，该法案概述了有关为避免失事而抛弃货物的合同义务(Britannica，1911)。这部庞大的海事法文件的残余文本明确了特定情况下的相关行动和留置权(例如,砍掉桅杆或使用潜水员进行打捞),并详细说明了由此产生的财务关系。与此相关,后续有大量的法律、著作(例如 Molloy, 1677; Abbott, 1802)和现代研究分析(例如 Melikan, 1990),通过这些可以把实践行为的演变从过去追溯到现在。

海上保险显然是《罗德法》(*Lex Rhodia*)(Roover, 1945)的另一后续。保险法对风险和责任进行了全面的定义和描述,详细说明了在特定情况下沉船和货物打捞的适当优先顺序、行动事项和期望,还包括分配出售打捞沉船和货物所得利润的指导性原则(Hopkins, 1867; Gow, 1917; Hardy Ivamy, 1974)。这些反过来又与涉及打捞权的国际和地方性法规相关联,尤其是海上救助法,该法平衡了船舶和货物的所有权与打捞人员所承担的风险和实际危险(视环境、天气或情况而定)以及在回收财产中提供的服务(例如耗费的技术和劳动力、打捞效率; Brice, 2003; Mandaraka-Sheppard, 2007;参见表 8.2)。

**表 8.2 沉船材料**

| 类别 | 说　　明 |
| --- | --- |
| 残骸 | 任何所有权不明确的东西,漂浮在海面上,沉没水中或被海水抛上岸的……包括丢弃物、漂浮物、沉料和投弃物 |
| 废弃 | 所有者同意或被迫,或天气恶劣而放弃,或交出的货,物或任何其他商品(特别是船舶),通常是所有者表示不打算再提出索赔(放弃) |
| 弃货 | 在恶劣天气或在其他任何必要/紧急情况下,将货物扔到船外以减轻船舶重量或提高其稳定性的行为 |
| 丢弃物 | 失事后被抛弃在岸边的物品 |
| 漂浮物 | 丢弃后漂在海上的货物 |
| 沉料 | 丢弃后沉没的货物 |
| 投弃物 | 将货物系上浮漂从沉没的船上抛下以便随后回收,或随船沉没的大型货物 |
| 打捞 | 从失事船只上回收财物或船只本身 |

资料来源: De Kerchove 于 1961 年发表的相关著作。

值得注意的是,海上保险公司法规的条款通常会影响海员在海难和搁浅期间的行为。因此,必须考虑到船员在沉船事件发生时和发生后的行为,不仅是为了确保船舶、货物和人员的安全,还可能是试图在各种法律或保险法规之内或在其边缘开展工作。关于船舶失事期间和之后的行动,不论是官方报告还是自述记录,对这些事件的表现方式的意图都很敏感,诸如弃船、有意搁浅、对特定环境条件的反应、接受或拒绝协助等活动,可能会极大地改变船长的罪责,并进而影响救助方对船只和船货提出的索偿。因此可以推测,保险公司基本决定了(在可能的情况下)许多沉船事故发生的主要过程和最终打捞过程。因此,要了解船舶操作和使用时某些决定背后的逻辑,或在失事和打捞期间采取的行动,可能需要知道在特定情况下对海员施加的具体法律和义务。例如,船运还可能表现出各种形式的冒险行为,如蓄意的保险欺诈或船东和经营者选择雇用破旧或不适航的船舶,用可能的保险索赔款项对冲货物损失的费用(Murphy, 1983)。

## 第三节　打捞与遗址形成过程

要把打捞理解为文化遗址形成的一个过程,首先必须讨论打捞活动涉及的范围。辛普森在一篇简短的论文中提出了将打捞研究视为遗址形成过程和文化活动的一些最基本的潜在问题(Simpson, 1999: 4,6):

> 丢失了什么?现在有什么?这件人工制品或这个堆积组合的位置是不是沉积前原有的样子?是沉船过程中形成的,还是打捞人员将可回收物品分组以便后续回收的产物?这些是船上的木材还是打捞作业时留下的木材?……哪些材料被打捞起来了?哪些没有打捞起来?沉船是如何打捞的?为什么某些物品要比其他物品更易被打捞?是否有与失事地点相关的集结区?

辛普森(Simpson, 1999: 8)还指出,海洋考古学不应只考虑打捞者是谁,还要考虑打捞上来的材料对周围社区(包括土著群体)的任何经济和社会影响,这些人工制品被打捞后的轨迹，以及它们的意义如何随时间变化。在下面的讨论中要牢记所有这些因素。

长期以来，海洋考古学早就认识到需要考虑不同时代不同环境下不同的打捞形式。马克尔瑞（Muckelroy，1976，1980）在其流程图中标明了打捞过程，而基思和西蒙斯（Keith and Simmons，1985）建议将“古代打捞”的影响与“现代打捞”的影响区分开来。麦卡锡（McCarthy，2001：93）提出了“主要打捞”和“次级打捞”的区分，所有者、经营者或代理人对物料的回收是主要打捞，很可能接近失事时间；次级打捞是现代专业打捞人员或运动潜水员对物料的回收。

我们先前曾建议（Gibbs，2006）通过区别下列不同点，帮助补充主要打捞和次级打捞的概念：

（1）碰撞前行动。

（2）抢险打捞。

（3）幸存者救助。

（4）系统打捞。

（5）随机打捞。

稍后本章将会详细讨论这些行动的区别和其他几个主要过程，包括船壳、弃船、搁浅和拆船。除了沉船和相关材料外，这些区别也适用于遗址外的材料（漂浮物、沉料和投弃物），因为大量材料可能会从沉船上漂走（或者由于打捞活动而脱离沉船）。一些沿海社区有他们自己正式和非正式的规则和权利获取冲上岸的沉船材料。这意味着这些沉船材料可能需要得到比如警察或海关官员的保护，直到合法所有者或代理人前来组织收集（请参阅后面的讨论）。

有很多潜在的资料来源，包括政府、法律和商业文件、公司或机构的历史、非技术历史记录以及人种学研究等等可以用来研究人们如何应对航运事故、如何进行打捞、如何将沉船遗址和废弃的船只作为文化景观的一部分。最详尽、最容易获得的信息是20世纪应对各种航运事故的规则、技术、程序和设备的解释，包括大量技术手册(例如 Bartholomew et al., 2006; Wilkins, 2006)、同时期的描述性记录(Young, 1933; Meier, 1943; Wheeler, 1958; Bartholomew and Milwee, 2009),以及书面口述史(例如 Benham, 1980)。不过,也有关于早期打捞尝试和技术的古老记载(例如 White, 2005: 191),历史研究和分析(例如 Bevan, 1996; Ahlström, 1997; Driver and Martins, 2006),以及许多说明这些过程和用途的图像和照片。

为了简化关于从沉船遗址提取、干扰或增加材料的打捞或其他文化过程的讨论,我们先前使用了一个简单的船舶结构性的和其所含料的分层级表(见表 8.3)。广义上讲这是基于拆除材料的相对难度和涉及它们与船舶结构完整性之间的关联(见表 8.1)。这些类型的区分并不严格,是灵活的,因为大型或重型货物以及位于船舱下部的货物,可能比其他位置上的较轻的配件或结构件更难接近和拆除(Gibbs, 2006: 4)。

**表 8.3 船舶的物料类型**

| 类型 | 材 料 |
| --- | --- |
| 货物或内容物 | 与船舶机械操作无关的非固定性物品,指可以移动物品,包括船上的小船和救生筏 |
| 固定装置和配件 | 小型固定物品、配件、帆桁、船链、绳索、锚和大炮、小型机械物品和设备 |
| 次要结构物品 | 通常不拆除的物品,但拆除这些物品不会损害船体的完整性,例如舱壁、甲板、桅杆、上层建筑、主要机械物品和设备 |
| 主要结构物品 | 拆除后会影响船体完整性的船舶构件,包括船体木板、肋骨和其他结构性物品 |

## 一、碰撞之前——保全船舶

当船遇险时,船长或指挥官(包括潜在的救助者)作出的决定不仅是为了确保人的生命安全,还意味着要最大限度地维护船只及船上货物的长远利益。船长或指挥官一旦意识到船舶处于危险之中,在即将沉船之前(即"碰撞之前"),就会采取一系列决定和行动从船上移走材料，改变船舶及其包含物，这些最终都体现在考古遗址中。当指挥官面临即将发生碰撞的情况或可能避免的灾难时，可能会故意抛弃货物、配件甚至可能已使用过的结构性材料来减轻船体的重量以增加机动性，由此产生沉料和投弃物（Gibbs，2006）。发生泄漏的船舶也可能进行紧急修理以保持浮力，例如塞孔或抽水。

在某些情况下，遇险船只有可能会从另一艘船获得外部援助，包括在高风险地区巡逻的专业救险船（例如佛罗里达礁群，Viele，2001）。海上救援（afloat salvage）可能会尝试通过卸货或拖航、固定船只位置等各种方式来进行。在某些情况下，海岸救生艇可以登船，或当海水汹涌时通过抛绳火箭系统从岸上发射一条绳索。如果绳索能被系到船上，那么就可以在遇难船只和海岸之间设置一个系索装置，通常固定在桅杆和岸上（或山上、沙丘或上方的悬崖上）的 A 型架之间。船上人员可以经由这个装置高空作业坐板被拉上岸，必要时甚至货物也可以用绞盘吊过去。后来的西欧文化背景下，抢救人的生命被认为是人道主义的“善良的牧羊人”行动，并没有或仅有较低的回报价值，可是如果不将其救援优先次序置于物质打捞之上，通常会严重影响救援打捞人员对其他所有财物或贵重物的打捞权利（Benham，1986）。这个时期很关键，因为接受援助意味着会启动救助法，船长和船东将承担索赔的责任，即便危险迫在眉睫，船长也要在放弃指挥权（即弃船）之前协商援助条件。

## 二、抢险打捞

在海难事件发生之前、之时或之后，如果没有立即从外部得到帮助或救援，则船员和乘客可能会进行“危机自救”。这种自救方式的重点是获取生存必需品，通常是比较容易获得的货物、配件或较小的结构材料，视情况和剩余时间而定（Gibbs，2003）。在此期间，一些物品会被抛到船外便于船脱浅上浮或帮助人们在水中求生(即可漂浮物品被扔到船外)。保险公司通常将这些程序指定为弃船前必须先行采取的行动,从而满足推定全损的条件(Hardy Ivamy, 1974: 383)。投掷到船外的物品后续可能会被打捞上来,包括漂浮物、沉料和投弃物(Duncan, 2006a: 247)。

救生艇和抛绳火箭发射等形式的救援服务自身具备考古可见性。救生艇援救通常会策略性地用抛小锚移动船舶控制其登上沉船,幸存者救助完成后即被抛弃。用抛绳火箭发射的救生绳索经常将弹壳留在沉船遗址上。救生艇有时在自救期间会沉没。并且,在航运事故高发的偏远地区常常会发现一些与救生艇相关的基础设施,比如建有存放抛绳火箭发射架及其专用轨道的棚屋、位于当地居民点内存放救生艇的棚屋、码头和沉船钟等(Duncan, 2006a: 262)。

在危机时刻,风险管理规定的另一种危机自救形式是有意把船舶搁浅在不会完全沉没或不会受到更多物理损害的区域。在海洋保险中,沉船触底和搁浅的类型有各种细微差别(见表 8.1)。尽管意外搁浅很常见,但当船舶发生泄漏或面临实际/推定全损时,有意搁浅也是一种策略,因此,采用这个策略以防止船只沉没,保护船的结构,增加维修、翻新或打捞作业的机会。如果船舶可以推进/机动/操纵和控制,那么理想的搁浅场所最好是海底足够柔软的地方,减少船舶的移动对龙骨和船体的损害,而且最好是在浪涌险恶的或其他危险区域以外。对某一区域本地信息的掌握通常包括了解那些在必要时可以当作最佳有意搁浅点(例如沙洲)的地方(Duncan, 2006a: 219)。这方面将在系统打捞一节中进一步讨论。

## 三、幸存者救助

沉船事件发生后,在沉船情况允许的条件下(例如搁浅在礁石上),可能会在开展正式营救之前进行更复杂的幸存者打捞活动("幸存者救助")。如果陆地能够利用,物料可能会分散到救生艇或幸存者避难所周围。幸存者避难所汇聚船上物资，若足够靠近失事地点，还可能成为救援人员或后续打捞人员进行打捞作业的基地。吉布斯(Gibbs，2003)在先前的论文中已经详细讨论了这些问题。

## 四、系统打捞

系统打捞通常是由具备时间、人力、技术的专业打捞人员以高强度、不间断的方式进行的，需要搬运全部或部分货物、配件以及次要和主要结构部件。系统打捞大都由船主或其授权代理人实施(类似于麦卡锡的“主要”打捞)。

一艘沉船进行系统打捞的程度(全部或部分)由许多因素决定。这些因素包括现场附近可用的打捞设备和人力的数量、分配时间、时间窗口(例如天气)、对生命的威胁，以及成功回收材料所能得到的实际、可预知或假定的经济、战略或社会(包括象征性或宗教性)利益(Gibbs，2006：14)。这些考虑因素决定了被打捞对象的优先权；打捞中的次序(以及程度)；以及哪些会被放弃打捞。当结构残留物或其中的材料降至预定阈值以下时，会作出取消打捞、实施有限打捞或完全放弃沉船的决定。

打捞的优先级、过程和技术由多个相互关联的因素决定，图 8.2 中列出了其中的一些因素。沉船打捞文献(例如 Ward，1956；Bartholomew et al.，2006)中数种不同类型的打捞术语体现了这些因素，每一项都意味着环境条件和/或不同类型或水平的技术活动(见表 8.4)。后文讨论的其他形式的打捞及沉船相关活动，例如脱浅(refloating)、拆解(breaking)、放置(placement)或弃船这些后果可能因此而产生。

根据法律、后勤保障和环境条件，系统打捞可能在沉船事件发生后的几分钟或几年后开始。如前文所述，制定打捞策略视船只状况、周边条件和打捞人员的能力而定。如果沉船靠近海岸，可能会在退潮时通过潮滩进行打捞；如果船只搁浅且完好无损而不是被遗弃，那么打捞工作可能集中在脱浅上浮过程中进行(稍后讨论)。海难救助营地(salvage camp)可以建在海岸上,驻扎打捞人员和可能的官方人员,同时作为打捞设备和回收材料的存放基地。根据所进行的活动,海难救助营地离沉船越近越好。

船舶的尺寸、类型和结构
船舶用途(例如军用、商用、客运)
船货类型(大小、组成)
船舶(或废弃的)的结构完整性和复原的可能性
船舶(或废弃的)在水面上(触底/搁浅)或淹没的程度
短期和长期环境条件(天气、涌浪、水流、海床成分)
后勤保障的限制(例如,靠近海岸、定居点的距离,运输网络,搭建救助营地/仓库的合适场所)
当地和区域性的可用技术和劳动力,包括专业知识和经验
文化障碍(例如在战争期间、土著人袭击、所有权有争议)
根据拆卸不同部位的价值,从而优先考虑拆除的顺序和强度(例如,从拆除船只的全部或部分结构和货物和包含物的结构中优选)
危害、风险和救捞费用相比较的潜在利润考虑
法律、保险、公司的、机构或其他政策、法规和准则规定的过程和程序
其他文化因素(例如,鼓励或阻止移除材料的社会性、迷信的或象征意义)
沉船事件发生后的时间,以及所有以上这些因素的发展(例如初次或二次打捞)

图 8.2 影响打捞优先权、过程和技术的因素

**表 8.4 打捞的主要类型**

| 打捞类型 | 说　明 |
|---|---|
| 漂浮 | 救助仍然漂浮(并可能损坏)的船舶。为着火、洪水、战斗损坏或其他海上受害船舶提供援助 |
| 近岸 | 在暴露的情况下打捞搁浅或遗弃的船舶 |
| 港口 | 在遮蔽水域打捞搁浅或遗弃的船舶 |
| 搁浅 | 为了拯救船货,或是为了减少对船舶或环境的损害,让有价值的船舶恢复使用,将船舶移走后处置或解体,使搁浅船舶的脱浅重新浮起 |
| 货物和设备 | 优先打捞货物和固定装置,意味着可能破坏或拆除结构,以方便打捞 |
| 移除沉船 | 拆除遗弃物,没有打捞的必要(低价值或无价值) |
| 清场 | 通常在发生灾难性事件(例如战争或自然灾害)之后,移走或打捞船舶(有时是多艘船舶),以确保港口或水路保持畅通 |
| 深海 | 在海底(有时是深海)进行作业,定位、调查以及回收目标物 |

可能会需要建造各种形式的基础设施以便从失事地点转移货物。这些类别的基础设施可能包括：原木或金属轨道供车辆或手推车运输物料；岸上绞车/发动机和/或滑索（及其相关的支撑系统）将物料拖上岸；从海岸到沉船的堤道、栈桥或码头；防波堤或围堰，保护沉船遗址免受盛行的天气、海洋和潮汐变化的影响。有时使用锚或结构物（例如桩/系船桩）防止遗弃物位置的进一步移动。其他环境改造可能还有清除礁石或在海滩上挖沟以方便出入或搬运（Duncan，2006a：267）。也会实施大规模的就地拆解和放弃全部或部分残余结构的做法（稍后讨论）。

对于沉没但仍可从水面接近的船只，通常用一艘或多艘打捞船，例如拖船、驳船、平底船和趸船作为工作平台。其中一些可能是经过改装的或专业的打捞船，能够装载进入沉船及其内部和回收货物所需的各种设备，包括潜水装备、起重机、绞车和水下起重设备。这些船舶可能还需要自带系泊系统。一些情况下，危险的环境会导致打捞材料泄漏，打捞船和/或设备丢失（Love，2006：79）。

系统打捞工作将持续进行，直到达到预期价值，然后暂时或永久性地停止打捞。根据沉船价值的变化、打捞技术或劳动力水平提高、环境情况和条件是否影响沉船遗址的安全性、作业和可接近性等因素，船只或沉船遗址可能会经历连续的系统打捞。在系统打捞周期中，可能会多次出现投机的打捞人员带着不同目的和价值进行的潜在打捞作业（稍后讨论）。

## 五、搁浅和触底

对于搁浅地点，当船舶被完全移走后，就成了一个待勘测的考古资源（Duncan，2006a：218），尽管没有船体，但仍有大量证据能表明与沉船事件的性质以及移出船舶过程有关的重要活动（Duncan，2000：142；2006a：259）。可以说，这些是沉船遗址的“投影”（phantom）（Duncan，2000：142；Gibbs，2006），但是，发生船舶搁浅的地点很可能与灾难性沉船遗址一样普遍，甚至更多。

故意搁浅和意外搁浅之间的区别已经被注意到。不管是哪种情况，如果搁浅的船舶没有损坏，那么最简单的应对方法就是尝试在涨潮时将船舶脱浅，或者必要的话等待大潮或季节变化。此过程可能需要通过小心卸载（并最终重新装载）压舱物、货物或重型固定装置和配件（例如锚和大炮）来减轻船舶重量。但是，为方便和安全起见，这些抛弃物有时可能不能立即被回收（Benham，1986）。因此，尽管船本身成功地脱浅并且移开，但搁浅地点会留下大量的压舱物和其他材料，某些情况下看起来很像是沉船的特征（Duncan，2006a：218；2006b：253，393，434，520）。

根据底部情况，搁浅在海滩上的船舶可能需要通过人工或机械挖掘、疏浚的方法来清除淤泥。许多用于打捞沉船的设施也同样适用于搁浅地点，使用接近搁浅船舶的设施（如栈道或轨道），进行挖掘、清除沉积物以及试图保护现场不受潮汐倒灌等，这些都可能会导致环境在短期内发生巨大改变。一些更复杂的设施（如围堰和结构物）被放置在水面上下用作固位和/或使船稳定，以防止其滑入更深的水中。炸药可用来炸穿阻塞的礁石或岩石，清除过程本身可能会以考古可见的方式（例如凿穿龙骨、刮擦底部）损坏礁石表面和海床。如果潮汐或船舶自身的动力不足以使其脱离，则可以借助于其他船舶（例如拖船）将其拖走。在没有其他船舶的情况下，可以使用岸基结构，例如精心布置水下锚点，或者海滩绞拖装备，包括可利用现有的坚固支撑点或埋锚。

船舶在尝试上浮之前可能需要修理，例如将船侧倾，这样船只滚向自身一侧以便进入船体下部和龙骨处。倾斜船舶可能需要转移或卸载货物和重型固定装置及配件，所以有时需要借助索具和吊具将船舶吊起，并将缆绳固定在另一艘船上、锚上或是岸上的支撑点（例如树木，甚至是埋锚）上。在某些损坏严重的情况下，可能需要拆除主要结构件（例如破碎的船首、船尾或桅杆），才能恢复船舶在水中的动力性能，随后移动到其他地点以便后续进行维修、打捞或废弃。

扶正一艘完全倾覆或严重倾斜的船舶是一项复杂的作业。可以把船舶放回到它自己的龙骨上使其上浮，甚至可以让船颠倒或侧倒地浮起或移动，采取何种方案取决于目的是试图保存船舶结构还是简单地移走船舶。根据环境条件，可以通过潮汐变化，小心放置船内压载物，以及使用岸上、打捞船或海底的浮力装置或外部绞盘系统来帮助旋转倾覆船舶，当然这也取决于船舶的形状（Benham，1986：56），还可以在船体上搭建井架或起重三脚架，从而获得足够的杠杆作用使船舶直立滚动。

在试图抬浮部分沉没或完全沉没的船舶时，主要目标是恢复一定程度的正浮力，这可以通过各种方法实现，比如将电线或缆绳放到沉船下面，然后用绞盘吊起来；在外部使用浮筒或漂浮装置（例如浮力袋）；修理并密封船体，用泵抽或充气将水排出；将浮力物体（例如空桶、浮力袋或大量的小浮标）放入船内，或者综合使用上述方法达成目标。还可以使用改装过的船只，例如"抬浮"船，或那些常装备起重机的各种专门的船舶。也可能需要在船体下方开挖隧道以便在沉船之下铺设管线。结构部件打捞回收和脱浅上浮也可能只是涉及部分船体而不是完整船体。

回收船体结构（部）件不仅取决于可用的条件、技术、劳动力和专业知识，而且还取决于船体的结构完整性及其对拉力、拖拽力或提升力的承受能力。一旦打捞失败，最好的情况是确保废弃的船舶仍留在原处，最坏的情况则是导致船舶结构受损和船体支离破碎，使船舶的部分或全部打捞价值都化为泡影。打捞装备本身，包括浮筒和漂浮装置、钢丝绳、绳索和潜水装备等，这些装备可能无法或不值得费力回收，从而成为考古记录的一部分。即使成功地将沉船上浮，各种协助起浮的结构装置可能会被留在原地，发生的环境变化可能依然存在或产生其他长期后果。

## 六、随机打捞

随机打捞是非系统性地拆卸移除沉船结构和包含物，拆卸人很可能对拆除沉船材料并没有合法权利（参见麦卡锡的"次级"打捞）。随机打捞可以而且通常在沉船事故发生后立即开始，尤其是在船体受损、物料散落在海岸附近的情况下。前文论述的许多打捞优先事项也适用于这样的情况，尽管从另一个角度来看，许多情况下随机打捞必须要避免引起官方注意。当地的沿海社区在沉船打捞的优先次序、做法和权利方面通常都有自己的传统和准则，特别是当漂浮物和沉料被冲到他们的海滩上时，正式的法律往往不起作用。他们很了解水流可能会把材料（漂浮物/投弃物）冲到岸上哪个地点，这意味着他们能在合法所有者和主管当局到达并阻止他们进入之前，锁定最佳收集区域（Duncan and Gibbs，2015）。

随机打捞会在不同层次上发生，从对沉船上冲到岸上的材料的小规模抢夺，到对大型的船货和结构部件的大规模洗劫。假设情况允许，随机打捞者（也称为掠夺者或拾荒者）甚至可能登上沉船更大规模地搬运货物或破坏船舶结构。非法拆除沉船材料的多种行为都具有潜在的考古可视性。这些行为包括隐藏货物（比如把货物埋进坑里或洞穴里、藏在坍塌的沙丘下，或放在特殊构造的坑道或桶中），把物料搬运到住所或较远且偏僻的地方隐匿起来。打捞上来的物品可能以各种方式分布在社区周围供当地使用，包括将结构性材料和配件安装在房屋、建筑物和围栏上，或是在当地船只上重新使用。靠近沉船事故高发区还会催生合法和非法的贸易网络，在那里沉船物品在整个社区被进一步分散出去。

掠夺者可能会试图分散经批准的打捞人员或警卫的注意力，或采取各种手段增加获取沉船材料的机会，包括采取极端行动，比如放火烧毁废弃的船只以防止其被移走或掩盖先前的盗窃行为。大多数随机和非法掠夺持续的时间都很短，而且是零星的，但是很可能会由不同团体主导在较长的一段时间内重复发生。随机打捞可能是短期行为，也可能是长期行为，甚至是代际行为，因为当地社区总是在等待洋流和风暴事件的季节变化把新的物料冲上海岸，其中也包含了旧沉船的物料（Duncan，2006）。

尽管随机打捞是无组织性质的，但是整个社区在短时间内倾巢而出的行动仍然可能会从失事地点移除大量残骸、货物和其他物品。为了维持秩序，通常在失事地点附近设立有关站点(例如警察和海关点),这些站点又会进一步受到犯罪行为的侵扰(Duncan, 2006a: 240 - 246)。随机打捞研究为沉船遗址及其周边的物料清除和沉积提供了重要的视角。

## 七、废船船体

有些船只技术落后,已不再适宜航行,或不值得作为运输工具保留,但其结构仍然健全,于是可能会继续作为废船的船体存在。尽管不是沉船事故,但废船船体也有可能会产生考古特征,这些特征可能会与沉船遗址混淆,如果随后考古学家发现了船体,那么其结构修改可能会对考古学家产生误导(Delgado, 2009)。一般来讲,废弃船舶的船体会固定停泊在港口或锚地,有时则是永久停泊,并经过改装以供进一步使用。考虑到其长期处在一个静态遮蔽的位置,船体内外结构可能会进行大范围的深度修改,比如针对船体的一些特有特点,在上层建筑和甲板上增加新的结构元素。在某些情况下,可能会保留索具用于航海训练或用作起重机。这里罗列了一些废船船体的潜在用途,每一种都涉及可能需要的结构改造类型以及场地内和周边的人工制品堆积。

(1) 排除或隔离——监狱,防御设施,检疫隔离区,劳改所,贵重品或危险品存放处(例如火药库)。

(2) 储存——包括储煤船。

(3) 住宿和服务——房屋,军营。

(4) 服务——商店,礼拜堂,医院,学校,办公室,航行训练,铁匠铺等。

(5) 娱乐场所——沐浴场,游乐场。

(6) 平底船或驳船——通常上部构造较简单。

(7) 升降台,浮吊,装载,其他设备的底座。

(8) 作为其他船舶的打捞船或干船坞(漂浮或固定在岸上)。

(9) 火烧战船(攻击性武器)。

废船船体经常成为港口景观长期且重要的组成部分(Duncan, 2006b)。有时近岸的废船体通过栈桥或其他结构与陆地相连,但在某些情况下,使废船体远离海岸与外界隔离则更为理想,例如使其成为监狱、隔离区或作为存放炸药或贵重物品的仓库(Williams, 2005; Menzies, 2010)。尽管废船体可能位于潮滩上,但许多仍处于漂浮状态,有时还会根据需要转移到新的地点。当它们的使用寿命结束后,大多数被移到其他地方以便拆除或处理,或丢进垃圾掩埋场(有时就在其系泊处),有些会被就地拆除或分解(Duncan et al., 2013),有些甚至被改装成别的船只。从考古学角度讲,可以通过尚存的相关结构或系泊锚观察到废船体(Duncan, 2006b: 255)。此外,由于废船体会长期占据某个区域,在再利用的过程中很可能产生大量的垃圾,而这些垃圾总是从船上被丢弃到附近的海底(Adams and Davis, 1998; Williams, 2005)。邓肯在军舰、渔船和领航船的长期锚地中观察到了类似的分布(Duncan, 2006a: 125,181,191)。

## 八、弃船或有意沉船

理查兹(Richards, 2008,2011)对来自弃船的海洋遗址形成过程进行了广泛研究:灾难性(沉船事件中的弃船)、结果性(破坏船舶挽救生命)和故意性(有意沉船)。与本文最相关的类型是有意沉船,下文概述了其各种可能的轨迹。

(1) 仪式性遗弃——例如把船用作坟墓。

(2) 结构调整——用作建筑物或地基或填海结构(例如挡土墙、路堤、防波堤、训练墙、码头等)。

(3) 打捞和回收利用——作为回收利用的材料储存(请参阅下文"拆解")。

(4) 沉船墓地(ship graveyard)或拆解场——战略阻挠(有时作为单一事件),故意将船留置在特定区域中作为封锁装置或拒绝将船留给敌方,以及在较长时间内将其作为垃圾丢弃。

(5) 战略性改变——例如作为火烧战船。

(6) 鱼类聚集设施,潜水目的地。

弃船过程可能包括水上和水下以及地上和地下的放置或沉积(Delgado, 2009; Richards, 2011; Duncan, 2006a: 111,124: App. D, 1-26)。在水下放置时,可能需要采取措施确保丢弃的沉船不会移动,例如通过机械或爆破手段凿沉船舶,或在船体附近或穿过船体打桩,或通过拆除、焚烧进行其他形式的结构改造,所有这些都有可能通过考古观察到。凿沉船舶的聚集地被称为沉船墓地,尽管这些船是故意放在那儿的,但当地社区居民经常将其视为海难沉船(Duncan, 1994; Duncan, 2006a: 214)。

## 九、拆解和销毁

最激烈的打捞形式是拆船,即为了回收再利用或彻底销毁船舶而进行的有系统的拆毁(Stammers, 2004: 83)。尽管拆卸单艘船舶的地点,包括从沉船原位打捞大部分结构物的地点都可以说是一处拆船场,但是通常有更适合拆解船舶的区域(船能开到潮滩上)或可以连续或同时处理多艘船舶的正规船坞。在某些情况下,拆船场的位置与造船厂有关,靠近打捞物料可能被加工或运走的地方,或污染物可能被清除或处理的地方,都可能影响拆船场的位置(Pastron and Delgado, 1991)。有时建造诸如防波堤或石堤等基础设施,既可以进入深水区,又能在主要天气条件下成为庇护所(Duncan, 2004b, 2008a, 2008b)。

考古上可以从多种途径观察到这些行为:通过系泊设施、系船桩或操作过程中用于固位的其他的结构物;基础设施例如码头、绞车、卷扬机,或拆除结构的缆绳、打捞浮筒或驳船;打捞区域、船舶部件或未打捞的船体等(Pastron and Delgado, 1991; Duncan, 2004b, 2008a, 2008b)。许多拆船场位于临沿海地区或河流旁主要定居点的外围。在某些情况下，拆船场与不再使用的船舶存储区域密切相关，这些船被长期存放直到从经济角度变得值得拆除，此外还与残余结构部件和材料的遗弃及倾倒区域密切相关。船舶拆解有几个基本目的：

(1) 移除结构部件在其他地方使用(例如装到另一艘船上)。

(2) 为了回收再利用移除的结构材料(例如冶炼)。

(3) 在弃船之前减少结构，从而大大减少体积，或者释放船舶占用的空间。

(4) 彻底销毁船舶。

根据情况和打捞策略背后的意图(即是否要完整无损地回收其结构或其他部件)，可以采取手动切割、机械拆除或炸药等方式。焚烧是另一种销毁船舶或是便于回收不燃性固定装置和配件的方法，无须花费时间和费用进行拆卸(Pastron and Delgado, 1991)。失火也可能是偶然或疏忽(故意破坏，柴火等)。最后，船只、弃船或船体也可能出于实验目的(武器或结构测试)被销毁，包括被用作靶船。此外，由于拆船方法通常与打捞人员所采用的方法非常相似，因此对早期拆船场的考古遗迹进行调查(Duncan, 2004b, 2008a, 2008b)以及作者目前正在进行的其他研究，都会为打捞人员在拆解和打捞沉船时可能使用的方法提供更多观点。

## 第四节　打捞的社会性因素

尽管本章的重点需要放在海洋文化遗址形成过程的机制上，但我们应该简要回顾一下辛普森(Simpson, 1999: 4-6)关于“谁”和“为什么”进行打捞的问题，并强调这些活动是根植于真实的社会、经济和文化世界里的。重要的是设法确定那些与航运事故相关活动的动机和能力，包括预防、救助、不同的打捞形式以及材料的短期和长期再利用。许多沿海社区(居民)将这些活动纳入了他们的日常生活，从为正规的政府、机构或商业团体提供服务，到偶尔参与沉船事故相关的活动，例如海滩机会性捡拾，甚至是打捞材料的二次购买或使用。进入沉船遗址或是季节性地在海滩上捡拾沉船材料可能是几代人的生活方式，例如会在很长的时期中重复进入同一个沉船点或搁浅地。此类活动有时实际上会成为“传统”的有效做法，并且受社区内部正式和非正式行为准则的约束（Knowles，1997；Duncan，2006a）。人们对从沉船遗址打捞出来的物品的传记、它们的象征意义及其在社区中的扩散方式也越来越感兴趣（Steinberg，2008；Hosty，2010；Gregson et al.，2011），其中的一些方面会在作者即将出版的书中详细论述（Duncan and Gibbs，2015）。

我们还要考虑到打捞过程，尤其是沉船拆解，需要相当多的技巧和经验。长期以来，一直有个人和团体专门从事这类活动，他们很可能有具备这些技术和实践的传统，以及与特定地区沉船的联系，或反复在某些地点进行诸如拆船这样的活动。此外，还应考虑与特定社区、民族/种姓/社会团体或社会经济阶层的联系。比如，帕斯特罗内和德尔加多（Pastron and Delgado，1991：65）发现，在旧金山拆船场工作的大部分劳动力是低薪的中国劳工。在现代背景下的阿兰港（印度）拆船场会倾向于使用经济地位和种姓较低的群体（Langewiesche，2000；Kot，2004）。然而，事实是打捞人员被视为从他人的不幸中受益，有时会导致人们对其合法性和道德的错误认识（Viele，2001；Seal，2003；Bathurst，2005）。

## 第五节　结　论

围绕着航运事故、打捞、改造再利用、有意放置和船舶废弃的文化遗址形成过程，无疑是导致海上事故（“沉船”）遗址上发生的一些剧烈转变的原因。沉船事故、打捞技术和过程的考古，比传统意义上的海洋考古学研究要复杂得多。前几部分中，我们试图阐述一些可能与沉船事故相关的行为和行动，以及船舶后阶段的持续使用和改造。

虽然这里没有讨论特定的历史或考古案例，但我们的意图是强调这些过程的证据在考古记录中通常是清晰可辨的。即便没有沉船残骸，通常也很容易在遗址处找到打捞的证据。在某些情况下，陆地和海上的打捞痕迹（绳索和缆线、结构物、投弃材料和环境改变）依然明显。正如我们所建议的那样，这些过程本身值得进行深入的研究，尤其是打捞过程中具备大量创新性和试验性的课题，应该在考古记录中体现出来。这就需要更多地了解这些行为中的社会、经济和文化意义，它们在更广泛的人类活动中的地位，以及随时间推移人们对其理解的变化。大量现代、历史和古代的文献、图像、民族志和考古学资源，可用于研究海洋文化遗址形成过程，我们希望随着人们研究兴趣的扩大，这类研究在海洋考古中变得更加普遍。

# 第三部分

## 遗址形成和遗产管理

# 第九章　英格兰遗产委员会与沉船遗址形成过程

伊恩·奥克斯利①

沉船遗址形成研究的历史很短,大约只有40年(Oxley, 1998,1992)。人类探索海洋数千年,成千上万条沉船长眠海底,这些沉船所包含的各类物质与它们随后在海洋环境中发生的变化有着极为复杂的关系,研究人员一直在试图找寻其中的共同点。而国家层面对海洋历史环境的管理则起步更晚,只能追溯至20世纪90年代后期,从那时起,海洋遗产管理正式成为一门学科。

本章介绍了一些国家遗产机构的举措和走向,突显国家遗产机构参与并应用沉船遗址形成理论和研究的起源及发展(见图9.1)。作者于2002年被任命为英格兰遗产委员会海洋考古部负责人后,根据英格兰遗产委员会(English Heritage)在正式负责管理海洋历史环境前制定的临时政策(Roberts and Trow, 2002)提出了一项倡议,该倡议承认海洋历史环境并不孤立存在,它是更广阔的海洋环境的组成部分,被自然海洋环境所围绕并牢牢根植于其中。广阔的海洋环境对人类社会具有重要的经济意义,人类对海洋的持续开发不仅会发现新的遗址,还会威胁和影响现有的已知遗址。

尽管正式介入海洋历史环境管理的时间很短,英格兰遗产委员会已经采取了

① 作者简介见引言。

图 9.1 《遴选指南：史前至当代的船舶》(Designation Selection Guide: Prehistory to Present, English Heritage, 2012b)

一系列积极的举措来发展自身的专家能力、设备、系统和结构，同时构建对现存遗产的认知和理解。然而，如今的资源管理者通常更多地作为被服务的客户或是研究项目的采购商，而非行使自己的权利去履行所有职责。作为遗产资源管理的负责人，这些管理者要确保开展的研究有充分的依据；采购者要确保物有所值，符合所有利益相关者的利益；决策者必须随时掌握高质量的信息。

遗址形成理论及其认识和研究尽管没有被列为特定的或遗产核心机构的目标，但仍贯穿在英格兰遗产委员会针对特定遗产资源的计划和项目之中。随着委员会对其相对来说是新的海洋责任的认识与理解不断提高，它对海洋文化资源也有了更广泛的认知、了解和规划。

本章回顾了英格兰遗产委员会所采取的海洋历史环境管理举措，以及对遗址形成过程的考虑如何在过去和现在英格兰水域沉船遗址管理过程中作为不可或缺的一部分发挥的作用，并举例说明了英格兰遗产委员会对沉船遗址进行原位管理的长期、持续的关注和支持。

## 第一节　英格兰遗产委员会

英格兰遗产委员会是英国政府在英格兰陆地、海洋的历史环境各个方面问题的顾问，是由英国文化传媒体育部赞助的行政性非政府部门公共机构。该组织有四个主要目标：认定和保护英格兰的遗产；捍卫英格兰的遗产；帮助管理人类的共同遗产以及帮助人们享受这些遗产。英格兰遗产委员会工作的一项重要内容是与中央政府部门、地方当局、志愿者机构和私营机构进行合作，保护和改善历史环境，增进公众对文化遗产的了解，提高人们对过去的认识。

随着2002年《国家遗产法》(National Heritage Act)的出台，英格兰遗产委员会自成立20年来首次被赋予照料和保护英国领海(大陆架12海里)英格兰海域水下海洋历史遗迹的特别职责和责任，为人类保存文化遗产的价值。

## 一、基本政策

在有限的权力、职责和预算的前提下，英格兰遗产委员会能够并且确实在遗址管理中发挥积极主动的作用，并尽可能遵循良好的可持续管理三要素：政策、基础知识，以及作为行动基础的合理决策(English Heritage，2008a)。同时，明确地将关注点聚焦于最不了解、最受威胁、最重要和/或最受社会重视的遗产。2002年，英格兰遗产委员会颁布了《下水：英格兰海洋考古管理的初步政策》(Taking to the Water：An Initial Policy for the Management of Maritime Archaeology in England)(Roberts and Trow，2002)，阐述了该组织打算如何通过专业规范来履行其新的职责，这项规范将把业余爱好者也包括在内，共同参与英格兰水下文化遗产管理，尤其是其中提到的关于旨在为了解和管理海洋遗产提供更坚实基础而设计的研究项目，以及为提高我们对海洋遗址环境的了解而设计的研究项目。

2005年，英国政府宣布采纳2001年联合国教科文组织国际公约的附件(UNESCO，2001)，要求将原址保护作为考古学最佳实践的第一选择，还有在更广泛背景下的国家海洋政策和欧洲的指导性文件(English Heritage，2009)，根据这些政策文件，英格兰遗产委员会调整了自己的工作。人们越来越认识到，海洋考古遗址是更广阔的海洋环境的真实组成部分，并不局限于所谓的“自然”环境，应该按照海洋管理政策的整体方法来管理这些遗址（DEFRA，2009；Oxley，2004；Pater and Oxley，2014）。

## 二、管理的变革

为了进一步制定历史环境可持续管理方法，英格兰遗产委员会颁布了《保护规范：对历史环境可持续管理的政策和指南》（Conservation Principles：Policies and Guidance for the Sustainable Management of the Historic Environment）（English Heritage，2008a），以促进整个组织决策的一致性，其最终目的是为历史环境的各个方面建立一套目标明确透明、应用可持续的管理制度。

严格来说，“保护”是海洋遗产管理变革的一个过程，它能最好地维持历史环境在其背景下的价值，并认识到揭示和加强这些价值的机会。因此，了解环境的变化对于建立基线、追踪变动以及对遗址形成理解的解释至关重要。

## 三、管理方式的发展

许多国家现在首选以高水准海洋环境知识为基础的管理办法，基于综合理论评估与田野评估的正式政策和建议性文件（通常称为“管理”或“保护”计划）正变得越来越普遍。

当英格兰遗产委员会在2002年首次承担起海洋资源的责任时，关于历史沉船资源管理应用方面尚无很好的研究或出版物，可用的文献常常是零散的、不完整的或难以获得的（Oxley，2001a）。很明显，如果不充分考虑引起遗址变化原因的实际因素，管理策略几乎不可避免地会失败。有效的管理应具备积极的反应机制和适应能力（Oxley and Gregory，2002）。

不能把管理看作是保存的代名词，它不能完全消除变化，只能推动程序出台，并尽可能地减少由已知影响造成的危害。劣化也不可能完全避免，因此绝对意义的原址保护是无法实现的。所有的遗址都是动态的，从某种意义上讲一直在变形，尽管速度缓慢且通常难以察觉，降解过程不断改变着物质遗存。

对沉船历史资源的管理具有持续和积极主动的必要性，应以量化的环境信息（即按标准收集的数据和使用更广泛的海洋科学专业可接受的技术）作为支持。此外，也应该在更广泛的环境意识中考虑该过程，并纳入诸如可持续发展和预防原则等概念。

为了了解历史沉船遗址在其环境背景下的管理，回顾推动资源管理的关键因素非常有必要，例如：

(1) 完善的数据对于正确决策至关重要。

(2) 确定用户和利益相关者，并让他们参与。

(3) 了解环境。

(4) 进行全面的基线调查。

(5) 了解遗址的形成和变化过程。

(6) 定期有效地监控。

(7) 应对变化。

(8) 消除或减少负面影响，并建立正面影响。

(9) 增加适当的介入并鼓励非侵入性接近。

为了实现这些目标，可以把管理计划的概念看作是一种机制，收集、解释和共享数据，并且将其转换为信息，然后用于提供强大而稳定的管理建议，以支持合理且可持续的管理决策。这些反过来又进一步维持和/或恢复有利于该管理计划长期目标的遗址条件，以考古资源的任何部分实现无净损失的最高目标为指导（见表 9.1；Oxley，2001b）。

**表 9.1 La Surveillante 遗址需关注的特征以及可测量的属性和建议的监测方法**

| 特征 | 属性 | 评估方法 |
|---|---|---|
| 碎片区域 | 暴露的文物 | 目视、照片、视频 |
| 周边沉积物 | 表层沉积物的稳定性 | 侧扫/声呐探测仪(Quinn et al., 1998) |
| 船内遗存 | 加速考古材料分解的趋势 | 微生物鉴定(Guthrie et al., 1996) |
| 堆积/侵蚀 | 相对暴露于降解物 | 物理测量 |
| 枪和锚 | 固结物的凝聚性 | 影像、照片、视频 |
| | 电化学稳定性 | 腐蚀潜力、pH 值 |
| 铜覆皮 | 连续性和稳定性 | 影像、测量 |
| 锚 | 结构稳定性 | 测量 |
| 船体结构 | 体积百分比 | 测量 |

资料来源：Oxley 于 2001 年出版的相关著作。

因此，在制定有效计划的过程中，考虑到数据的数量和可能引起特殊关注的遗址数量，英格兰遗产委员会针对指定的历史沉船的管理方法获得下列五个主要因素：

(1) 国家和公司政策。

(2) 促进经批准的公众访问和活动。

(3) 策略研究和干预。

(4) 积极主动地阐释/介绍。

(5) 与利益相关者的持续对话(Dunkley and Oxley, 2009)。

## 第二节 英格兰遗产委员会的分阶段方法

英格兰遗产委员会发布的《保护规范》(Conservation Principles)(English Heritage, 2008a)为影响历史环境的决策提供了准则，并通过项目将规范转化为实践。《历史环境研究项目管理》(Management of Research Projects in the Historic Environment, MoRPHE)提供了涵盖历史环境领域研究与开发项目管理的指导方针(English Heritage, 2006)。它是由英格兰遗产委员会主持或资助的考古项目的典范,在为整个考古行业建立基准和标准方面具有影响力(English Heritage, 2006)。

## 一、保护实践和基于风险的管理

格雷戈里(Gregory, 2009)提出了确保成功且尽责的水下考古遗址现场管理的基本步骤,包括确定保护范围、遗址面临的最大威胁、现存材料的类型及其保存状态、缓解劣化和稳定遗址免受自然影响的策略以及随后的监测和缓解措施。利用本章前文所述管理计划概念的内容,并针对自2002年以来推动资源管理的各项因素,英格兰遗产委员会提出了一种基于证据和生态系统的方法来拟定组织在其中的作用(Dunkley and Oxley, 2009)。

英格兰的一批"受保护沉船遗址"(protected wreck sites),包括从青铜时代中后期的货船到20世纪初的潜艇,保存环境和保存状态都各不相同。量化沉船的保存状态,是指相对于以前的某个状态,对沉船当前状态或情况的一个时间点的测量,反映了所有作用于沉船的自然过程和人类过程的累积影响。

人们认识到,诸如腐蚀这类自然过程并不总是可以防止的,可是受此类力量影响的被保护遗址在管理变化、记录和调查的计划项目里,不会被视为处于危险状态。

2008年7月,英格兰遗产委员会发起了首次全面的国家遗产风险登记。这次行动被称为"濒危遗产"(Heritage at Risk),评估了30 687处列入名录的建筑,19 711处计划名单中的古迹,所有1 595处注册的历史公园、花园和景观,全部43个已登记的战场,以及英格兰所有受保护的沉船遗址(Dunkley, 2012)。

历史环境的不可捉摸使得风险判定和管理难以预测，特别是海洋考古遗址的风险已被确定为同时源于环境和人类影响。在这个层面上，由于环境的性质，普遍认为所有沉船遗址都处于危险之中，因此，我们设计出了一种对历史沉船遗址风险实施现场评估的方法，以了解目前的沉船管理模式、未来可能的变化趋势以及如何影响这个趋势，从而确保它们对现世和后代的重要价值得以保持（English Heritage，2008b；Dunkley，2012）。

英格兰遗产委员会的评估显示，2008 年指定的沉船中的高危比例为 24.4%（45 个中的 11 个；Dunkley and Oxley，2009）。到 2012 年，由于先前评估之后的战略性管理干预，例如在 2003 年至 2005 年间对英国皇家海军巨人号（HMS Colossus）沉船进行了遗址稳定性试验（Camidge，2009），这一比例下降到 8.70%（46 个中的 4 个）。

所有受保护的沉船遗址均使用标准化术语进行评估，确定遗址面临的威胁，并主观计算风险程度。然后，优先考虑“高风险”遗址，以及有可能发展为“高风险”的“中风险”遗址。经评估，如果受保护的沉船遗址在可预见的未来很可能丧失或进一步丧失其历史、考古或艺术的重要性，那么该遗址就将被视为高风险遗址。

在这里，“重要性”是指某个地方的文化和自然遗产价值的总和（English Heritage，2008a）。“中风险”评估意味着，如果管理体制不发生变化，将来很有可能会丧失历史、考古或艺术的重要性。“低风险”表示该遗址的管理方式与其历史、考古或艺术的重要性相吻合（English Heritage，2008b）。

在评估受国家保护的沉船遗址的风险时，主要考虑三个因素：沉船的当前状况（是否处于最佳状况，总体上令人满意，总体上不令人满意或存在广泛问题）；脆弱性，或对遗址自然和人为影响的评估；变化趋势，评估管理制度以及遗址状况是否正在改善，保持稳定，或由于未管理或管理不当而衰退。

## 二、评估后的保护规划

为更好地了解受保护沉船遗址周围的环境，具体的保护管理有两种主要方式。首先，对特定遗址进行评估以了解其存在的人为和环境风险。其次，提出遗址保护、维护和提高遗址价值和特色的需求(Oxley，2007)。为了解决前者，需要了解遗址的环境特征，以便进行干预。于是，英国遗产委员会委托开展了海洋环境评估(MEA)项目，检查遗址的化学、物理、生物和其他参数，然后根据获知的这些参数作出决策(见图 9.2，Camidge et al.，2006)。

第一阶段　书面评估
*环境因素*
确认研究区域相关的所有已知环境数据来源，包括：
　　海洋物理状况——波浪、潮汐、水深
　　沉积状况——泥沙迁移、流动性
　　水质状况——化学、污染
评估数据质量
确定任何需要进一步收集数据的区域
*考古学*
确定考古遗址的材料类型和已知的分布范围
评估遗址的考古潜力

第二阶段　现场评估
收集下列有关数据：
　　化学——氧化还原、盐度、pH 值、溶解氧
　　物理——最小/最大深度、风区、温度、地面膨胀、潮汐、浪高、洋流、沉积物粒径、海床强度、沉积物深度、水深测量、海底剖面
　　生物——动物、植物
确认上述元素对考古材料保存的影响
确定高风险材料

第三阶段　监测
确定需要监测关注的特征
确定需要监测的属性
确定每个属性的评估方法(监测站、间隔周期)
监测遗址 5 年

图 9.2　海洋环境评估阶段

MEA计划是一系列措施中的一个阶段，这些措施将引导遗址考古管理计划的制定，进而为英格兰遗产委员会未来的研究、设施和教育发展提供信息，更多地造福社会。

为了了解遗址的发展方式及其持续变化，英格兰遗产委员会将继续测试或赞助创新方法，包括海洋考古地球物理学方面的进展（Plets et al.，2009），以及提高对金属船体管理能力的研究，例如使用超声波测量船体厚度（Dunkley，2013）等。

# 第三节　案例分析

## 一、冒险号战舰

冒险号（Le Hazardeux）于1698年在法国建成。1703年，这艘舰船被英国人俘虏，并改装成一艘配备54门大炮的四级军舰（HWTMA，2006）。1706年，该舰在恶劣的天气中驶入西萨塞克斯郡布雷克勒沙姆湾的浅滩水域。有证据表明，沉船事故发生后展开了有限的打捞活动，主要目的是回收军备。由于遗址所处的高度动态环境，因此可以认为沉船的上部结构可能会相对较快地解体。

在2002年英格兰遗产委员会开始调查之前（Owen，1991），该沉船遗址已由当地志愿者团体——冒险号项目小组（水下协会308）在一些考古顾问和组织的支持下进行了25年多的考古调查，但仅在20世纪80年代后期对遗址作了有限的挖掘。此后的工作仅限于调查，或是从明显的动态遗址的沉积物中提取表面被腐蚀的人工制品。

遗址的侵蚀作用活跃意味着随着文物被移出和许多背景信息丢失，考古调查基本上会很被动。很明显，为了规划未来的工作，要全面理解遗址的形成过程。

首先需要建立档案，保存先前的调查结果。这也有助于评估该遗址在过去几十年中如何受到主要环境条件的影响，并帮助管理人员了解造成持续侵蚀的过程。如有必要，可以对裸露的材料进行抢救性挖掘。

环境评估项目需要通过分析沉船遗址(包括考古、摄影、监测、分布研究和潜水员观察等来源的数据)，以及陆上、近岸和近海区域的海岸环境[包括泥沙输送、海岸反应、航空照片、海滩监测和海图数据(HWTMA, 2006)]两方面的主要数据来量化遗址发生的侵蚀程度和速率。通过分析这些数据，以确定遗址中存在侵蚀风险的特定区域与具有高考古潜力的区域之间的关系。该项目的成果是对过去和当前影响沉船遗址稳定性的环境因素的评估，绘制地图说明那些劣化最迅速的区域和具有最高考古潜力的区域，以及考古档案长远未来的变化趋势。

## 二、英国皇家海军巨人号

巨人号是一艘配备 74 门火炮的军舰，建造于 1787 年，在见证了土伦(Toulon)、格鲁瓦(Groix)和圣文森特角(Cape St. Vincent)的战役后，1798 年 12 月在锡利群岛的参孙岛附近沉没。当时，它正载着尼罗河(Nile)战役的伤员和包括威廉·汉密尔顿爵士收藏的伊特鲁里亚陶器在内的货物返回英国。当巨人号在锡利群岛圣玛丽锚地躲避飓风时，因锚缆断裂而搁浅，向船梁末端侧倾并开始解体，船上人员除一人外均成功撤退(CISMAS, 2005)。

在根据 1973 年的《沉船保护法》作为指定的沉船被保护起来之前，该遗址在很多年里经历了多次分阶段的侵入性的扰动，包括当代皇家海军打捞、海军部合约回收打捞和未经授权的打捞。1975 年，罗兰·莫里斯(Roland Morris)在可能是沉船船首的位置，打捞出了大量属于威廉·汉密尔顿爵士藏品的陶器碎片(现藏于大英博物馆)和包括铁炮在内的其他人工制品。

2001 年，在罗兰·莫里斯发掘现场以东约 350 米处发现了当前的沉船遗址。这艘有 74 门火炮的军舰的左舷后半部平稳地卧在沙子中，残骸上有上层火炮甲板最后方的 6 个炮口，其中 5 个仍残留着 18 磅级火炮，后膛翘起位于最上方。从四分之一甲板上的炮口顶端一直到最下层甲板下的船舭转弯处，这艘船的结构看起来似乎依然完整。

沉船的有机材料保存得非常好，包括船尾的装饰雕刻，然而最近沉积物水平下降造成的侵蚀已是公认的威胁。这种侵蚀的原因尚不清楚。

继 2002 年英格兰遗产委员会担负起对受保护沉船遗址的管理责任之后，凯文 · 卡米奇(Kevin Camidge)、康沃尔郡和锡利群岛海洋考古学会共同制定并资助了一项有关巨人号的研究计划。2003 年至 2007 年，英格兰遗产委员会赞助了为期两年的稳定性试验，包括通过用数据记录仪评估埋藏参数，监测沉积物水平来确定主要的沉积物变化(Camidge, 2009)。2004 年和 2005 年对主要遗址周围的碎片区进行调查，以了解沉船过程并确定其他材料的位置。2008 年，对脆弱的船尾木材进行了原位加固、设置潜水员路线，包括为持证探访的潜水员放置水下信息板和防水的小册子，以及与潜水租船机构的联络计划等。2010 年，对文物移动性进行了测试，并开展了进一步的遗址监测。

2012 年的项目内容包括：有针对性地挖掘和记录主火炮甲板炮口周围新暴露的区域，检查沉船失事后的地层，监测移动的表层文物并继续监测沉积物水平。该项目还有对挖掘方法和记录制度的调查和评估，启动考古对象的长期回填实验，以及开发对相关人员进行培训和能力建设的新机会(Camidge, 2012)。还有其他的研究集中在非巨人号沉船材料和现代钱币的回填和分析上，旨在获得关于该遗址位置不同材料降解的补充信息(Middleton et al., 2012)。

## 三、皇家安妮号战船

皇家安妮号(Royal Anne)是在伍尔维奇造船厂(初步确定该船厂的历史为 1706—1718 年)建造的一艘五级护卫舰(fifth-rate oared frigate)，1709 年下水，配备 40 门火炮和 127 名船员。1721 年 11 月 10 日，它在前往巴巴多斯的途中遭遇恶劣天气，被迫返航法尔茅斯时在康沃尔的牡鹿礁附近失事，约有 200 名船员和乘客丧生，其中包括正赴任巴巴多斯总督的贝尔哈文勋爵三世。

1991 年，当地潜水员罗伯特 · 谢拉特(Robert Sherratt)在两门铁火炮附近发现了一个巨大的测深锤，这艘沉船由此重见天日。随后，在铁火炮附近的海床中发现了许多物品，包括带有贝翰文纹章的餐具，从而确认了沉船的身份。1993 年，该沉船根据《沉船保护法》(1973 年)受到保护。

皇家安妮号沉船遗址靠近海岸，周围都是礁石，即便在晴朗的天气也常涌起大西洋巨浪。海床上一条条的冲沟填满了覆在粗砂和小石子上的大石块。值得注意的是，该遗址已经没有已知幸存的有机物质，仅有一些人工制品和铁质固结物，没有任何船体构件残存的迹象。

英格兰遗产委员会委托康沃尔郡议会的历史环境局(项目)实施了分阶段的 MEA 计划。第一阶段的书面评估工作包括皇家安妮号的考古和环境评估，调查数据收集方法和整合所有不同的海洋数据集的方法，用于提供不仅适用于皇家安妮号也可适用于一般沉船遗址的高质量、可查证的管理建议。第一阶段评估结束时，提出了第二阶段实地评估策略，包括获取有关海浪、潮汐、水质、沉积物和动植物的数据。拟议的实地评估还包括机载激光雷达水深测量、人工制品扩散试验、铁炮腐蚀监测和木材生物降解评估(Camidge et al., 2006)。

第二阶段实地评估于 2008—2009 年间进行，成功实现了以下目标：测深调查、海洋生物评估、水质采样、沉积物分析、放置块体和球体监控人工制品扩散及设立追踪木材降解情况的物体对象(Camidge et al., 2009)。

第三阶段监测阶段的目的是检查遗址，回收橡木样品块进行分析，确定 2009 年 4 月第二阶段实地评估期间放在海床上、下的扩散试验物体的位置，共找到并记录了 40 个原始物体中的 21 个：8 个球体和 13 个块体。球体在海床上平均移动了 5.15 米，块体平均移动了 4.89 米。球体移动的距离在 2.22～11.4 米之间，块体在 0.80～9.79 米之间。尽管调查可能会遗漏一些物体，但更有可能许多物体位于 10 米搜索半径之外。有一点例外是，这些物体是由作用在遗址上的环境力“分类”的，即球体向西移动，块体向东移动，这个结果出人意料。所有分散的物体呈一条东北至西南向的细长条带状分布，很可能是早期海床力主要作用方向很好的指向标。对暴露在海底的橡木块的分析表明，沉船事件发生不久，它们很快就受到了蛀木微生物的攻击，这也解释了皇家安妮号船体荡然无存的原因（Camidge et al.，2011）。

## 第四节　利维可持续发展基金

2002 年 4 月开始实施利维可持续发展基金（ALSF）项目，该发展基金项目最初是一项为期两年的试点计划，旨在为受骨料开采影响的地区解决相关问题提供资金。英格兰遗产委员会代表环境、食品和农村事务部作为该基金的主要分配者，并且与英国自然（English Nature）、乡村局［现为自然英格兰（Natural England）］以及环境、渔业和水产养殖科学中心等机构合作。

作为一个积极主动的合作研究项目，它被视为一个涉及公私合作的创新型遗产管理模式，以支持对资源的战略管理和指导，所有领域都能受益（Flatman and Doers，2010）。英格兰遗产委员会 ALSF 项目的核心目标是减少陆地和海洋范围内骨料开采对历史环境的影响。

特别是 ALSF 的海洋部分，已被遗产界、产业界和政府认定为 ALSF 项目中最成功的部分之一。ALSF 大大改善了所有利益相关者之间的关系，并在促进公众对海洋历史环境的了解方面，收获了可观的额外公共关系效益。

ASLF 包括战略性改进开发过程，例如通过绘制未知/未规划的遗产资源的分布图（尤其是在海洋区域），制定此类遗产的管理策略（例如限制区），以及提供行业指导和制定行业标准，所有这些活动均有助于骨料行业和其他行业在中长期内识别、规划和缓解风险（包括意外成本和延误）。

对海洋考古遗址形成的了解，为 ALSF 项目海洋组成部分的发展奠定了基础。该项目涉及跨学科的研究方法，涉及所有利益相关者以及自然遗产和文化遗产，下列英格兰遗产委员会支持的若干项目就是例证。

## 一、航行风险

伯恩茅斯大学（Bournemouth University）利用海上航行风险的历史和环境证据，开发了航行风险项目，旨在研究船舶事故有可能高发地区与具有高考古保存潜力区的交集特征（Merritt et al.，2007）。

为了确定具有历史意义的危险海域，项目评估了从中世纪到当下的历史资源（例如海图和领航文件），然后在空间上加以标示。另一种方法是根据海床沉积物的保存质量对其进行分类。

该项目的结果强调，通过整合环境和考古数据集并分析它们之间的关系，可以进一步完善评估考古潜力的范围。该项目介绍了海洋活动历史数据与海洋环境因素的映射关系，从而使遗产管理人员有机会将遗址的形成和保护的各个方面纳入决策。

## 二、确定海洋沉船考古潜力区（AMAP1）

2007 年完成的航行风险研究，利用地理信息系统（GIS）来确定航海高风险区域与高考古保存潜力区相重叠的区域，在它的研究成果基础上，这个项目旨在构建一个解释性 GIS 图层作为基础，来开发能够评估未记录的沉船遗址存在可能性的规划工具。研究人员利用沉船数据的统计和空间分析开发出了一种描绘可能区域，即海洋沉船考古潜力区（areas of maritime archaeological potential for shipwrecks，AMAP）的方法，用来确定已知沉船与影响其保存的考古或环境参数之间的关系，以评估沉船考古遗存物在海底沉积物中存在和保存的潜力。

该项目试图将沉船数据的趋势与海洋环境参数、水文测量的类型和频率以及诸如港口、海湾、锚地在内的沿海海洋活动的性质和规模进行比较。识别这些数据集之间的关系能更好地解释沉船散布状况，并鼓励采用更全面的方法来预测未记录沉船的考古潜力。

该项目 GIS 文件的输出为国家海洋沉船考古潜力区数据集的开发提供基础。该数据集可与其他海洋数据集一起用于沿海和近海发展的管理。其中可以看到的好处还包括更准确地解释海洋发展活动对历史环境的潜在影响，进而制定更好的缓解规划。

该项目是一个试点项目，重点是提出一种方法，东部英吉利海峡为研究区域。它是基于现有的数字数据，结合长期目标开发的一个国家 GIS 数据集。项目成果表明，有必要发展和改善关键的环境数据集，为协助评估未记录沉船的可能性以及改善海洋空间规划中的遗产管理提供依据。进一步增强的工具不仅能帮助遗产管理者做出决策，该项目提出的概念还能为海洋环境管理者和规划者提供信息。

## 三、潜在沉船的特征（AMAP2）

2009 年至 2011 年，SeaZone 与南安普敦大学合作通过将 AMAP1 期间采用的方法与海洋环境数据建模相结合生成了一个特征映射，在全国范围内对环境特征进行审慎地评估（Merritt，2011；Carrizales，2010）。

该项目的目的是通过提高对历史沉船及其环境之间关系的认识、完善用于海洋空间规划的基线数据、对影响沉船生存的环境变量进行表征，达到改善海洋历史环境管理的目的。

研究人员综合沉船的物理特性及其所处的环境,分析了英国海域内具有共同特征的沉船分布情况。这项研究的成果不仅提高了遗产管理者对这两个概念之间关系的理解,而且还对沉船遗址的分布有了更深入的了解,例如沉船的年代偏差、物理特征与环境参数之间的关系。该项目证明了研发出的空间工具在现有的沉船数据库中可以揭示尚未开发的价值,包括英国水文局的记录,显示了在地方尺度与在国家尺度上具有共有特征的沉船分布模式的相关性。AMAP2 帮助确定了研究的新领域和获取更多数据的需求,通过更好地理解海洋环境变量对特定类型沉船的潜在影响,强调利用研究结果改进遗产管理决策的范围。

## 四、海底沉船项目

从 2002 年到 2006 年,海底沉船项目(Wrecks on the Seabed)共运作了两轮。这个项目测试了评估和评价沉船遗址的方法,以帮助了解海洋骨料疏浚对沉船的影响(Wessex Archeology,2007)。

威塞克斯考古学会(Wessex Archaeology)使用水文测量、遥感和潜水勘测等多种方法共调查了 20 艘沉船。该项目的总目标是为行业、监管机构和承包商提供有关沉船遗址的考古评估、评价和记录的指导。考虑到海洋调查的时间和成本,这样的指导准则很重要,它通过明确不同调查层级的调查范围和细节,为各个层级的调查提出规范,促进行业、监管机构和承包商之间的有效沟通。

项目的第一轮始于 2002 年 7 月,利用地球物理和基于潜水技术手段进行三个层级的调查:野外评估、非侵入式评估和快速原址记录。调查方法是以英国汉普郡和萨塞克斯郡沿岸的已知(但通常未被确认)的沉船遗址为样本开发的。遗址包括金属和木质外壳的沉船、飞行器。研究人员使用侧扫声呐和磁力仪测量调查了 17 处遗址。次年,对 7 处遗址用磁力仪、海底地层剖面仪和多波束回声测深仪进行了详细的测量。潜水调查包括对 9 处遗址进行评估,采用的方法是由水面供气的潜水员，配备视频、数码相机和水下跟踪装置。次年调查的7处沉船遗址中的4处进行了潜水调查，3处遗址进行了原址记录。

第二轮海底沉船调查始于2005年，包括一个地球物理小组和一个潜水及遥控潜水器(ROV)作业小组。第二轮第一年对深度超过30米的水下遗址的地球物理测量、区域调查方法和临时遗址的地球物理识别进行了考察。同时，该项目的潜水及ROV作业小组解决了潜水项目的基础设施以及ROV调查法在浅水沉船遗址方面的应用。

这些深水地球物理调查和在浅水遗址处进行的ROV作业，为第二轮第一年的深水ROV沉船遗址调查打下了基础。深水ROV调查是根据项目在第一轮期间从骨料产业得到的反馈制定的，其中提出了关于那些经测试的调查方法对深水遗址(达水下60米)的适用性问题，因为骨料产业在未来有可能将其活动扩展到更深的水域。

为了评估第二轮第一年开发的ROV调查方法是否适用于深海环境，该项目使用多波束回声测深仪、侧扫声呐和磁力仪对水深50～60米之间的3处不明沉船遗址进行了调查，作为该项目地球物理小组的一部分。获得的地球物理数据被用作ROV调查的基础数据，并且在第二轮的第二年对3处遗址都进行了ROV调查，旨在实现二级或三级的遗址记录。

海底沉船项目的设计旨在测试和开发评估、评价、记录沉船遗址的方法，为遗产管理者提供可用技术的重要分析。评估多种记录技术和方法在不同海洋环境中一系列沉船上被应用时的优点和局限性，可以为今后出于诸如研究、教育或便捷访问等许多目的需要对这类遗址开展进一步调查时，提供一个综合性的工具来确定适用且有成本效益的方法。

## 五、沉船生态

ALSF的第二轮海底沉船研究(Wessex Archaeology，2007)强调了对海洋考古遗址及相关底栖生态之间的关系有一个更清晰的了解是很有价值的。

开展沉船生态项目的目的是评估从东萨塞克斯郡(East Sussex County)沿海多处沉船遗址收集到的考古数据的潜能,提供有用的生态和生物信息,帮助考古学家、生态学家和海底开发商评估今后整合沉船遗址的考古和生态调查的价值。

项目提出了一种有成本效益且生态合理的方法,根据潜水员的观察和/或静止图像及视频录像,在考古遗址调查时记录沉船的动植物情况,进一步了解沉船遗址与环境的相互作用以及骨料开采对沉船遗址的(潜在累积)影响。此外,基于一前一后同时进行生态和考古遗址调查的效用和潜力,评估了节约骨料产业成本的潜力(Wessex Archeology, 2008)。

从考古学的角度来看,该项目表明此类数据对考古学和生态学都很有用,为更好地了解遗址形成过程及其对沉船遗址管理的影响打开了新视角。它还在考古学家和生态学家之间建立了重要的跨学科联系,为将来更紧密地互动指明了方向。该项目从总体上讲力求提高人们对海洋历史环境更广泛的认识,本案例是对生态重要性认识的直接体现。所有这些目标在于能使广大海洋使用者对沉船遗址环境的价值有更全面的认识,这对于海洋遗产管理者来说至关重要。此外,根据沉船遗址形成的理论和研究,该项目确定了底栖研究的潜力以及遗产管理者可以使用和推广的适当方法。

## 第五节　未来研究和管理行动框架

英格兰遗产委员会已经制定了国家文化遗产保护计划,根据研究(Ransley et al., 2013)和认识(即遗址形成理论和实践)确定优先顺序,目标是建立遗产保护程序,然后予以实施。

该计划旨在制订一项协调一致的国家准则,把英格兰遗产委员会和领域内其他合作伙伴的工作结合起来,保护历史环境,并将全部的专业知识和资源重新整合,运用到直接由英格兰遗产委员会及其支持的其他组织开展的保护活动中去。它的总体目标是为整个行业提供行动准则,而不仅仅是英格兰遗产委员会(English Heritage, 2012a)。

该计划着眼于遗产本身(资产)和对遗产的潜在威胁(问题),需要了解存在哪些资源,影响它们的威胁是什么以及如何应对这些威胁。遗址形成研究是为了了解这些的基础,是计划中许多要素的重要组成部分。

## 第六节　结　论

自2002年以来,英格兰遗产委员会发展了一种基于证据和基于生态系统的方法,以确定该组织在保护和管理根据《沉船保护法》(1973年)指定的英格兰最重要的历史性沉船遗址中的作用。英格兰遗产委员会颁布的《保护规范》为制定透明、一致、全面和客观的保护决策提供了准则(English Heritage, 2008a),受保护沉船遗址风险管理的创新方法有助于在战略上获得先机。《特定遗址的保护声明和管理计划》阐明了如何通过地方和区域利益相关者的共同参与来保护、维护和提高特定遗址的价值及特色的良好愿景。任何委员会主持或资助的项目均应按照MoRPHE的公认准则进行管理(English Heritage, 2006)。

所有这些举措,以及英格兰遗产委员会在英格兰领海沉船遗址上开展的干预性研究和缓解项目,都得益于现有的、进行中的沉船遗址形成研究。虽然英格兰遗产委员会参与其中的时间并不长,依然通过系统的评估和行动推动了历史沉船管理的实践和研究。

# 第十章　墨西哥湾深海二战沉船的声学定位与遗址形成

丹尼尔·沃伦[①]

科技进步为地球海洋中那些人类曾经无法到达的区域开辟了探索之路。数年、数十年或数个世纪以来沉眠海底不受打扰的沉船由此重见天日。这些深海沉船经常被发现位于远离海岸且水深远超传统科学潜水极限(这里指海平面以下60～70米的水域),因此很难被记录和评估。考古学家调查这些遗址的主要挑战是绘制准确的遗址图。考古学家往往会多次调查深海沉船,因此绘制准确的遗址图对于了解遗址分布、评估遗址形成以及为未来的研究提供可用数据至关重要。水深、时间和成本限制、遗址规模和海底地形使传统考古制图方略在深海沉船遗址并不可取,取而代之的是考古学家利用声学定位技术进行调查记录,使其精度达到浅水或陆地遗址调查相同的标准。本章简要讨论了两种类型的声学定位系统,即超短基线(USBL)和长基线(LBL),并探讨了声学定位数据在确定沉船遗址分布和形成中的重要性及应用,以2003年U-166项目、2004年墨西哥湾第二次世界大战深海沉船项目(通常称为"深海沉船项目",Deep Wrecks Project)为例。

① 丹尼尔·沃伦是C&C技术公司的高级海洋考古学家。他于1998年获得东卡罗来纳大学海洋史和航海考古学硕士学位。他的研究聚焦深海沉船位置、文献和分析。他目前担任海洋能源管理局"石油泄漏对栖息于数艘墨西哥湾沉船上生物群影响的比较研究"项目中考古分析部分的联合首席研究员。

# 第一节　声学定位

声学定位是一种成熟可靠的技术，国际海上勘探业已使用多年。这项技术在深海考古中的应用也同样成功。考古学家使用超短基线和长基线两种不同的系统进行深海考古调查。

## 一、超短基线

超短基线(USBL)在海上能源勘探业中被广泛使用。USBL 系统通过测量信标相对于水面舰艇收发器已知位置、方位的距离和方向来进行定位。典型的 USBL 系统包括发送和接收声学信号的传感器、差分全球定位系统(DGPS)和一个用于水下航行器(例如 ROV)的应答信标。传感器包含三个或以上的收发器，设置在不同的平面上，彼此之间的距离已知且固定。收发器间彼此相对接近，因此建立了“超短基线”(C&C，2005)。

为了确定 ROV 水下信标的位置，USBL 收发器将信号从水面船只发送到 ROV 上的应答信标中，并接收从信标传回的应答信号。信标的距离是通过计算发送信号和接收应答之间的时间来确定的。通过计算主传感器内成对收发器信号之间的“时间-相位”(time-phrase)差来确定信标的方位，然后使用 DGPS 计算信标的绝对位置(C&C，2005)。

## 二、长基线

长基线(LBL)系统也称为距离-距离声学测量，它使用海底信标阵列，称为声呐应答器组(计算和遥测应答器组)来对阵列内 ROV 上应答信标的位置进行三角测量(见图 10.1)。LBL 系统的工作原理是通过声学方法测量与放置在海底的声呐应答器组之间的距离。典型的 LBL 设置包括四个或以上的声呐应答器(如为冗余最好是 5 个),一个与水面船只 DGPS 协调的收发器,以及 ROV 上的应答器。LBL 系统可以在没有 DGPS 系统的情况下使用,但是物体的位置是阵列内的相对位置。利用 DGPS 系统,可以为海底物体提供绝对或真实坐标,从而使遗址图更容易集成到现在的地理信息系统中(GIS)(C&C, 2005)。

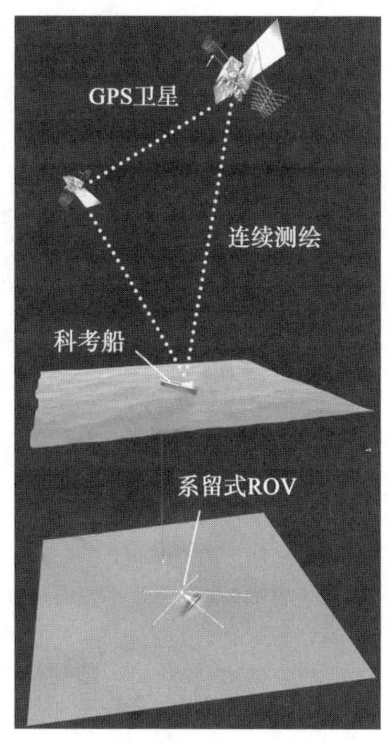


图 10.1 在沉船遗址上设置的长基线定位系统阵列(图由 Andy Hall 提供)

最初,声呐应答器以阵列形式设置在遗址周围,由水面船只确定每个声呐应答器的位置,待阵列设置和校准后,水面上的收发器就会向声呐应答器发送信号,而声呐应答器将应答发送回水面收发器。水面船只的定位软件计算双向距离,以便对声呐应答器的位置进行三角测量并将此信息发送给 ROV 上的信标。ROV 信标随后将信号发送回水面船舶,定位软件可以使用 DGPS 数据计算 ROV 的绝对位置,这样就可以连续测绘 ROV 的实际位置(C&C, 2005)。

## 三、长基线和超短基线系统对比

每种定位系统都有其各自特有的优点和缺点。LBL 系统比 USBL 系统更准确。LBL 系统的精度与水深无关。根据系统频率和阵列大小,定位精度可达 10 厘米或以下。LBL 阵列所需的多个应答器提供冗余保障了定位数据的质量控制，并可以进行大面积的精确定位。LBL 阵列的另一个优点是可以将声呐应答器留在原来位置，从而为该遗址将来的研究创建永久的基准点。LBL 系统的主要缺点是需要多个海底应答器和经过专门培训的人员来校准和监视阵列。声呐应答器组的布设、回收和校准是极为耗时的。LBL 的校准需要花 18～24 小时才能正确完成。此外，每次将阵列放置到新遗址时，都必须对系统进行校准。由于 LBL 系统需要大量的设置时间，因此在没有明显时间限制的情况下，通常用于详细绘制单个沉船遗址的高清细节图（IMCA，2009；Vickery，1998）。

USBL 系统虽然不如 LBL 系统精准，但确实能提供非常准确的定位数据。它的标准精度范围是水深的 0.2%～0.5%。与 LBL 系统不同，USBL 系统是基于舰船的，不使用海底应答器，一旦校准，就不必在遗址之间再重新校准。这在记录多个遗址时或对有时间限制的项目，可以节省布设、回收和校准的停机时间。此外，该系统相对易于使用，只需要一个可以永久或临时安装到船体上的船载收发器。USBL 系统的主要缺点是其精度还取决于其他的船载传感器，例如移动感测器，并且会受水深影响。此外，USBL 系统比 LBL 系统更易受到外部噪声源的干扰。对于深海考古调查，USBL 通常用于多个沉船遗址调查项目或时间紧张无法部署 LBL 系统的项目。将项目的参数及目标与最合适的系统相匹配，以确定项目最适合哪个系统（IMCA，2009；Vickery，1998）。

## 四、静态精度测试

USBL 或 LBL 系统一旦校准后，通常会进行静态精度测试，校准每个调查地点的准确性。静态精度测试涉及在单一场地内收集多个固定点或相对固定点的位置信息，然后计算各个已记录的位置的平均和最大标准偏差。根据这个数据，可以确定系统在给定地点的相对精度。例如，深海沉船项目中，在水深为 1 457 米的 U－166 和 Robert Lee 遗址，对 USBL 系统进行了静态精度测试。ROV 悬停在一个位置同时记录多个测试位置。测试期间记录的64个USBL位置与平均位置的最大偏差为2.48米。经计算,USBL系统的精度为水深的0.17%(Church et al.,2007)。

## 第二节　案例分析

声学定位在墨西哥湾深海沉船遗址记录中表现出了其重要性和必要性,比如2003年德国U-166潜艇调查和2004年深海沉船项目。根据声学数据绘制的遗址图,使考古学家能够详细了解遗址内的文物分布,更好地了解最初的沉没过程和后续的遗址形成过程。考古学家随后使用遗址分布数据,通过上述研究确定了数艘船只的失事事件(请参阅本书第十一章)。

### 一、使用长基线测绘U-166

2001年,在进行墨西哥湾的油气管道地球物理勘测时发现了德国潜艇U-166。2001年最初的遗址真相调查使用了ROV而没有用USBL或LBL定位。这次调查虽然成功收集了证实沉船身份的精彩视频,但也引发了更多有关该遗址的疑问,并且也无法为面积超过8100平方米的遗址绘制精确的遗址图。

2003年10月,在美国国家海洋与大气管理局海洋勘探与研究办公室的资助下,展开了对U-166遗址的调查。该项目的目标是绘制详细的遗址图,以便确定遗址范围、沉船残骸分布方式以及形成遗址的沉船事件。在项目的初始计划阶段就确定了长基线定位系统是绘制整个遗址图的最佳方法。项目团队利用包括多波束和侧扫声呐数据在内的地球物理数据粗略估算出遗址的大小,从而以此估算来确定覆盖遗址的声呐应答器组的阵列数量和大小,以及引导ROV勘测整个遗址所需测线的大致数量(Warren et al., 2004)。

在2003年对U-166遗址为期五天的调查中,项目组首先在遗址周围布设了5个中频声响应答器,构成一个直径为700米的阵列并进行校准(见图10.2)。阵列建立后,绝对定位精度在15～30厘米(Warren et al., 2004)。为了绘制遗址上各单独的组件并将其与文物照片准确地关联起来,使用了垂直安装的数码相机作为导航中心点。LBL系统采集到的每个位置均以此点为参照点。在调查过程中,任何沉船组件或文物均被编号并拍照,然后记录其导航坐标,而拍摄对象位于相机取景器的中央。这样就可以很轻松地进行关联文物描述、拍照和定位数据。在为期一周的考古调查中,ROV在遗址上以4.5米的线间距完成了63条南北走向的线路扫测,记录了307件单体物品或成组文物(见图10.3)。

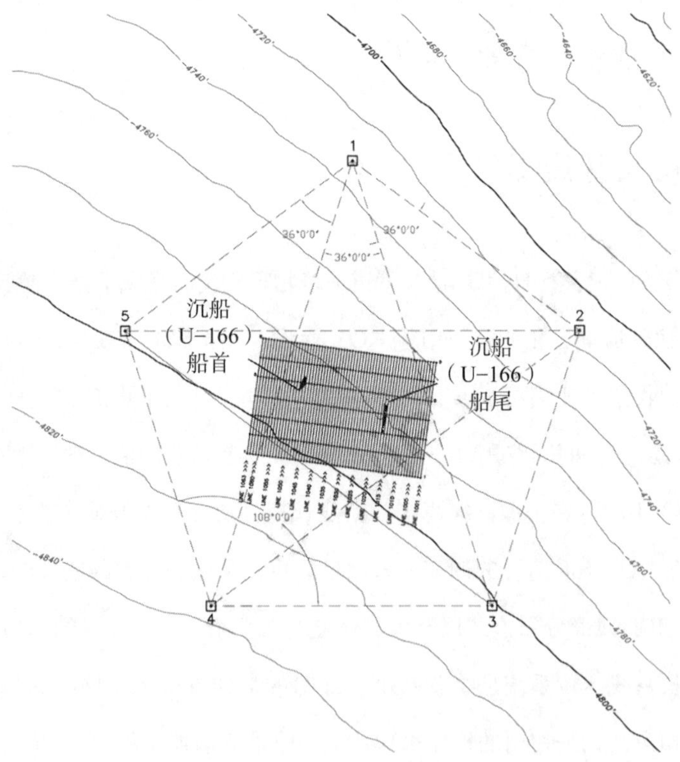


图10.2 2003年考古调查期间U-166遗址周围海底布设的长基线声响应答器阵列

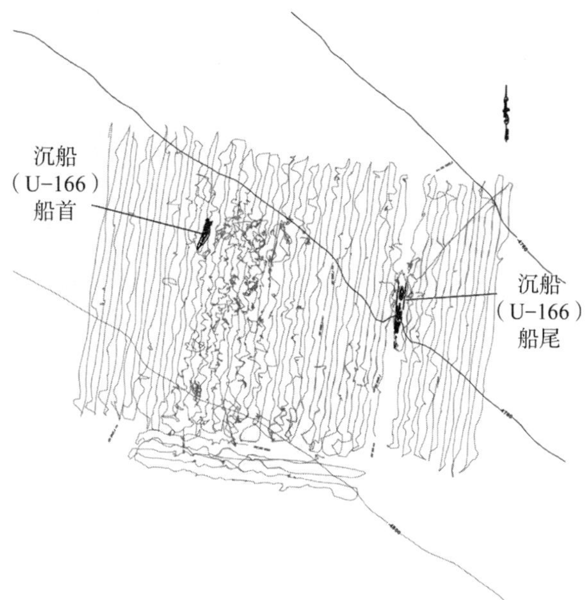


图 10.3　2003 年考古调查中使用长基线定位系统收集位置生成的 U-166 遗址 ROV 调查轨迹线网格图

在调查后分析时，将每件文物的位置都标记在了遗址的数字地图上。这张沉船遗址图显示该遗址由两段单独的船体残骸和一片碎片区组成，散布在约 270 米×300 米的范围内。遗址图还显示，遗址周围的材料散布范围甚广，以至于无法在预定时间内使用其他深海勘测技术（例如利用 ROV 进行图像拼接）来完成遗址图的绘制。

遗址图（见图 10.4）表明，遗址东半部的船尾段附近仅散布着少量材料，而遗址西部与船首残骸有关的材料分布较密集。总体上，人工制品主要分布于遗址的南端并延伸到北部，在断裂的紧邻船首部段周围密度最高。在船首的北面和西面，除了一些边远的残骸碎片外，海底的人工制品相对较少（Warren et al.，2004）。由于该遗址的深度以及联邦政府针对油气开发的缓解措施使其免受人为和自然力（例如洋流和泥沙淤积）的影响，遗址现场零星散布的物品被认为是准确反映了 1942 年 7 月 U-166 失事时残骸的最初分布状态。

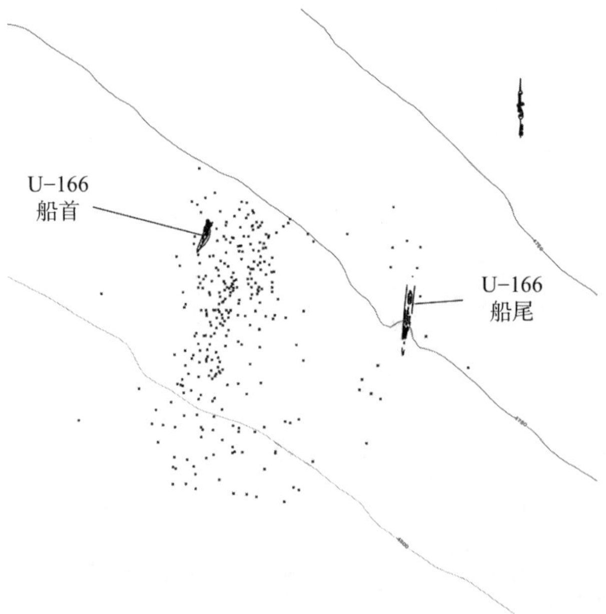


图 10.4　U-166 遗址图(根据 2003 年考古调查期间记录的声学位置标示出文物分布情况)

通过遗址图,考古学家能够重建形成 U-166 遗址的沉船事件。根据 2003 年的调查,很明显在一次深水炸弹袭击中,U-166 被海军巡逻艇 PC-566 直接命中,前鱼雷装载舱口后方的船体破裂进水(详细讨论见本书第十一章)。随着潜艇不断进水,浮力丧失导致其不可逆转地朝海底直线坠落。当 U-166 下沉到其耐压深度以下时,可能开始破裂但并没有爆炸,否则碎片会散布到更广阔的区域。U-166 当时应该更靠近当前遗址南部的海底。根据海底分布推测,在海床上方大约 275～300 米处,船内发生了第二次爆炸,将船首与船尾完全炸断。没有了船首的船尾,继续向北落到海底后,近乎平稳地卧在龙骨上。船首顺着船头方向俯冲,一路拖着散出的碎片,船头最终撞击海底,但在最终沉静下来之前,向前的冲力使船头旋转了大约 180°,就如散落碎片中的小钩子所示。

## 二、使用 USBL 测绘已知遗址分布图

2004 年，由于 U－166 发现引发了人们对墨西哥湾二战沉船的兴趣，因此矿产管理局资助了一项（通常）被称为深海沉船项目，即“墨西哥湾第二次世界大战的考古学和生物学分析：深海中的人工礁效应”（Archaeological and Biological Analysis of World War II in the Gulf of Mexico：Artificial Reef Effect in Deepwater，Church et al.，2007）。该项目调查了墨西哥海湾地区 6 处二战时期的沉船遗址，深度范围从 87～1 964 米。深海沉船项目的目标是研究每处遗址的考古学和生物学特性，评估遗址保存情况，并研究这些沉船残骸作为人工礁的功能（Church et al.，2007）。项目计划对 7 艘沉船进行调查，但恶劣天气使得研究人员对其中的一处遗址无法进行研究。

这次遗址调查是对研究人员的巨大挑战，过去从未同时要调查这么多墨西哥湾的深海沉船。项目要求在 14 天的野外工作期间记录 7 处遗址，所有遗址的深度都超出了可潜水深度。与 U－166 项目一样，沉船深度使得传统测绘技术变得不切实际，因此必须使用声学定位。但是，遗址数量和两周野外的窗口时间也不允许使用 LBL 系统。为了在要求的时间范围内实现项目目标，研究人员使用了 USBL 系统。

与 U－166 一样，ROV 沿着遗址上预先划好的调查网格对它进行声学跟踪。每处遗址的调查网格都是根据地球物理调查或先前的考古调查获得的数据制定的。网格的大小和布局因遗址的现有信息而异。

在 2004 年 7 月和 8 月的两周时间内，项目组使用 USBL 定位对 6 艘船进行了细致的调查和测绘：弗吉尼亚号（Virginia）海平面以下 87 米；光环号（Halo）水下 143.3 米；古尔夫彭号（Gulfpenn）水下 555 米；阿尔科・普里塔号（Alcoa Puritan）水下 1 964 米；罗伯特・李号（Robert Lee）水下 1 481 米；U－166 水下

1457 米。每处遗址均使用静态精度测试计算 USBL 的定位精度。这些测试表明，被调查的 6 处遗址中，USBL 的精度范围在水深的 0.17%～1.24%之间(Church et al.，2007)。精度最低的两处水深最浅，为弗吉尼亚号(1.24%)和光环号(0.80%)。低精确度的原因很可能是由于 USBL 传感器头部发现海洋生物，随后被清理掉了(Church et al，2007)。

除弗吉尼亚号以外，所有的沉船遗址中都发现了广泛的碎片带。研究人员根据 USBL 定位数据绘制了每个碎片区域的详图。对这些分布图的分析揭示了三种不同的遗址分布模式，命名为 A、B 和 C 模式。这些模式后来成为深海遗址形成预测模型以及最新的深水沉船遗址分析方程的基础(参阅本书第十一章)。

研究中调查的所有沉船遗址的碎片分布均呈现为三种模式中的一种或多种组合的模式。分布模式 A 出现于罗伯特·李号和光环号遗址中，碎片围绕中心的船体残骸向周围发散(见图 10.5)。沉船遗址上不均匀地分布着沉船碎片，船体结构附近密度较高，在船体外围散布的碎片较少。造成此类分布的原因是，船

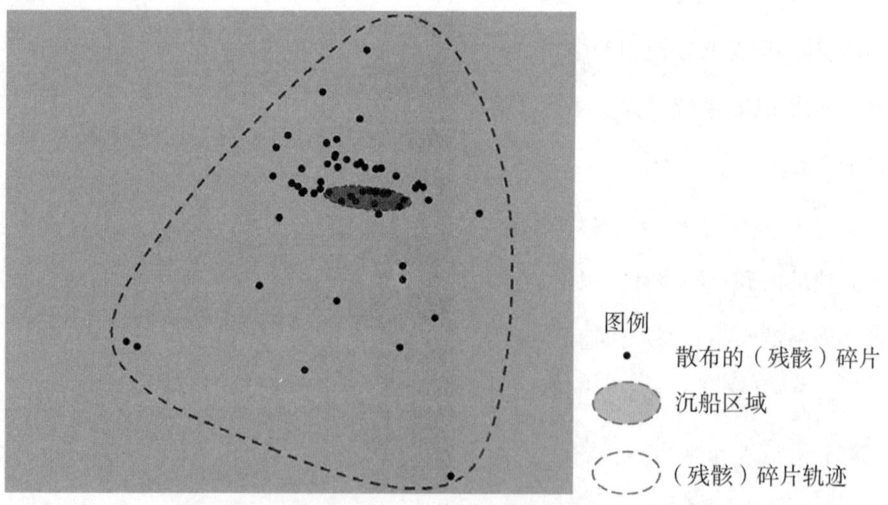


图 10.5　2004 年深海沉船项目声学定位数据的散点图(该图以罗伯特·李号沉船遗址为例，说明了分布模式 A)

只几乎垂直地沉入海底，撞击区周围散布着由撞击产生的材料碎片（Church et al.，2007）。

古尔夫彭号（Gulfpenn）遗址中观察到的分布模式 B，与在浅水中观察到的遗址分布模式相似（见图 10.6）。这种模式是碎片分布顺着沉船残骸拖出一条轨迹，越靠近残骸核心区，碎片的密度越高。在深海遗址中，出现这种模式是由于材料在到达海底之前在水体里面一直水平移动。在这种类型的模式中，遗址的碎片密度与沉没时从船上排出的物料量成正比（Church et al.，2007）。

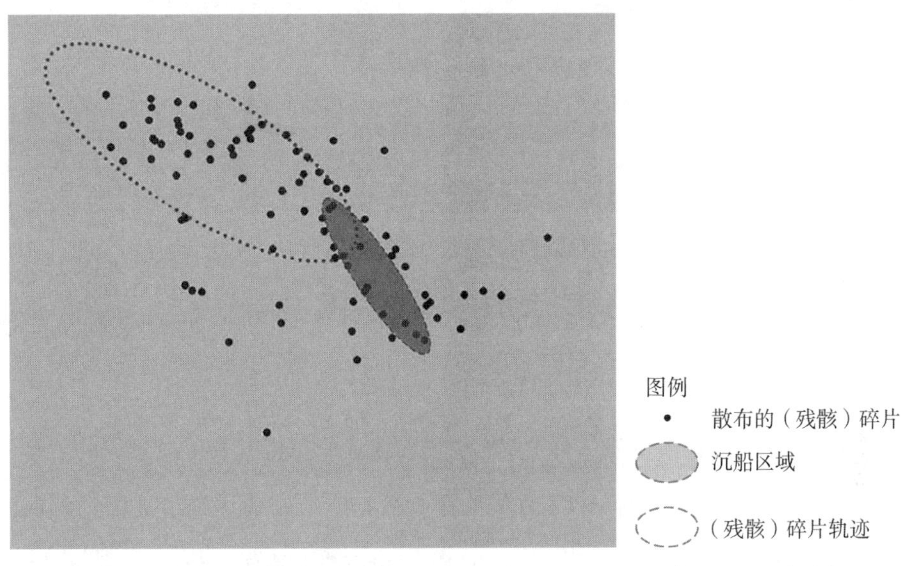


图 10.6　2004 年深海沉船项目声学定位数据的散点图（该图以古尔夫彭号遗址为例，说明了分布模式 B）

在阿尔科・普里塔号的遗址上观察到了分布模式 C，其特点是有单独的碎片散布区（见图 10.7）。离开沉船核心位置外有一个或多个碎片散布区，主要散布区的碎片物与残骸主体直接相关。这些散布区之间的海床上几乎没有与沉船有关的文物。这种分布模式的形成，是出于诸如爆炸之类的原因使物料从水面上的船上被抛出，然后船只漂移或离开这个爆炸点相当长的一段距离，并且在最终沉没前没有再丢失其他船舶部件（Church et al.，2007）。

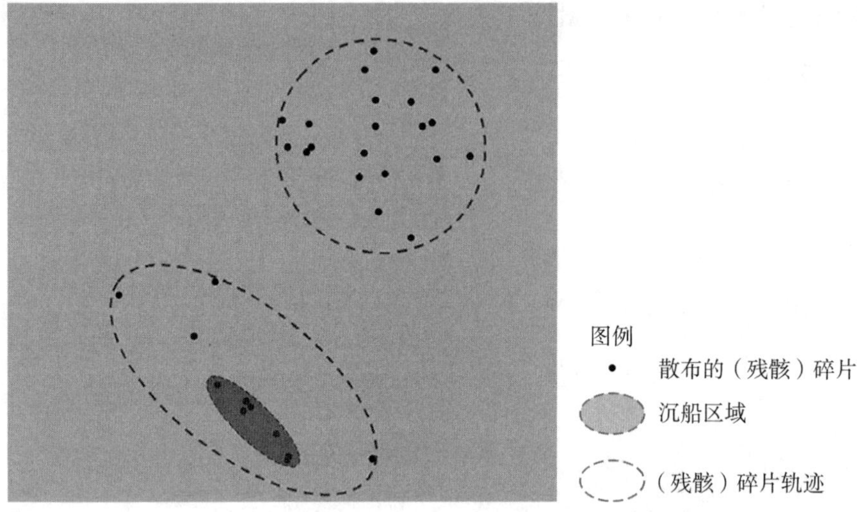


图 10.7　2004 年深海沉船项目声学定位数据的散点图（该图以阿尔科·普里塔号沉船遗址为例，说明了分布模式 C）

## 第三节　结　论

对 U-166 和深海沉船项目中沉船遗址的遗址分布模式及形成过程的了解，是基于对根据声学定位的 ROV 收集的调查数据所绘制的详细遗址图的解释。这些遗址分布的区域如此之广，如果 ROV 上没有搭载声学定位系统，就无法绘制这样高精度的遗址图。

深海考古遗址分析必须使用准确定位的调查数据。如果没有声学定位数据提供的详细位置，就无法观察到深海遗址所固有的关联和模式。深海沉船勘探如果没有利用声学定位，充其量只能获得一些精美的遗址影像，但科学价值有限。

# 第十一章 U－166和罗伯特·李战场：遗址分布方程

罗伯特·A. 丘奇[①]

作为Lophelia II礁石、钻井平台和沉船研究的一部分，遗址分布方程最初被应用于在第二次世界大战中失事的古尔夫号（Gulfoil）沉船遗址，以便对深水遗址的调查结果更深入地了解（Brooks et al.，2012）。该方程式提供了一种方法，该处可以通过检查沉船材料的数学分布，更好地理解深水沉船事件，特别是沉没速度相对较快的钢壳船。这里将“深水”定义为超出科学潜水限制或低于海平面（BSL）60米以上，本章讨论的沉船位于海平面下1 480～1 490米之间。在客货轮罗伯特·李号和德国潜艇U－166的战场遗址上使用这种方法，不仅是为了能找到更多对理解这场战斗至关重要的遗骸，而且还可以帮助追溯当时战斗的全过程（Church，2014）。

通常，当一艘船沉没时，它会在陡直跌落到海底的过程中拖着一条碎片残骸尾迹。沉船是一个剧烈事件，空气迅速从内部隔舱逸出，水涌入填充空隙，一些舱室会在压力下发生内爆。一旦钢壳船没到水面之下，它就会加速下沉，很快达到每秒10～14米的速度（Best et al.，2000；Garzke et al.，2000）。大多数船舶的

① 罗伯特·A. 丘奇是路易斯安那州拉斐特市C＆C技术公司的高级海洋考古学家。他于2001年在东卡罗来纳大学获得海洋史和航海考古学硕士学位。他的工作涵盖了17世纪到20世纪的历史沉船水下考古的许多方面。他的研究聚焦深海考古学，在100～3 000米深度开展了大量的调查。

上部结构在设计上不能承受其穿过水体下沉时所受到的阻力。于是，船的一部分破裂脱落，随着船的下沉留下一道碎片轨迹。船只通常会猛烈撞击海底，冲走大量沉积物并形成一个巨大的撞击坑。船体经常会因撞击而扭曲，甲板塌陷，从而迫使水从内部空间回流，进一步损坏船体。

当船舶如此灾难性地到达海底之后，除了遗址缓慢地生化劣化，深海中的沉船常常几十年甚至几个世纪都不会受到干扰。微生物慢慢吞噬着沉船，使研究人员似乎可以在惊鸿一瞥间窥见在时光中凝固的沉船事件和遗址形成过程。值得注意的是，此类沉船遗址的碎片散落通常具有数学一致性。无论是著名的泰坦尼克号，或是其他在深海中沉没的钢壳船中的任何一艘，其深水沉船遗址的碎片分布都可以用水深和船舶的大小尺寸作为函数进行测量。然而，遗址分布方程不仅仅能测量碎片分布，还可以帮助研究人员了解更多信息。使用基本方程式可以识别沉船事件的整体情况，检验导致沉船事件的行为，例如，由鱼雷和深水炸弹导致的罗伯特·李号和 U－166 的沉没。

## 第一节　罗伯特·李号、U－166 和碎片分布模型的开发

1942 年 7 月 30 日，客货船罗伯特·李号正驶过墨西哥湾，美国海军巡逻艇 PC－566 在其前方半英里(1 英里＝1.609 千米)处护航。16:37(下午 4 时 37 分)，当 U－166 的一枚鱼雷击中罗伯特·李号靠近船尾的右舷时，它们正在 282 度的航向上以 16 节的速度航行。约 3 分钟后，罗伯特·李号开始下沉，而巡逻艇则机动搜寻潜艇。随后 PC－566 的瞭望员发现南面“2 000 码”(1 829 米)处有一个潜望镜正以 4 节的速度移动。当潜艇试图下潜躲避巡逻艇时，巡逻艇快速冲到该地点并于 16:45 投下了一轮深水炸弹。此时，罗伯特·李号早已沉没。在第一波深

水炸弹攻击后的几分钟内，PC－566 再次收到潜艇的声呐信号，于是进行了第二波深水炸弹攻击（USS PC－566，1942；Henderson，1942）。尽管当时并不确定，但第二轮深水炸弹击中了潜艇并将它送入海底。在接下来的 59 年中，货轮和潜艇静卧在近 1 500 米的深海海底，没有受到任何干扰，彼此间距不超过 1 500 米。

2001 年，C&C 技术公司使用 C&C 的 C-Surveyor I 自治式潜水器（AUV）为英国石油公司（BP）和壳牌石油公司进行深海管道勘测。C-Surveyor I 的主要地球物理有效载荷包括 Simrad EM2000——$2\times10^5$ Hz 条带测深系统，双频 EdgeTech 侧扫声呐系统（$1.2\times10^5$ Hz 和 $4.1\times10^5$ Hz）以及 EdgeTech Chirp 浅地层剖面仪，可提供海底表面和地下的声学影像。结果，C&C 的海洋考古学家在该地区发现了一个声呐目标，他们认为可能正是 U－166。5 月 31 日，一个来自 C&C、矿产管理局（MMS）、BP 和壳牌石油公司的研究团队使用 ROV 进行了调查。调查确认了 U－166 号及其最后的受害者罗伯特·李号的身份和位置（Church et al，2002）。在接下来的 10 年中，C&C 对沉船进行了数次追加的地球物理勘测，同时测试了升级的 AUV 声呐和其他传感器。在 MMS（现为海洋能源管理局，BOEM）、NOAA 海洋探索与研究办公室和国家海洋合作计划（NOPP）赞助的多个项目中，C&C 考古学家还主导了 6 次使用 ROV 的可视化遗址调查。

在 2004 年至 2007 年之间，作为墨西哥湾第二次世界大战沉船考古和生物分析项目的一部分（OCS study MMS 2007－015），对 U－166 和罗伯特·李号沉船遗址进行了调查（Church et al.，2007）。该项目最终根据 U－166 和罗伯特·李号的沉船遗址以及其他 4 处深海二战沉船遗址的数据开发出了碎片分布模型，其中的分布公式被认为是建立深海沉船遗址分布预测模型的第一步。尽管它的基础是少量深海沉船的样本，但是随着数据的获得，其他遗址也被添加在其中。该模型提供了一种方法，可以在考虑水深的情况下估算钢壳船下沉时沉船碎片可能扩散的距离。模型旨在估算一个比碎片实际散布稍远的距离，以便在失事地点划出足够的搜索半径或避让区。分布公式是水深加上船体长度的 20%，如下所示

(Church et al., 2009)。

$$0.20w + vl > \text{遗址范围}$$

式中：$w$ 为水深；$vl$ 为船长。

罗伯特·李号船体长 114.3 米，位于海平面下 1 490 米的水深处。根据分布模型，罗伯特·李号的遗址碎片分布半径预估为 412 米，实际测量值为从船体中心向外延伸 320 米。同样，U－166 船体长 76.8 米，遗址碎片分布半径预估为 328 米，实际测量值为 280 米，计算深度为海平面下 1 256 米。尽管 U－166 遗址实际位于海平面下 1457 米的海底，但由于潜艇在开始解体时就被淹没了，因此调整了模型中的下沉深度。尽管从历史记录中无法得知潜艇解体的初始深度，但是 IX-C 型潜艇的极限挤压深度是海平面下 200 米。海平面下 1 256 米，代表 U－166 船体遭受灾难性破坏时下沉的剩余水深。

## 第二节　遗址分布方程

罗伯特·李号和 U－166 遗址是墨西哥湾为数不多的双方都参战的已知深海战场遗址之一。然而，即便有关于这场战斗的历史记载，海底碎片的分布也不足以准确追溯海面上的战斗过程。货轮和潜艇在海底的方位以及相关的碎片散落区无法提供足够的信息来确定初始攻击的实际位置，而这对于确定事件发生顺序的起点是必不可少的。因此，这个深水战场是应用遗址分布方程方法的理想场所。

鱼雷攻击的大约位置可以通过计算被鱼雷击中船体后，罗伯特·李号在沉没之前可能驶过的距离来确定。计算的第一步是确定货轮的减速率。使用以下公式计算得出：

$$a = (V_f - V_i)/t$$

式中：$a$ 是以米/秒$^2$ 为单位的加速度；$V_f$ 是以米/秒为单位的最终速度；$V_i$ 是以米/秒为单位的初始速度；$t$ 是以秒为单位的时间。

以 0 米/秒的最终速度，8.231 1 米/秒的初始速度以及大约 180 秒的时间来计算，受鱼雷攻击后罗伯特·李号的加速度约为－0.045 73 米/秒$^2$。用计算出的加速度和下式计算罗伯特·李号下沉之前经过的距离($d$)：

$$d = (V_f + V_i)t + (1/2)at^2$$

使用计算出的加速度(－0.045 73 米/秒$^2$)求解方程式，罗伯特·李号在被鱼雷击中后的 180 秒之内，在沉没之前从 8.231 1 米/秒的速度减速至接近 0 米/秒的过程中，其航行距离大约为 741 米。

然而，当鱼雷击中罗伯特·李号时，它的引擎显然没有立即停止。2001 年的 ROV 调查期间发现了它的车钟，显示发动机处于“停止”位置。引擎室执行停止引擎命令需要多长时间不得而知，然而他们的确这样执行了。这一定发生得很快，因为 407 名乘客和机组人员中有 382 人在这艘船沉没之前弃船逃生。如果客货船在引擎停止前继续通电运转 30 秒，那么该船将行驶 267 米，然后在剩余的两分半钟减速过程中行驶 617 米，下沉之前共计行驶了 864 米。但这只是推测，可以肯定地说，这艘货船在被袭击后行驶了超过 741 米的距离，可能接近 864 米。尽管如此，这为寻找鱼雷攻击的证据提供了方向和大致距离。

散落在罗伯特·李号遗址上的人工制品并不具有典型的沉船碎片痕迹特征，而是一个扇形碎片区域，因此很难估计货船离开水面的位置。货船沉没时，深水炸弹爆炸产生的冲击波可能是非典型碎片形态的原因。货船的船尾或船首并没有碎片的痕迹。罗伯特·李号伏在海床上船头朝东。碎片区向西南偏南扩展到最远，而东南方向有一件单独的文物。选择碎片区最远边缘附近的位置作为下列计算的起点。从该点向后，与沉船相距 741 米和 864 米处划两条弧线，其方向与攻击时货船的 282°航向相反。货船在受到攻击后并不总是沿直线移动，因此设置了一个锥形搜索区域，以容许攻击后的沉船航向可能出现的偏差。这里粗略地估计了鱼雷击中时罗伯特·李号的可能位置。将这一估计位置与 2001 年的声呐数据进行比较，在该区域附近发现了两个声呐接触点(见图 11.1)。

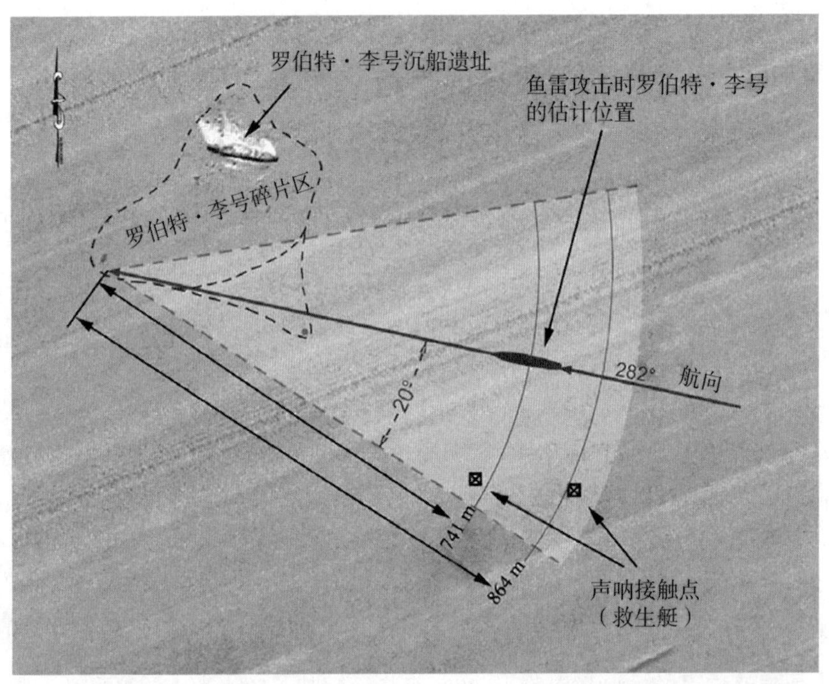


图 11.1 鱼雷攻击时罗伯特·李号的估计位置以及相对于沉船残骸和两艘货船救生艇的位置

注：背景图像是 2001 年 C-Surveyor I AUV 收集的 $1.2\times10^5$ Hz 声呐马赛克图像(数据由 C&C 技术公司、英国石油公司和壳牌石油公司提供)。

这两个声呐接触点距离沉船中心分别为 663 米和 783 米，距离碎片区的西南偏南边缘分别为 717 米和 874 米，位于罗伯特·李号规划路径以南的 314 米和 192 米处。这些声呐接触在搜索锥的南部，2003 年采用 ROV 调查时，确定其为沉没货轮的两艘救生艇(Warren et al.，2004)。当时它们被认为是独立的物品，在沉没之前已经从沉船中脱离。根据估算，它们的出现表明其位置很有可能是当时的鱼雷攻击区域。然而，如果这是正确的位置，应该会有更大的碎片区。2001 年的调查使用的是 1.2×$10^5$ Hz 侧扫声呐，有可能只是检测到了较大的接触点，例如检测到的救生艇，该区域可能存在更大的碎片区，但在 2001 年的地球物理调查中未被发现。

2009 年，C&C 使用了更先进的 2.3×$10^5$ Hz 动态聚焦侧扫声呐对罗伯特·李号和 U-166 遗址进行了一次 AUV 调查，该声呐在整个 225 米范围内具有亚米级分辨率(sub-meter resolution)。尽管最初收集数据是为了进行系统测试和校准，但经考古学家评估，此次声呐数据提供的图像有力地支持了之前估算的攻击位置。除两艘救生艇外，2009 年的数据还显示该位置周围散布着大量碎片(见图 11.2)，强大证据证明这正是鱼雷击中货船时罗伯特·李号当时的位置。2013 年 9 月，C&C 再次对碎片区域进行了 AUV 地球物理、3D 激光和摄影调查，进一步确认了这些发现。然后调整鱼雷攻击时罗伯特·李号的估算位置，使其与此碎片区的位置关联起来。

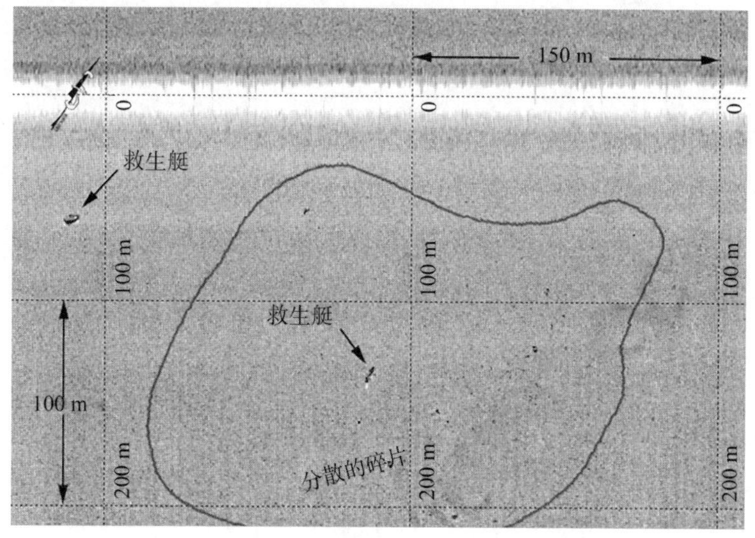


图 11.2　救生艇位置附近的碎片散布区域

注：该图为 2.3×$10^5$ Hz 侧扫声呐数据，数据由 C&C 技术公司提供。

确定了潜在的攻击地点后，战斗的剩余部分可以按时间顺序来推测。PC－566从罗伯特·李号前方半英里的位置冲向潜艇，巡逻艇的瞭望员在1 829米处发现了它的潜望镜。根据此信息，估计这艘潜艇大概从船尾方向靠近罗伯特·李号右舷约1 000米处，这使鱼雷攻击时U－166位于货船的东北偏东方向。PC－566在几分钟内到达该位置，并在潜艇试图下潜时投下了第一波深水炸弹。15分钟后，PC－566又获得了与潜艇的声呐接触，报告它在第一次深水炸弹袭击区域附近，随后PC－566投放了第二波深水炸弹攻击，潜艇被击中并沉入海底，如前文描述的那样(见图11.3)(USS PC－566，1942；Henderson，1942)。PC－566报告说，当首次发现潜望镜时，它正向南或东南方向朝正在沉没的罗伯特·李号移动。U－166的主船体残骸目前位于北向8°的海底，远离尾部拖出一条碎片痕迹。这

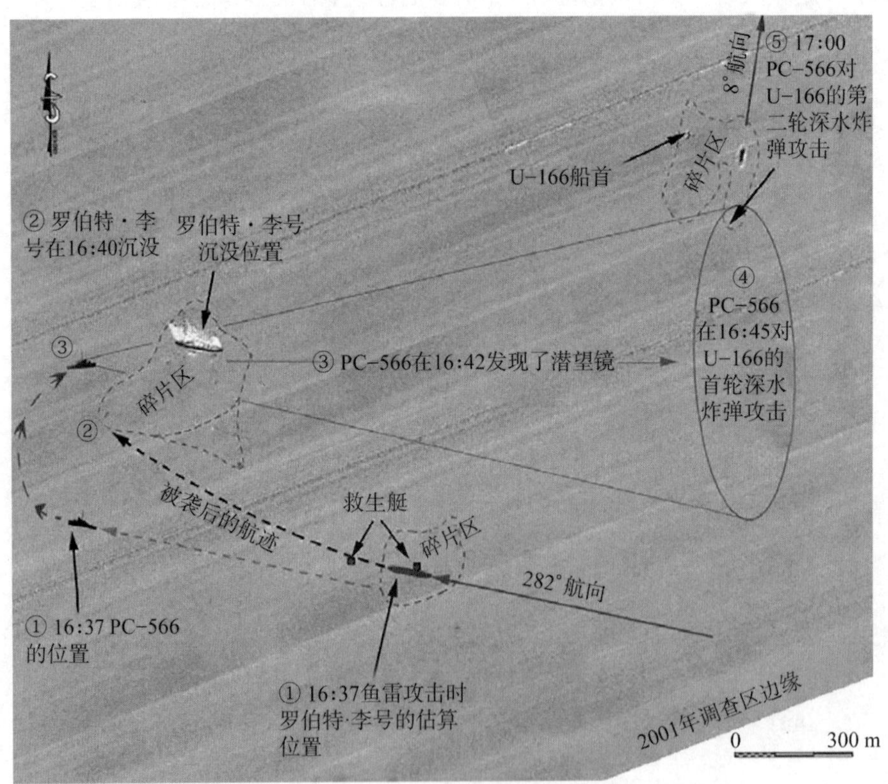


图11.3 战场过程图(显示了每艘船舶在整个战斗中的位置)

艘潜艇可能在第一波深水炸弹攻击之后就改变航向，试图驶离战斗地点，但在PC－566的第二波攻击到来前并没有走多远。从U－166的残骸地点到PC－566报告发现潜望镜时估计位置的范围相同，都是“2 000码”。有可能第一波深水炸弹攻击就对潜艇造成了致命破坏使它几乎处于瘫痪状态，而随后建立的声呐接触是在这艘正在沉没潜艇的船体上，即便当时U－166仍保有动力，那么第二波攻击也肯定彻底摧毁了它。

## 第三节　结　论

以罗伯特·李号和U－166为例，遗址分布方程被证明对了解两艘舰船的战斗和沉没事件都极为有用。不过，更精确地预测遗址分布的能力，也应该有助于调查其他沉船遗址，灾难性事件导致船舶的失事沉没不仅与战争有关，还与碰撞、爆炸或其他类型的海上事故相关。使用相同的方法，如果已知导致沉船失事事件的位置，研究人员可以向前推演沉船残骸的位置；或者如果已知沉船的位置，研究人员可以向后推算该遗址其他元素的位置。无论哪种情况，找到遗址所有主要组成部分，同时能够追溯导致最初遗址形成的事件序列，是讲述每个沉船失事事件完整故事的关键。

# 第十二章　结语

马修·E.基思

## 第一节　遗址形成在沉船考古中的作用

正如本书所讨论的那样，遗址形成过程是可知的，遵循探究这些过程的调查思路，可以更好地了解水下沉船遗址。本书的研究表明，遗址形成研究可以提供有关整个遗址（见第一、二、三、七、九章）或特定文物（见第四、五章）出处的重要线索。遗址形成研究可以为遗址保护人员提供有关遗址条件的宝贵信息（见第四、五章），也是应用考古学的重要组成部分。加深对海洋环境的了解，对于指导寻找沉船遗址至关重要（见第一、二、九章），并最终可以为遗产管理者提供有效的知识，更好地管理他们治下的资源（见第六、七、九、十一章）。

### 一、背景的重要性

考古学的指导原则之一就是背景，通过绘制遗址分布图和出处记录背景，从而全面了解遗址机制。没有理由认为海洋环境的遗址就与陆地环境的遗址不相关。通过了解特定遗址的机制和形成过程，我们可以更好地解释沉船遗址。文物和遗址组分的出处和分布提供了有关沉船经过（见第十、十一章）和导致船舶失事的事件(见第八、十一章)的重要信息。为此,我们举例说明了如何利用遗址形成更好地理解遗址的背景(见第四、五章),并为遗址机制(matrix)的解释提供信息。迄今为止的研究工作已经非常出色,其中遗址形成过程是研究的主要内容,包括但不限于美国国家公园管理局在亨利号(Hunley)(Murphy, 1998)、胡萨通尼克号(Housatonic)(Conlin, 2005)和亚利桑那号(Arizona)(Lenihan, 1990),以及加拿大公园管理局在雷德贝湾沉船等遗址上进行的工作(Bernier, 2007)。

尽管有许多案例,但这些详细的研究在沉船考古中并未得到充分利用。造成这种情况的主要原因之一是成本,二是进行此类详细研究需要具备特定专业知识的人员,三是整个航海考古领域对遗址形成的重要性缺乏认识。本书旨在帮助加强对其重要性的认识,也对其他的问题提供了解决方案。

## 二、多学科方法

已经有研究指出(Murphy, 1998; Conlin and Russell, 2009),与其他领域合作进行多学科(或跨学科)研究,不仅可以支付昂贵的研究费用,还可以获得通常并不资助考古学的机构的资金资助,同时促进相互研究的推进。例如玛丽·罗斯号的沉积物分析(Murphy, 1998: 387),美国海洋能源管理局根据合同委托开展的珊瑚(*Lophelia*)研究(Church et al., 2007; Brooks et al., 2012),以及本书中关于淹没景观方面工作的讨论(Ford et al.,第一章)。康林和拉塞尔(Conlin and Russell, 2009)对多学科研究和跨学科研究进行了区分。他们认为采用多学科方法是将多个领域的科学家聚集在一起,他们通常会针对各自的研究领域产生独立的报告,提供给考古学家以进行整合(或与考古分开讨论)。而在跨学科研究的情况下,研究团队成员将合作进行研究设计,并在项目进行过程中考虑新问题。真正的跨学科方法确保了从研究设计的开发到研究结果的分析的各个阶段的合作,并且能对考古遗址提供更广泛、更恰当的评估。

## 三、展望未来

陆地考古学家为了提高其所需要领域的研究水平并且确保其在竞争领域的活力，已经开始从事专门研究。海洋考古专业的学生可以利用所在学院的物理科学课来提升专业自我性，扩展领域和增强学识，哪怕学习的只是皮毛，也可以帮助开阔其他领域的知识，这是在开发研究设计、与其他领域的研究人员进行协作、监督项目以及评审成果时所必需的。

希望未来的学术研究继续拓展遗址形成研究项目，并将其纳入海洋考古领域。遗址形成的完整理论的发展（如 Gibbins，1990；Stewart，1999；O'Shea，2002；Martin，2011）是一个重要的开端。但是，也必须承认这类工作明显的局限性。本书着重介绍一些关于遗址形成的具体内容，分别由专门研究这些领域的考古学家和科学家来完成。然而，迄今为止的遗址形成研究通常集中在一个或两个方面，并没有涉及影响遗址形成过程的全部变量。必须承认，要把遗址形成研究变成一项涵盖所有学科的研究不切实际，也许那些知名度高、资金充足的长期项目尚有可能。更可行的方法是，首席研究人员需要基于沉船遗址独特的环境和沉船变量，确定那些对理解遗址能提供最大价值的研究领域，以便最大限度地从这些研究中获得信息。

尽管人们近年来对遗址形成研究越来越重视，一些学者也作出了杰出贡献，但是我们对这些过程与考古学之间关系的了解仍处于起步阶段。未来研究有很多潜在的领域，包括浅水和中等水深环境中木质沉船的埋葬和保存过程；根据考古特征优先建立固着群落（sessile community）；考古遗址对优势流和/或波浪状态的影响；金属船身的沉船的腐蚀速率和长期稳定性；进一步了解沉船遗址的人为影响，等等。还应注意的是，随着深水考古发现的增加，以及技术发展使我们能够在越来越深的水域中开展工作，我们对深水环境及其对沉船遗址影响认识的局限性更明显。影响深水环境中沉船的生物学、化学、海洋学和地质等过程，是正在迅速扩展的研究领域。

## 第二节 结 论

本书的目的是介绍影响沉船遗址的主要变量，并提供针对每个具体调查领域的研究示例。虽然本书所涉及专题的结构安排并非独一无二（Muckelroy，1978；Stewart，1999），但通常这些研究都发表在专门针对不同研究人员的专业领域的不同著作和期刊上，将这些概念集中在一起，可以更好地了解这些课题的广度和范围。

可以预见，随着遗产管理的兴起，再加上原址保存成为一种可行的管理工具，这些将继续促进海洋考古领域对遗址形成研究的日益重视。那些纯粹从事学术研究的学者也可以继续整合、扩展遗址形成研究。为了理解遗址级别的形成过程而进一步开发和完善研究方法，将有助于考古学家解释遗址的背景信息，从而对船舶及其船员进行更准确的文化分析。遗址形成研究甚至有助于推动大规模区域分析（Murphy，1997：388），而不再局限于对单个遗址的认识。在整个海洋考古学领域中，遗址形成研究的不断扩大和发展，教育机构内部对遗址形成的不断重视，以及学界对跨学科研究的关注，都可以帮助我们加深对水下沉船遗址的了解，从而增进我们对人类过往岁月的认知并保护这些不可再生的资源。

# 参考文献

## 引言


Bascom，Willard

1976　*Deep Water，Ancient Ships：The Treasure Vault of the Mediterranean*. David and Charles，Newton Abbot.

Bass，George F.

1980　Marine Archaeology：A Misunderstood Science. *Ocean Yearbook* 2：137－152.

Björdal，Charlotte，and David Gregory

2012　*Wreck Protect：Decay and Protection of Archaeological Wooden Shipwrecks*. Archaeopress，Oxford.

Clausen，Carl J.，and J. Barto Arnold Ⅲ

1976　The Magnetometer and Underwater Archaeology：Magnetic Delineation of Individual Shipwreck Sites，a New Control Technique. *International Journal of Nautical Archaeology* 5(2)：159－169.

Dumas，Frederic

1962　*Deep-Water Archaeology*. Translated by Honor Frost. Routledge and Kegan Paul，London.

1972　Ancient Wrecks. In *Underwater Archaeology：A Nascent Discipline*， pp. 27 – 34. UNESCO, Paris.

Ferrari, Ben J.

1994 *Physical, Biological and Cultural Factors Influencing the Formation, Stabilisation and Protection of Archaeological Deposits in UK Coastal Waters*. Ph. D. dissertation, University of St. Andrews.

Florian, Mary-Lou E.

1987 The Underwater Environment. In *Conservation of Marine Archaeological Objects*, edited by C. Pearson, pp. 1 – 20. Butterworths, London.

Foecke, Tim, Li Ma, Matthew A. Russell, David L. Conlin, and Larry E. Murphy

2009 Investigating Archaeological Site Formation Processes on the Battleship USS *Arizona* Using Finite Element Analysis. *Journal of Archaeological Science* 37(5): 1090 – 1101.

Frost, Honor

1962 Submarine Archaeology and Mediterranean Wreck Formations. *Mariner's Mirror* 48: 82 – 89.

Gibbins, David

1990 Analytical Approaches in Maritime Archaeology: A Mediterranean Perspective. *Antiquity* 64: 376 – 89.

Gregory, David J.

1996 *Formation Processes in Underwater Archaeology: A Study of Chemical and Biological Deterioration*. Ph. D. dissertation, University of Leicester.

2007 Environmental Monitoring. Reburial and Analyses of Archaeological Remains: Studies on the Effects of Reburial on Archaeological Materials Performed in Marstrand, Sweden 2002 – 2005. In *The RAAR*

*Project*, edited by T. Bergstrand and I. N. Godfrey, pp. 59 - 90. Bohusläns Museum, Uddevalla.

Guthrie, Jodi N., Linda L. Blackall, David J. W. Moriarty, and Peter Gesner

1994 Wrecks and Marine Microbiology Case Study from the *Pandora*. *Bulletin of the Australian Institute of Maritime Archaeology* 18(2): 19 - 24.

Kenchington, T. J., J. A. Carter, and E. L. Rice

1989 The Indispensability of Non-Artifactual Data in Underwater Archaeology. In *Underwater Archaeology Proceedings from the Society for Historical Archaeology Conference, Baltimore, Maryland*, edited by J. Barton Arnold Ⅲ, pp. 111 - 120. Society for Historical Archaeology, Pleasant Hill, California.

Kenchington, T. J., and E. L. R. Kenchington

1993 An Eighteenth Century Commercial Length-Frequency Sample of Atlantic Cod, *Gadus morphua*, Based on Archaeological Data. *Fisheries Research* 18: 335 - 347.

Lenihan, Daniel J., Toni L. Carrell, Stephen Fosberg, Larry E. Murphy, Sandra L. Rayl, and John A. Ware (editors)

1981 *The Final Report of the National Reservoir Inundation Study*. Volumes Ⅰ-Ⅱ. National Park Service, Southwest Cultural Resources Center, Santa Fe.

Lenihan, Daniel J., and Larry Murphy

1981 Considerations for Research Designs in Shipwreck Archaeology. In *Underwater Archaeology: The Challenge Before Us. The Proceedings of the Twelfth Conference on Underwater Archaeology, New Orleans*,

*Louisiana*, edited by Gordon P. Watts, pp. 69 – 75. Fathom Eight Special Publication No. 2, San Marino, California.

MacLeod, Ian D., and J. S. Killingley

1982 The Use of Barnacles to Establish Past Temperatures on Historic Shipwrecks. *International Journal of Nautical Archaeology* 11(3): 249 – 252.

Martin, Colin

2011 Wreck-Site Formation Processes. In *Oxford Handbook of Maritime Archaeology*, edited by Alexis Catsambis, Ben Ford, and Donny Hamilton, pp. 47 – 67. Oxford University Press, New York.

Mathewson, C. C. (editor)

1989 *Interdisciplinary Workshop on the Physical-Chemical-Biological Processes Affecting Archaeological Sites*. Environmental Impact Research Program Contract Report EL – 89 – 1. U. S. Army Corps of Engineers, Waterways Experimental Station, Vicksburg, Mississippi.

Muckelroy, Keith

1977 Historic Wreck Sites in Britain and Their Environments. *International Journal of Nautical Archaeology* 6(1): 47 – 57.

1978 *Maritime Archaeology*. Cambridge University Press, Cambridge.

Murphy, Larry

1983 Shipwrecks as Database for Human Behavioural Studies. In *Shipwreck Anthropology*, edited by R. A. Gould, pp. 65 – 89. School of American Research Advanced Series, Santa Fe, New Mexico.

1997 Site Formation Processes. In *Encyclopedia of Underwater and Maritime Archaeology*, edited by James P. Delgado, pp. 386 – 388. Yale

University Press, New Haven.

Nesteroff, W. D.

1972 Geological Aspects of Marine Sites. In *Underwater Archaeology: A Nascent Discipline*, pp. 175–184. UNESCO, Paris.

Oxley, Ian

1992 The Investigation of the Factors Which Affect the Preservation of Underwater Archaeological Sites. In *Underwater Archaeology Proceedings from the Society for Historical Archaeology Conference, Kingston, Jamaica*, edited by D. H. Keith and T. L. Carrell, pp. 105–110. Society for Historical Archaeology, Tucson, Arizona.

2001 Towards the Integrated Management of Scotland's Cultural Heritage, Examining Historic Shipwrecks as Marine Environmental Resources. *World Archaeology* 32(3): 413–426.

Parker, A. J.

1981 Stratification and Contamination in Ancient Mediterranean Shipwrecks. *International Journal of Nautical Archaeology* 10(4): 309–335.

Richards, Vicki, David Gregory, Ian MacLeod, and Henning Matthiesen

2012 Reburial and Analyses of Archaeological Remains in the Marine Environment: Investigations into the Effects on Metals. In *Conservation and Management of Archaeological Sites. Special Issue: Preserving Archaeological Remains in Situ*, edited by David Gregory and Henning Matthiesen, pp. 35–47. Maney Publishing.

Richards, Vicki, and Jennifer McKinnon (editors)

2009 *In Situ Conservation of Cultural Heritage: Public, Professionals and Preservation*. Flinders University Program in Maritime Archaeology,

Past Foundation, Columbus, Ohio.

Schiffer, Michael B.

1987 *Formation Processes of the Archaeological Record*. University of New Mexico Press, Albuquerque.

Schiffer, Michael B., and W. L. Rathje

1973 Efficient Exploitation of the Archaeological Record: Penetrating Problems. In *Research and Theory in Current Archaeology*, edited by C. L. Redman, pp. 169 - 179. John Wiley and Sons, London.

Stewart, David

1999 Formation Processes Affecting Submerged Archaeological Sites: An Overview. *Geoarchaeology: An International Journal* 14(6): 565 - 587.

Throckmorton, Peter

1965 Wrecks at Methone. *Mariners Mirror* 51(4): 305 - 319.

Tylecote, R. F.

1977 Durable Materials for Seawater: The Archaeological Evidence. *International Journal of Nautical Archaeology* 6(4): 269 - 283.

Waddell, Peter

1994 Long Range Shipwreck Timber Storage. *Bulletin Australian Institute for Maritime Archaeology* 18(1): 1 - 4.

Ward, I. A. K., P. Larcombe, and P. Veth

1998 Towards a New Process-Orientated Model for Describing Wreck Disintegration: An Example Using the *Pandora* Wreck. *Bulletin of the Australian Institute for Maritime Archaeology* 22: 109 - 114.

Wildesen, L. E.

1982　The Study of Impacts on Archaeological Sites. In *Advances in Archaeological Method and Theory*，Vol. 5，edited by Michael B. Schiffer，pp. 51 - 96. Academic Press，New York.

## 第一章

Adams，Jonathan，and Jennifer Black

2004　From Rescue to Research：Medieval Ship Finds in St Peter Port，Guernsey. *International Journal of Nautical Archaeology* 33(2)：230 - 252.

Bernier，Marc-Andre

2007　Site Formation Process and Break-Up of the 24M Vessel. In *The Underwater Archaeology of Red Bay：Basque Shipbuilding and Whaling in the 16th Century*，Vol. 4，edited by Robert Grenier，Marc-Andre Bernier，and Willis Stevens，pp. 215 - 290. Parks Canada，Ottawa.

Binford，Lewis

1978　*Nunamiut Ethnoarchaeology*. Academic Press，New York.

Broadwater，John

1980　The Yorktown Shipwreck Archaeological Project：Results from the 1978 Survey. *International Journal of Nautical Archaeology and Underwater Exploration* 9(3)：227 - 235.

1998　Yorktown Shipwrecks. In *Encyclopedia of Underwater and Maritime Archaeology*，edited by James Delgado，pp. 471 - 472. Yale University Press，New Haven.

Brown，Heather，and Kevin Crisman

2005　News from the Red River：A Mid-Season Update on the Steamboat

*Heroine*. *INA Quarterly* 32(4): 3-6.

Caston, G. F.

1979 Wreck Marks: Indicators of Net Sand Transport. *Marine Geology* 33: 193-204.

Conlin, David L.

2005 Environmental Context: A Multidisciplinary Approach. In *USS* Housatonic: *Site Assessment*, edited by David L. Conlin, pp. 129-170. National Park Service, Submerged Resources Center, Naval Historical Center, and South Carolina Institute of Archaeology and Anthropology.

Corbin, Annalies

1998 Shifting Sand and Muddy Water: Historic Cartography and River Migration as Factors in Locating Steamboat Wrecks on the Far Upper Missouri River. *Historical Archaeology* 32(4): 86-94.

Crisman, Kevin

2005 The *Heroine* of the Red River. *INA Quarterly* 32(2): 3-10.

2014 The Western River Steamboat *Heroine*, 1832-1838, Oklahoma, USA: Construction. *International Journal of Nautical Archaeology* 43(1): 128-150.

Crisman, Kevin, and William Lees

2003 Beneath the Red River's Waters: The Oklahoma Steamboat Project, Part 1. *INA Quarterly* 30(2): 3-8.

Crisman, Kevin, William B. Lees, and John Davis

2013 The Western River Steamboat *Heroine*, 1832-1838, Oklahoma, USA: Excavations, Summary of Finds, and History. *International Journal of*

*Nautical Archaeology* 42(2): 365 – 381.

Cronyn, J. M.

1996 *The Elements of Archaeological Conservation*. Routledge, New York.

Damour, Melanie

2002 *Looking for HMS* Fox (*1799*): *A Model for Applying Barrier Island Geomorphology to Shipwreck Survey*. Master's thesis, Florida State University, Tallahassee.

Dumas, Frederic

1962 *Deep-Water Archaeology*. Translated by Honor Frost. Routledge and Kegan Paul, London.

Erlandson, Jon M.

2008 Racing a Rising Tide: Global Warming, Rising Seas, and the Erosion of Human History. *Journal of Island and Coastal Archaeology* 3(2): 167 – 169.

Ford, Ben

2009 *Lake Ontario Maritime Cultural Landscape*. Ph. D. dissertation, Texas A & M University, College Station.

2011 Coastal Archaeology. In *Oxford Handbook of Maritime Archaeology*, edited by Alexis Catsambis, Ben Ford, and Donny Hamilton, pp. 763 – 785. Oxford University Press, New York.

Ford, Ben, Amy Borgens, and Peter Hitchcock

2009 The "Mardi Gras" Shipwreck: Results of a Deep-Water Excavation, Gulf of Mexico, USA. *International Journal of Nautical Archaeology* 39 (1): 76 – 98.

Gregory, David

2004 Degradation of Wooden Shipwrecks: Threats. *MoSS Newsletter*, March 2004. Electronic document, http://moss.nba.fi/download/moss_newsletter7.pdf, accessed September 22,2014.

Halpern, Benjamin, Shaun Walbridge, Kimberly Selkoe, Carrie Kappel, Fiorenze Micheli, Caterina D'Agrosa, John Bruno, Kenneth Casey, Colin Ebert, Helen Fox, Rod Fujita, Dennis Heinemann, Hunter Lenihan, Elizabeth Madin, Matthew Perry, Elizabeth Selig, Mark Spalding, Robert Steneck, and Reg Watson

2008 A Global Map of Human Impact on Marine Ecosystems. *Science* 319: 948-952.

Hayes, Miles, Thomas Moslow, and Dennis Hubbard

1984 *Beach Erosion in South Carolina*. U. S. Department of Commerce, Washington, D.C.

Head, Lesley

2000 *Cultural Landscapes and Environmental Change*. Arnold, London.

Horrell, Christopher

2005 *Plying the Waters of Time: Maritime Archaeology and History on the Florida Gulf Coast*. Ph. D. dissertation, Florida State University, Tallahassee.

Horrell, Christopher, Della Scott-Ireton, Roger Smith, James Levy, and Joe Knetsch

2009 The Flintlock Site (8JA1763): An Unusual Underwater Deposit in the Apalachicola River, Florida. *Journal of Maritime Archaeology* 4: 5-19.

Kelley, Joseph T., Daniel F. Belknap, and Stefan Claesson

2010 Drowned Coastal Deposits with Associated Archaeological Remains from a Sealevel "Slowstand": Northwestern Gulf of Maine, USA. *Geology* 38(8): 695 - 698.

Lees, William, and J. Barto Arnold Ⅲ

2000 Preliminary Assessment of a Wreck in the Red River, Choctaw County, Oklahoma, USA. *International Journal of Nautical Archaeology* 29(1): 120 - 125.

Leino, Minna, Ari Ruuskanen, Juha Flinkman, Jussi Kaasinen, Ulla Klemelä, Riikka Hietala, and Niko Nappu

2011 The Natural Environment of the Shipwreck *Vrouw Maria* (1771) in the Northern Baltic Sea: An Assessment of Her State of Preservation. *International Journal of Nautical Archaeology* 40(1): 133 - 150.

Lenihan, Daniel J, Toni L. Carrell, Stephen Fosberg, Larry Murphy, Sandra L. Rayl, and John A. Ware (editors)

1981 *Final Report of the National Reservoir Inundation Study*. 2 vols. National Park Service, Southwest Cultural Resources Center, Santa Fe.

Martin, Colin

2011 Wreck-Site Formation Processes. In *Oxford Handbook of Maritime Archaeology*, edited by Alexis Catsambis, Ben Ford, and Donny Hamilton, pp. 47 - 67. Oxford University Press, New York.

Matthiesen, Henning, Eva Salomonsen, and Birgit Sorensen

2004 The Use of Radiography and GIS to Assess the Deterioration of Archeological Iron Objects from Water Logged Environments. *Journal of Archaeological Science* 31: 1451 - 1461.

McNinch, Jesse E., John T. Wells, and Arthur C. Trembanis

2006 Predicting the Fate of Artefacts in Energetic Shallow Marine Environments: An Approach to Site Management. *International Journal of Nautical Archaeology* 35(2): 290 - 309.

Mcphail, Richard I., Michael J. Allen, John Crowther, G. M. Cruise, and John E. Whittaker

2009 Marine Inundation: Effects on Archaeological Features, Materials, Sediments and Soils. *Quaternary International* 214: 44 - 55.

Meide, Chuck, James McClean, and Edward Wiser

2001 *Dog Island Shipwreck Survey* 1999: *Report of Historical and Archaeological Investigations*. Research Reports no. 4. Program in Underwater Archaeology, Florida State University, Tallahassee.

Millet, Bertrand, and Jean-Philippe Goiran

2007 Impacts of Alexandria's Heptastadion on Coastal Hydro-sedimentary Dynamics during the Hellenistic Period: A Numerical Modeling Approach. *International Journal of Nautical Archaeology* 36(1): 167 - 176.

Milne, Gustav, Martine Bates, and Mike Webber

1997 Problems, Potential and Partial Solutions: An Archaeological Study of the Tidal Thames, England. *World Archaeology* 29(1): 130 - 146.

Muckelroy, Keith

1978 *Maritime Archaeology*. Cambridge University Press, Cambridge.

Murphy, Larry E.

1990 *8SL17*: *Natural Site-Formation Process of a Multiple-Component Underwater Site in Florida*. Southwest Cultural Resources Center Professional Papers no. 39. National Park Service, Submerged Cultural

Resources Unit, Santa Fe.

1998 Site Formation Processes. In *Encyclopedia of Underwater and Maritime Archaeology*, edited by James Delgado, pp. 386 - 388. Yale University Press, New Haven.

Murphy, R. Joseph

1976 *Excavation of Revolutionary War Vessel and Ethnohistorical Study of the Area*. Report submitted to the National Science Foundation and New York State Parks and Recreation Commission, Division of Historic Preservation. National Trust

2005 *Shifting Shores: Living with a Changing Coastline*. National Trust for Places of Historic Interest and Natural Beauty, London.

Palma, Paola

2005 Monitoring Shipwreck Sites. *International Journal of Nautical Archaeology* 34(2): 323 - 331.

Quinn, Rory, Jonathan Adams, Justin Dix, and Jonathan Bull

1998 The *Invincible* (1758) Site—an Integrated Geophysical Assessment. *International Journal of Nautical Archaeology* 27(2): 126 - 138.

Quinn, Rory, Wes Forsythe, Colin Breen, Donal Boland, Paul Lane, and Athman Lali Omar

2007 Process-based Models for Port Evolution and Wreck Site Formation at Mombasa, Kenya. *Journal of Archaeological Science* 34: 1149 - 1460.

Rayl, Sandra, George Simmons Jr., and Robert Benoit

1981 Field Studies of Differential Preservation in Freshwater Environments: Brady Creek Reservoir, Texas; Claytor Lake Reservoir, Virginia, and Virginia Polytechnic Institute and State University. In *The Final Report of the National Reservoir Inundation Study*, vol. 2, edited by Daniel Lenihan, pp. 6 - i - 6 - 88. National Park Service, Southwest Cultural Resources Center, Santa Fe.

Russell, Matthew

2004 Beached Shipwrecks from Channel Islands National Park, California. *Journal of Field Archaeology* 29(3 - 4): 369 - 384.

2005 *Beached Shipwreck Archaeology: Case Studies from Channel Islands National Park*. Submerged Resources Center Professional Reports No. 18. National Park Service, Submerged Resources Center, Intermountain Region, Santa Fe.

Schiffer, Michael

1987 *Formation Processes of the Archaeological Record*. University of New Mexico Press, Albuquerque.

Sear, D. A., S. R. Bacon, A. Murdock, G. Doneghan, P. Baggaley, C. Serra, and T. P. LeBas

2011 Cartographic, Geophysical and Diver Surveys of the Medieval Town Site at Dunwich, Suffolk, England. *International Journal of Nautical Archaeology* 40(1): 113 - 132.

Simms, Janet, and Paul Albertson

2000 Multidisciplined Investigation to Locate the *Kentucky* Shipwreck. *Geoarchaeology* 15(5): 441 - 468.

Singley, Katherine

1988 *The Conservation of Archaeological Artifacts from Freshwater Environments*. Lake Michigan Maritime Museum, South Haven, Michigan.

Stright, Melanie J., Eileen M. Lear, and James F. Bennett

1999 *Spatial Data Analysis of Artifacts Redeposited by Coastal Erosion*: *A Case Study of McFaddin Beach, TX*. Minerals Management Service, Herndon, Virginia.

Vinton, R.

1829 *Sketch (a vue) of the Mouth of Black River and Waters Adjacent, Jefferson County, New York*. RG 77 Civil Works Map File D77. National Archives, Washington, D.C.

Walter, Robert, and Dorothy Merritts

2008 Natural Streams and the Legacy of Water-Powered Mills. *Science* 319: 299 - 304.

Ward, Ingrid, Piers Larcombe, Richard Brinkman, and Robert Carter

1999 Sedimentary Processes and the *Pandora* Wreck, Great Barrier Reef, Australia. *Journal of Field Archaeology* 26(1): 41 - 53.

Ware, John, and Sandy Rayl

1981 Laboratory Studies of Differential Preservation in Freshwater Environments. In *The Final Report of the National Reservoir Inundation Study*, vol. 2, edited by Daniel, Lenihan, pp. 3 - i - 3 - 108. National Park Service, Southwest Cultural Resources Center, Santa Fe.

Waters, Michael, R.

1992 *Principles of Geoarchaeology*: *A North American Perspective*. University of Arizona Press, Tucson.

Westley, Kieran, Trevor Bell, M.A.P. Renouf, and Lev Tarasov

2011a Impact Assessment of Current and Future Sea-Level Change on Coastal Archaeological Resources—Illustrated Examples from Northern Newfoundland. *Journal of Island and Coastal Archaeology* 6(3): 351 - 374.

Westley Kieran, Rory Quinn, Wes Forsythe, Ruth Plets, Trevor Bell, Sara Benetti, Fergal McGrath, and Rhonda Robinson

2011b Mapping Submerged Landscapes Using Multibeam Bathymetric Data: A Case Study from the North Coast of Ireland. *International Journal of Nautical Archaeology* 40(1): 99 - 112.

Wilkinson, T.J., and P. Murphy

1986 Archaeological Survey of an Intertidal Zone: The Submerged Landscape of the Essex Coast, England. *Journal of Field Archaeology* 13 (2): 177 - 194.

Will, Richard, and James Clark

1996 Stone Artifact Movement on Impoundment Shorelines: A Case Study from Maine. *American Antiquity* 61(3): 499 - 519.

## 第二章

Allison, Mead A., and M.T. Lee

2004 Sediment Exchange between Amazon Mudbanks and Shore-Fringing Mangroves in French Guiana. *Marine Geology* 208: 169 - 190.

Allison, Mead A., A. Sheremet, M.A. Goñi, and Greg W. Stone

2005 Storm Layer Deposition on the Mississippi-Atchafalaya Subaqueous Delta Generated by Hurricane Lili in 2002. *Continental Shelf Research* 25: 2213 - 2232.

Bascom, Willard

1976 Deep Water, Ancient Ships: The Treasure Vault of the Mediterranean. Doubleday, Garden City, New York.

Camidge, K., C. Johns, P. Rees, M. Canti, M. Hoskin, I. Panter, and

J. Rees

2009 *Royal Anne Galley Marine Environmental Assessment Phase 2 Field Assessment Report*. Report for English Heritage. Historic Environment Projects, Cornwall County Council, Truro. Available from http://www.cornwall.gov.uk/idoc.ashx?docid=c59b2bef-7eec-461e-8a23-ced7c5383490&version=-1.

Capurro, Luis R. A.

1970 *Oceanography for Practicing Engineers*. Barnes and Noble, New York.

Chaney, Ronald C., and K. R. Demars

1985 *Strength Testing of Marine Sediments: Laboratory and In-Situ Measurements*. American Society of Testing and Materials, Baltimore, Maryland.

Church, Robert, Daniel J. Warren, Roy Cullimore, Lori Johnston, Morgan Kilgour, James Moore, Nicole Morris, William Patterson, William Schroeder, and Tom Shirley

2007 *Archaeological and Biological Analysis of World War II Shipwrecks in the Gulf of Mexico: Artificial Reef Effect in Deepwater*. OCS Study MMS 2007-015. U. S. Department of the Interior, Minerals Management Service, New Orleans.

Conlin, David L. (editor)

2005 *USS* Housatonic: *Site Assessment*. Submerged Resources Center Professional Report no. 19. National Park Service, US DOI, Santa Fe, New Mexico.

Conlin, David L., and Matthew A. Russell

2009 Site Formation Processes Once-Removed: Pushing the Boundaries of Interdisciplinary Maritime Archaeology. In *ACUA Underwater*

*Archaeology Proceedings 2009, Toronto, Canada*, edited by Erika Laanela and Jonathan Moore, pp. 83 – 90. Advisory Council on Underwater Archaeology.

Curray, J.

1960 Sediments and History of Holocene Transgression, Continental Shelf, Northwest Gulf of Mexico. In *Recent Sediments, Northwest Gulf of Mexico*, edited by F. Shepard and T. J. Van Andel, pp. 221 – 266. American Petroleum Institute Symposium, American Association of Petroleum Geologists.

Davies, A. G.

1983 Wave Interactions with Rippled Sand Beds. In *Physical Oceanography of Coastal and Shelf Seas*, edited by B. Johns, pp. 1 – 66. Elsevier Science Publishers, New York.

Dix, J. K., D. O. Lambkin, M. D. Thomas, and P. M. Cazenave

2007 *Modeling Exclusion Zones for Marine Aggregate Dredging*. English Heritage Aggregate Levy Sustainability Fund Project 3365 Final Report.

English Heritage

2007 *Stirling Castle: Conservation and Management Plan*. Electronic document, http://www.english-heritage.org.uk/content/imported-docs/p-t/mgmtplan-stirlingcastlevfinal.pdf, accessed April, 2014.

Evans, Amanda M., Matthew E. Keith, Erin E. Voisin, Patrick Hesp, Greg Cook, Mead A. Allison, Graziela da Silva, and Eric Swanson

2013 *Archaeological Analysis of Submerged Sites on the Gulf of Mexico Outer Continental Shelf*. OCS Study BOEM 2013 – 01110. U. S. Department of the Interior, Bureau of Ocean Energy Management, Gulf of Mexico OCS Region, New Orleans.

Folk, Robert L.

1980 *Petrology of Sedimentary Rocks*. Hemphill Publishing, Austin.

Ford, Ben, Amy Borgens, William Bryant, Dawn Marshall, Peter Hitchcock, Cesar Arias, and Donny Hamilton

2008 *Archaeological Excavation of the Mardi Gras Shipwreck* (16*GM*01), *Gulf of Mexico Continental Slope*. Prepared by Texas A&M University for the Minerals Management Service, Gulf of Mexico OCS Region, U.S. Department of the Interior, New Orleans.

Garrison, E.G., C.F. Giammona, F.J. Kelly, A.R. Tripp, and G.A. Wolff

1989 *Historic Shipwrecks and Magnetic Anomalies of the Northern Gulf of Mexico: Reevaluation of Archaeological Resource Management Zone 7—Volume I executive summary*. OCS Study MMS 89-0023. U.S. Department of the Interior, Minerals Management Service, New Orleans.

Gearhart, Robert II, Doug Jones, Amy Borgens, Sara Laurence, Todd DeMunda, and Julie Shipp

2011 *Impacts of Recent Hurricane Activity on Historic Shipwrecks in the Gulf of Mexico Outer Continental Shelf*. OCS Study BOEMRE 2011-003. U.S. Department of the Interior, Minerals Management Service, New Orleans.

Grabowski, Robert C., Ian G. Droppo, and Geraldene Wharton

2011 Erodibility of Cohesive Sediment: The Importance of Sediment Properties. *Earth Science Reviews* 105: 101-120.

Gregory, David

2009 In Situ Preservation of Marine Archaeological Sites: Out of Sight but Not Out of Mind. In *In Situ Conservation of Cultural Heritage: Public, Professionals and Preservation*, edited by Vicki Richards and Jennifer McKinnon, pp. 1 - 16. Flinders University Program in Maritime Archaeology, Past Foundation, Columbus, Ohio.

Gregory, David, and Martijn Manders

2011 *In-situ* Preservation of a Wreck Site. In *Wreck Project: Decay and Protection of Archaeological Wooden Shipwrecks*, edited by Charlotte Gjelstrup Björdal and David Gregory, pp. 107 - 127. Information Press, Oxford.

Ishtiak, Kazi, and Urska Demsar

2013 Improving Seabed Classification from Multi-Beam Echo Sounder (MBES) Backscatter Data with Visual Data Mining. *Journal of Coastal Conservation* 17: 559 - 577.

Jain, Rajesh K., and Umesh C. Kothyari

2010 Influence of Cohesion on Suspended Load Transport of Non-Uniform Sediments. *Journal of Hydraulic Research* 48: 33 - 43.

Jones, Toby

2004 *The Mica Shipwreck: Deepwater Nautical Archaeology in the Gulf of Mexico*. Master's thesis, Department of Anthropology, Texas A & M University, College Station.

Keith, Donald H., and Joe J. Simmons Ⅲ

1988 Analysis of Hull Remains, Ballast, and Artifact Distribution of a 16th-Century Shipwreck, Molasses Reef, British West Indies. *Journal of*

*Field Archaeology* 12：411－424.

Keith，Matthew E.，and Amanda M. Evans

2009　Shipwreck Subsidence：Applying Geotechnical Concepts to Archaeology. In *ACUA Underwater Archaeology Proceedings 2009*，*Toronto*，*Canada*，edited by Erika Laanela and Jonathan Moore，pp. 59 － 70. Advisory Council on Underwater Archaeology.

Lenihan，Daniel J.，and Larry Murphy

1990　Archaeological Record. In *Submerged Cultural Resources Study*：*USS* Arizona *Memorial and Pearl Harbor National Historic Landmark*，edited by Daniel J. Lenihan，pp. 75 － 115. Southwest Cultural Resources Center Professional Papers no.23，Santa Fe.

1998　Research Design. In *H. L. Hunley Site Assessment*，edited by Larry E. Murphy，pp. 15 － 20. National Park Service，Submerged Resources Center，Naval Historical Center，and South Carolina Institute of Archaeology and Anthropology.

Lick，Wilbert，and Joe McNeil

2000　Effects of Sediment Bulk Properties on Erosion Rates. *The Science of the Total Environment* 266(2001)：41－48.

Maritime and Coast Guard Agency（MCA）

2012　*SS* Richard Montgomery *Survey Report 2012*. Electronic document，http://www. dft. gov. uk/mca/mca _ summary _ report _ 2012. pdf，accessed February 15,2014.

Masselink，G.，and M.G. Hughes

2003　*Introduction to Coastal Processes and Geomorphology*. Oxford University Press，New York.

McNinch, J.E., J.T. Wells, and A.C. Trembanis

2006 Predicting the Fate of Artefacts in Energetic, Shallow Marine Environments: An Approach to Site Management. *International Journal of Nautical Archaeology* 35(2): 290 - 309.

Merritt, Olivia

2011 *AMAP2—Characterising the Potential of Wrecks*. SeaZone Ltd., for English Heritage. Bentley: SeaZone Solutions. Available from http://archaeologydataservice.ac.uk/archives/view/amap2_eh_2011/.

Muckelroy, Keith

1978 *Maritime Archaeology*. Cambridge University Press, Cambridge.

Neil, C.F., and M.A. Allison

2005 Subaqueous Deltaic Formation on the Atchafalaya Shelf, Louisiana. *Marine Geology* 214: 411 - 430.

National Ocean Service

2013 *Ocean Facts*. National Oceanic and Atmospheric Administration, United States Department of Commerce. Electronic document, http://oceanservice.noaa.gov/facts/exploration.html, accessed January 13,2013.

Pearson, C. E., S. R. James Jr., M. C. Krivor, S. D. El Darragi, and L. Cunningham

2003 *Refining and Revising the Gulf of Mexico Outer Continental Shelf Region High-Probability Model for Historic Shipwrecks: Final Report*. Volume II: *Technical Narrative*. OCS Study MMS 2003 - 061. U.S. Department of the Interior, Minerals Management Service, New Orleans.

Peters, Shanan E., and Dylan P. Loss

2012　Storm and Fair-Weather Wave Base：A Relevant Distinction? *Geology* 40：511－514.

Quinn，Rory

2006　The Role of Scour in Shipwreck Site Formation Processes and the Preservation of Wreck-Associated Scour Signatures in the Sedimentary Record—Evidence from Seabed and Sub-Surface Data. *Journal of Archaeological Science* 33：1419－1432.

Quinn，Rory，J.M. Bull，and Justin K. Dix

1997　Buried Scour Marks as Indicators of Paleo-Current Direction at the *Mary Rose* Wreck Site. *International Journal of Marine Geology* 140：405－413.

Rego，João Lima，Katherine Cronin，Patrick Hesp，Deepak Vatvani，Amanda Evans，and Matthew Keith

2012　*Hurricane-Induced Bottom Stirring on the Louisiana-Texas Continental Shelf*. Paper presented at the Joint Numerical Seabed Modeling Group，Brest，France.

Shackley，Myra L.

1975　*Archaeological Sediments：A Survey of Analytical Methods*. John Wiley and Sons，New York.

Søreide，Fredrik

2011　*Ships from the Depths：Deepwater Archaeology*. Texas A & M University Press，College Station.

Stewart，David J.

1999　Formation Processes Affecting Submerged Archaeological Sites：An Overview. *Geoarchaeology* 14(6)：565－587.

Texas Department of Transportation (TxDOT)

2008 Soil and Bedrock Information. Electronic document, http://www.dot. state. tx. us/business/contractors _ consultants/bridge/soil _ bedrock. htm, accessed October, 31, 2009.

Trujillo, Alan P., and Harold V. Thurman

2008 *Essentials of Oceanography*. Pearson Prentice Hall, New Jersey. United States Army Corps of Engineers.

2002 *Coastal Engineering Manual Part Ⅲ, Coastal Sediment Processes*. Publication No. EM 1110 – 2 – 1100. Corps of Engineers Internet Publishing Group, Washington, D. C. Electronic document, http://140. 194. 76. 129/publications/eng-manuals/EM _ 1110-2-1100 _ vol/Part Ⅲ/Part Ⅲ. htm, accessed April 2012.

United States Department of the Interior, Minerals Management Service, Gulf of Mexico OCS Region (USDI MMS)

2005 *Notice to Leasees and Operators of Federal Oil and Gas Leases on the Outer Continental Shelf, Gulf of Mexico Region. Revisions to the List of OCS Lease Blocks Requiring Archaeological Resource Surveys and Repots*. NTL No. 2005 – G10. New Orleans.

Wachsmann, Shelley

2011 Deep-Submergence Archaeology. In *Oxford Handbook of Maritime Archaeology*, edited by Alexis Catsambis, Ben Ford, and Donny Hamilton, pp. 763 – 785. Oxford University Press, New York.

Ward, I. A. K., P. Larcombe, and P. Veth

1999a A New Process-Based Model for Wreck Site Formation. *Journal of Archaeological Science* 26: 561 – 570.

Ward, I.A.K., P. Larcombe, R. Brinkman, and R.M. Carter

1999b Sedimentary Processes and the *Pandora* Wreck, Great Barrier Reef, Australia. *Journal of Field Archaeology* 26(1): 41-53.

Waters, Michael R.

1992 *Geoarchaeology: A North American Perspective*. University of Arizona Press, Tucson.

Wessex Archaeology

2003 *Stirling Castle Historic Wreck Site: Archaeological Desk-based Assessment*. Report for English Heritage. Available from http://www. english-heritage. org. uk/content/imported-docs/p-t/stirlingcastlearchaeologicalreport2008.pdf.

Whitehouse, Richard

1998 *Scour at Marine Structures: A Manual for Practical Applications*. Thomas Telford Publications, London.

## 第三章

Arnold, J. Barto, Thomas J. Oertling, and Andrew W. Hall.

1999 The *Denbigh* Project: Initial Observations on a Civil War Blockade-Runner and Its Wreck-Site. *International Journal of Nautical Archaeology* 28: 126-144.

Ballard, R. D., A. M. McCann, D. Yoeger, L. Whitcomb, D. Mindell, J. Oleson, H. Singh, B. Foley, J. Adams, D. Piechota, and C. Giangrande

2000 The Discovery of Ancient History in the Deep Sea Using Advanced Deep Submergence Technology. *Deep Sea Research Part I* 47: 1519-1620.

Ballard, Robert D., Lawrence E. Stager, Daniel Master, Dana Yoerger, David Mindell, Louis L. Whitcomb, Hanumant Singh, and Dennis Piechota

2002 Iron Age Shipwrecks in Deep Water off Ashkelon, Israel. *American Journal of Archaeology* 106: 151-168.

Caston, G.F.

1979 Wreck Marks: Indicators of Net Sand Transport. *Marine Geology* 33: 193-204.

Carreiras, J., J. Antunes do Carmo, and F. Seabra-Santos

2003 Settlement of Vertical Piles Exposed to Waves. *Coastal Engineering* 47: 355-365.

Dix, J.K., D.O. Lambkin, M.D. Thomas, and P.M. Cazenave

2007 *Modelling Exclusion Zones for Marine Aggregate Dredging*. English Heritage Aggregate Levy Sustainability Fund Project 3365 Final Report.

Eckman, James E., and Arthur R.M. Nowell

1984 Boundary Skin Friction and Sediment Transport About an Animal-Tube Mimic. *Sedimentology* 31: 851-862.

Gregory, David

1995 Experiments into the Deterioration Characteristics of Materials on the Duart Point Wreck Site: An Interim Report. *International Journal of Nautical Archaeology* 24: 61-65.

Hatton, K.A., H.D. Smith, and D.L. Foster

2004 The Scour and Burial of Submerged Mines. *Eos Trans American Geophysical Union* 84(52). Ocean Science Meeting Suppl. Abstract OS52B-18.

Hay, Alex E., and Rachel Speller

2005 Naturally Occurring Scourpits in Nearshore Sands. *Journal of Geophysical Research* 110: F02004.

Kumar, A. Vijaya, S. Neelamani, and S. Narasimha Rao

2003 Wave Pressure and Uplift Forces on and Scour Around Submarine Pipeline in Clayey Soil. *Ocean Engineering* 30: 271 - 295.

Lambkin, D.O., J. Dix, and S.R. Turnock

2006 Flow Patterning Associated with Three-dimensional Obstacles: A Proxy for Scour. In *Proceedings of the Third International Conference on Scour and Erosion*, 162 - 170. CURNET, Gouda, Netherlands.

McCann, A.M., and J.P. Oleson

2004 Deep Water Shipwrecks off Skerki Bank: The 1997 Survey. In *Deep-Water Shipwrecks off Skerki Bank: The 1997 Survey*, edited by A. M. McCann and J. P. Oleson. *Journal of Roman Archaeology* Supplementary Series no. 58.

McGettigan, John Joe

2003 Marine Archaeological Investigation of the Historic Shipwreck *Stypie* (Saint Bride). Unpublished thesis, University of Ulster.

McNinch, Jesse E., John T. Wells, and T.G. Drake

2001 The Fate of Artifacts in an Energetic, Shallow-water Environment: Scour and Burial at the Wreck Site of *Queen Anne's Revenge*. *Southeastern Geology* 40: 19 - 27.

McNinch, Jesse E., John T. Wells, and Arthur C. Trembanis

2006 Predicting the Fate of Artefacts in Energetic, Shallow Marine Environments: An Approach to Site Management. *International*

*Journal of Nautical Archaeology* 35(2): 290 - 309.

Muckelroy, Keith

1978 *Maritime Archaeology*. Cambridge University Press, Cambridge.

O'Shea, John M.

2002 The Archaeology of Scattered Wreck-Sites: Formation Processes and Shallow Water Archaeology in Western Lake Huron. *International Journal of Nautical Archaeology* 31: 211 - 227.

Quinn, Rory

2006 The Role of Scour in Shipwreck Site Formation Processes and the Preservation of Wreck-Associated Scour Signatures in the Sedimentary Record: Evidence from Seabed and Sub-Surface Data. *Journal of Archaeological Science* 33: 1419 - 1432.

Quinn, R., J.M. Bull, J.K. Dix, and J.R. Adams

1997 The *Mary Rose* Site: Geophysical Evidence for Palaeo-Scour Marks. *International Journal of Nautical Archaeology* 26: 3 - 16.

Richardson, Peter D.

1968 The Generation of Scour Marks Near Obstacles. *Journal of Sedimentary Petrology* 38: 965 - 970.

Russell, Andrew J.

1993 Obstacle Marks Produced by Flow Around Stranded Ice Blocks during a Glacier Outburst Flood (Jökulhlaup) in West Greenland. *Sedimentology* 40: 1091 - 1111.

Saunders, Robin

2005 *Seabed Scour Emanating from Submerged Three Dimensional Objects: Archaeological Case Studies*. Ph.D. Thesis, University of Southampton.

Sharpe, David R., and John Shaw

1989 Erosion of Bedrock by Subglacial Meltwater, Cantley, Quebec. *Geological Society of America Bulletin* 101: 1011–1020.

Smith, H.D., D.L. Foster, S.I. Voropayev, and H.J.S. Fernando

2004 Modelling the Turbulent Processes Around a 3-D Cylinder. *Eos Trans. American Geophysical Union* 85 (47) Fall Meeting Suppl. Abstract OS21B-1217.

Soulsby, Richard

1997 *Dynamics of Marine Sands*. Thomas Telford, London.

Stewart, David J.

1999 Formation Processes Affecting Submerged Archaeological Sites: An Overview. *Geoarchaeology* 14: 565–587.

Sumer, B.M., N. Christiansen, and J. Fredsoe

1997 The Horseshoe Vortex and Vortex Shedding Around a Vertical Wall-mounted Cylinder Exposed to Waves. *Journal of Fluid Mechanics* 332: 41–70.

Sumer, B.M., and J. Fredsoe

1999 Wave Scour Around Structures. In *Advances in Coastal and Ocean Engineering*, edited by P. L. F. Liu, pp. 191–249. World Scientific, Singapore.

Sumer, B.M., R. Whitehouse, and A. Torum

2001 Scour Around Coastal Structures: A Summary of Recent Research. *Coastal Engineering* 44: 153–190.

Testik, F.Y., S.I. Voropayev, and H.J.S. Fernando

2005 Flow Around a Short Horizontal Bottom Cylinder Under Steady and

Oscillatory Flows. *Physics of Fluids* 17: 47 - 103.

Trembanis, Arthur, and Jesse E. McNinch

2003 *Predicting Scour and Maximum Settling Depths of Shipwrecks: A Numeric Simulation of the Fate of Queen Anne's Revenge*. Proceedings of Coastal Sediments, Clearwater Beach, Florida.

Uchupi, Elazar, Maureen T. Muck, and Robert D. Ballard

1988 The Geology of the Titanic Site and Vicinity. *Deep Sea Research Part A. Oceanographic Research Papers* 35(7): 1093 - 1110.

Voropayev, S. I., F. Y. Testik, H. J. S. Fernando, and D. L. Boyer

2003 Burial and Scour Around Short Cylinder Under Progressive Shoaling Waves. *Ocean Engineering* 30: 1647 - 1667.

Ward, Ingrid A. K., Piers Larcombe, and P. Veth

1998 Towards New Process-Orientated Models for Describing Wreck Disintegration: An Example Using the *Pandora* Wreck. *Bulletin of the Australian Institute of Maritime Archaeology* 22: 109 - 114.

Ward, Ingrid A. K., Piers Larcombe, and P. Veth

1999a A New Process-Based Model for Wreck Site Formation. *Journal of Archaeological Science* 26: 561 - 570.

Ward, Ingrid A. K., Piers Larcombe, Richard Brinkman, and Robert M. Carter

1999b Sedimentary Processes and the *Pandora* Wreck, Great Barrier Reef, Australia. *Journal of Field Archaeology* 26(1): 41 - 53.

2002 Environmental Controls on Shipwreck Preservation: The Irish Context. *Journal of Archaeological Science* 29: 1149 - 1159.

Whitehouse, R.

1998　Scour at Marine Structures. Thomas Telford, London.

Whitehouse, Richard, John Sutherland, and James M. Harris

2011　Evaluating Scour at Marine Gravity Structures. *Maritime Engineering* 164(MA4): 143 - 157.

### 第四章

Barradas R.G., K. Belinko, and E. Ghibaudi

1975　Effect of Dissolved Gases on the Pb/$PbCl_2$ Electrode in Aqueous Chloride Electrolytes. In *Chemistry and Physics of Aqueous Gas Solutions*, edited by W. A. Adams, pp. 357 - 372. Electrochemical Society, Princeton, New Jersey.

Beccaria A.M., E.D. Mor, G. Bruno, and G. Poggi

1982　Corrosion of Lead in Sea Water. *British Corrosion Journal* 17: 87 - 91.

Campbell H.S., and D.J. Mills

1977　A Marine Treasure Trove: Metallurgical Investigation. *The Metallurgist and Materials Technologists* October: 551 - 557.

Carpenter, J., and Ian D. MacLeod

1993　Conservation of Corroded Iron Cannon and the Influence of Degradation on Treatment Times. *ICOM Committee for Conservation, Preprints*, 10*th Triennial Conference II*: 759 - 766. Washington.

Cresswell, G.

1989　The Oceanography of the Norfolk Island Vicinity. 1988 Expedition Report on the Wreck of HMS *Sirius* (1790). In *Norfolk Island Government Project*, compiled by Graeme Henderson, pp. 46 - 70.

Unpublished report.

Davis, J.R.

1996 *Classification and Basic Metallurgy of Cast Irons*. American Society of Metals Specialty Handbook.

Henderson, G.J. (editor)

2007 *Unfinished Voyages, Western Australian Shipwrecks 1622 – 1850*, volume 1. University of Western Australia Press, Crawley.

Iverson, W.P., and G.J. Olson

1983 *Microbial Corrosion*. Metals Society, London.

Kaneko, K., N. Inoue, and T. Ishikawa

1989 Electrical and Photoadsorptive Properties of Valence Controlled α FeOOH. *Journal of Physical Chemistry* 93: 1988 – 1992.

Linke, William F., and Atherton Seidell

1965 *Solubilities of Inorganic and Metal Organic Compounds: A Compilation of Solubility Data from the Periodical Literature*, volume II. American Chemical Society, Washington.

Machel, H.G., H.R. Krouse, and R. Sassen

1995 Products and Distinguishing Criteria of Bacterial and Thermochemical Sulfate Reduction. *Applied Geochemistry* 10(4): 373 – 389.

MacLeod, Ian D.

1982a Environmental Effects on Shipwreck Material from Analysis of Marine Concretions. In *Archaeometry: An Australasian Perspective*, edited by W. Ambrose and P. Duerden, pp.361 – 367. ANU Press, Canberra.

1982b The Formation of Marine Concretions on Copper and Its Alloys. *International Journal of Nautical Archaeology* 11(4): 267 – 275.

1985 The Effects of Concretion on the Corrosion of Non-Ferrous Metals. *Corrosion Australasia* 10(4): 10 - 13.

1987 Stabilization of Corroded Copper Alloys: A Study of Corrosion and Desalination Mechanisms. *ICOM Committee for Conservation, 8th Triennial Meeting, Sydney*, edited by Kirsten Grimstad, pp. 1079 - 1085. Getty Conservation Institute, Marina del Rey.

1988 Conservation of Corroded Concreted Iron. *Proceedings of Conference 28, Australasian Corrosion Association, Perth*, 1: 2 - 6.

1991 Identification of Corrosion Products on Non-Ferrous Metal Artifacts Recovered from Shipwrecks. *Studies in Conservation* 36(4): 222 - 234.

1992 Conservation management of Iron Steamships: The SS *Xantho* (1872). *Multi-Disciplinary Engineering Transactions* GE (1): 45 - 51.

2006 Corrosion and Conservation Management of Iron Shipwrecks in Chuuk Lagoon. *Conservation and Management of Archaeological Sites* 7: 203 - 223.

2013a The Mechanism and Kinetics of In-Situ Conservation of Iron Cannon on Shipwreck Sites. *International Journal of Nautical Archaeology* 42(2): 382 - 391.

2013b Corrosion Reversed: Deposition of Elemental Copper and Silver in Marine Concretions. *Corrosion and Materials* 38(6): 48 - 53.

MacLeod, Ian D., and John S. Killingley

1982 The Use of Barnacles to Establish Past Temperatures on Historic Shipwrecks. *International Journal of Nautical Archaeology* 11(3): 249 - 252.

MacLeod, Ian D., and N. A. North

1987　Corrosion of Metals. In *Conservation of Marine Archaeological Objects*, edited by C. Pearson, pp. 68 - 98. Butterworths, London.

MacLeod, Ian D., and S. Pennec

2004　Characterisation of Corrosion Products on Artifacts Recovered from the RMS *Titanic* (1912). In *Metal* 2001: *Proceedings of the International Conference on Metals Conservation*, *Santiago*, *Chile*, *April* 2001, edited by Ian D. MacLeod, J.M. Theile, and C. Degrigny, pp. 270 - 278.

MacLeod, Ian D., and A. Viduka

2010　Assessment of the Impact of Diving Tourism and Cyclones on the SS *Yongala* (1911) Shipwreck in the Great Barrier Reef from In-Situ Corrosion Data. *AICCM Bulletin* 32: 134 - 143.

MacLeod, Ian D., and R. Wozniak

1996　Corrosion and Conservation of Lead in Sea Water. In *ICOM Committee for Conservation*, *Preprints*, 11*th Triennial Meeting*, *Edinburgh*, edited by Janet Bridgland, pp. 884 - 890. James and James, London.

1997　Corrosion and Conservation of Tin and Pewter from Seawater. In *Metals'*95: *Proceedings of the ICOM*, *Semur-en-Auxois*, pp. 118 - 123. James and James, London.

McCarthy, Michael

1988　SS *Xantho*: The Pre-disturbance, Assessment, Excavation and Management of an Iron Steam Shipwreck off the Coast of Western Australia. *International Journal of Nautical Archaeology* 17(4): 339 - 347.

North, Neil A.

1976　Formation of Coral Concretions on Marine Iron. I*nternational Journal* *of Nautical Archaeology* 5(3): 253 - 258.

1982 Corrosion Products on Marine Iron. *Studies in Conservation* 27(2): 75 - 83.

Riley, J. P., and G. Skirrow

1975 *Chemical Oceanography*, 2nd edition, volume 1. Plenum Press, New York.

Stern, M., and A. L. Geary

1957 Electrochemical Polarization I: A Theoretical Analysis of the Shape of Polarization Curves. *Journal of the Electrochemical Society* 104(1): 56 - 63.

Tengnér, C.

2014 The Preservation of a Marine Archaeological DC - 3 Aircraft. Conference paper, ICOM Committee for Conservation, Metals Working Group conference, Washington, D. C., April 7 - 9. In *Aluminum: History, Technology and Conservation*, edited by C. Chemello, P. Mardikian, and D. Hallam, in press.

Tranter, G. C.

1976 Patination of Lead: An Infrared Study. *British Corrosion Journal* 11 (4): 222 - 224.

Turner, D. R., and M. Whitfield

1979 The Reversible Electrodeposition of Trace Metal Ions from Multi-Ligand Systems Part II: Calculations on the Electrochemical Availability of Lead at Trace Levels in Seawater. *Journal of Electroanalytical Chemistry* 103: 61 - 79.

Tylecote, R.

1979　A History of Metallurgy. 2nd edition. Metals Society, London.

van Duivenvoorde, Wendy, Jim Stedman, Kjell Billström, Zofia Anna Stos-Gale, and Michael McCarthy

2013　The Lead Ingots from the Wreck of the *Zuiddorp* (1712), Western Australia: A Report on Their Provenance and Manufacture. *International Journal of Nautical Archaeology* 42(1): 150-166.

## 第五章

Becker, G.

1971　On the Biology, Physiology and Ecology of Marine Wood-Boring Crustaceans. In *Marine Borers, Fungi and Fouling Organisms of Wood*, edited by E. B. G. Jones and S. K. Eltringham, pp. 303 - 326. Portsmouth.

Björdal, Charlotte

2000　*Waterlogged Archaeological Wood—Biodegradation and Its Implications for Conservation*. Acta Universitatis Agriculturae Sueciae, Silvestria 142. Ph. D. dissertation, Swedish University of Agricultural Sciences, Uppsala.

Björdal, Charlotte, and David Gregory

2012　*Wreck Protect: Decay and Protection of Archaeological Wooden Shipwrecks*. Archaeopress, Oxford.

Cundell, A. M., and R. Mitchell

1977　Microbial Succession on a Wooden Surface Exposed to the Sea. *International Biodeterioration Bulletin* 13: 67-73.

Floodgate, G. D.

1971 Primary Fouling of Bacteria. In *Marine Borers, Fungi and Fouling Organisms of Wood*, edited by E. B. G. Jones and S. K. Eltringham, pp.117-123. Portsmouth.

Froelich, P. N., G. P. Klinkhammer, M. L. Bender, N. A. Luedtke, G. R. Heath, D. Cullen, P. Dauphin, D. Hammond, B. Hartman, and V. Maynard

1979 Early Oxidation of Organic Matter in Pelagic Sediments of the Eastern Equatorial Atlantic: Suboxic Diagenesis. *Geochimica et Cosmochimica Acta* 43: 1075-1090.

Gareth Jones, E.B., R.D. Turner, S.E.J. Furtado, and H. Kfihne

1976 Marine Biodeteriogenic Organisms: Lignicolous Fungi and Bacteria and the Wood Boring Mollusca and Crustacea. *International Biodeterioration Bulletin* 4: 120-134.

Helms, Anne Christine

2008 *Bacterial Diversity in Waterlogged Archaeological Wood*. Ph. D. dissertation, Bio Centre, Danish Technical University, Kongens Lyngby, Denmark.

Kuhne, H.

1971 The Identification of Wood-Boring Crustaceans. In *Marine Borers, Fungi and Fouling Organisms of Wood*, edited by E. B. G. Jones and S.K. Eltringham, pp.65-88. Portsmouth.

Marsden, Peter

1985 *The Wreck of the* Amsterdam. 2nd edition. Hutchinson, London.

Rullkötter, Jurgen

2000 Organic Matter: The Driving Force for Early Diagenesis. In *Marine*

*Geochemistry*, edited by Schulz Horst and Zabel Matthias, pp. 129–153. Springer-Verlag, Berlin.

Singh, A. P., and J. A. Butcher

1991 Bacterial Degradation of Wood Cell Walls: A Review of Degradation Patterns. *Journal of the Institute of Wood Science* 12: 143.

Schulz, Horst

2000 Redox Measurements in Marine Sediments. In *Redox: Fundamentals, Processes and Applications*, edited by J. Schüring, H. D. Schulz, W. R. Fischer, J. Bõttcher, and W. H. N. Duijnisveld, pp. 235–246. Springer-Verlag, Berlin.

Turner, Ruth

1966 *A Survey and Illustrated Catalogue of the Teredinidae*. Harvard University, Cambridge.

Turner, Ruth, and A. C. Johnson

1971 Biology of Marine Wood Boring Molluscs. In *Marine Borers, Fungi and Fouling Organisms of Wood*, edited by E. B. G. Jones and S. K. Eltringham, pp. 259–296. Portsmouth.

Zachary, A., M. E. Taylor, F. E. Scott, and R. R. Colwell

1978 A Method for Rapid Evaluation of Materials for Susceptibility to Marine Biofouling. *International Biodeterioration Bulletin* 14: 111–118.

## 第六章

Adams, Jonathan, A. F. L. Holk, and Thijs J. Maarleveld

1990 *Dredgers and Archaeology: Shipfinds from the* Slufter. Afdeling

Archeologie Onder Water, Ministerie van Welzijn, Volksgezondheid en Cultuur, Alphen aan den Rijn.

Atauz, Ayse D., William Bryant, Toby Jones, and Brett Phaneuf

2006 *Mica Shipwreck Project: Deepwater Archaeological Investigation of a 19th Century Shipwreck in the Gulf of Mexico*. U.S. Department of the Interior, Minerals Management Service, Gulf of Mexico OCS Region, New Orleans.

Auer, Jens, and Antony Firth

2007 The "Gresham Ship": An Interim Report on a 16th-Century Wreck from Princes Channel, Thames Estuary. *Post-Medieval Archaeology* 41 (2): 222-241.

Boesch, Donald F., and Nancy N. Rabalais (editors)

1987 *Long-Term Environmental Effects of Offshore Oil and Gas Development*. Elsevier Applied Science, New York.

Boesch, Donald F., James N. Butler, David A. Cacchione, Joseph R. Geraci, Jerry M. Neff, James P. Ray, and John M. Teal

1987 An Assessment of the Long-Term Environmental Effects of US Offshore Oil and Gas Development Activities: Future Research Needs. In *Long-Term Environmental Effects of Offshore Oil and Gas Development*, edited by Donald F. Boesch and Nancy N. Rabalais, pp.1-52. Elsevier Applied Science, New York.

British Marine Aggregate Producers Association (BMAPA) and English Heritage

2003 *Marine Aggregate Dredging and the Historic Environment: Guidance Note*. British Marine Aggregate Producers Association and English Heritage, London.

2005 *Protocol for Reporting Finds of Archaeological Interest*. British Marine Aggregate Producers Association and English Heritage, London.

Cranswick, Deborah

2001 *Brief Overview of Gulf of Mexico OCS Oil and Gas Pipelines: Installation, Potential Impacts, and Mitigation Measures*. U. S. Department of the Interior, Minerals Management Service, Gulf of Mexico OCS Region, New Orleans.

Firth, Antony

1999 Making Archaeology: The History of the Protection of Wrecks Act 1973 and the Constitution of an Archaeological Resource. *International Journal of Nautical Archaeology* 28(1): 10 - 24.

2013a Marine Archaeology. In *Aggregate Dredging and the Marine Environment: An Overview of Recent Research and Current Industry Practice*, edited by R. C. Newell and T. A. Woodcock, pp. 44 - 67. Crown Estate, London.

2013b *Historic Environment Guidance for Wave and Tidal Energy*. Fjordr Ltd. on behalf of English Heritage, Historic Scotland and Cadw, Tisbury.

Firth, Antony, Niall Callan, Graham Scott, Toby Gane, and Stephanie Arnott

2012 *London Gateway: Maritime Archaeology in the Thames Estuary*. Wessex Archaeology, Salisbury.

Ford, Ben, Amy Borgens, William Bryant, Dawn Marshall, Peter Hitchcock, Cesar Arias, and Donny Hamilton

2008 *Archaeological Excavation of the Mardi Gras Shipwreck* (16*GM*01), *Gulf of Mexico Continental Slope*. U. S. Department of the Interior,

Minerals Management Service, Gulf of Mexico OCS Region, New Orleans.

Gribble, John, and Stuart Leather

2011 *Offshore Geotechnical Investigations and Historic Environment Analysis: Guidance for the Renewable Energy Sector*. Collaborative Offshore Wind Research into the Environment (COWRIE), Newbury, U.K.

Jones, Toby

2004 *The Mica Shipwreck: Deepwater Nautical Archaeology in the Gulf of Mexico*. Master's thesis, Department of Anthropology, Texas A & M University, College Station.

Lugo-Fernandez, A., David A. Ball, M. Gravois, Christopher Horrell, and Jack B. Irion

2007 Analysis of the Gulf of Mexico's Veracruz-Havan Route of La Flota de la Nueva Espana. *Journal of Maritime Archaeology* 2(1): 24-47.

Muckelroy, Keith

1978 *Maritime Archaeology*. Cambridge University Press, Cambridge.

National Commission on the BP Deepwater Horizon Oil Spill and Offshore Drilling (National Commission)

2011 *The History of Offshore Oil and Gas in the United States (Long Version)*. Staff Working Paper no. 22. Electronic document, http://www.oilspillcommission.gov/resources#staff-working-papers, accessed June 14, 2011.

National Oceanic and Atmospheric Administration (NOAA)

2013 Screening Level Risk Assessment Package, Gulfstag. Electronic document, http://sanctuaries.noaa.gov/protect/ppw/pdfs/gulfstag.

pdf, accessed February 25,2014.

National Research Council

1983 *Drilling Discharges in the Marine Environment*. National Academy Press, Washington, D.C.

Neff, Jerry M., Nancy N. Rabalais, and Donald F. Boesch

1987 Offshore Oil and Gas Development Activities Potentially Causing Long-Term Environmental Effects. In *Long-Term Environmental Effects of Offshore Oil and Gas Development*, edited by Donald F. Boesch and Nancy N. Rabalais, pp. 149 - 168. Elsevier Applied Science, New York.

Neff, Jerry M., S. McKelvie, and R.C. Ayers Jr.

2000 *Environmental Impacts of Synthetic Based Drilling Fluids*. U. S. Department of the Interior, Minerals Management Service, Gulf of Mexico OCS Region, New Orleans.

Parham, D.

2011 The Swash Channel Wreck. In *ACUA Underwater Archaeology Proceedings 2011*, edited by F. Castro and L. Thomas, pp. 103 - 106. Advisory Council on Underwater Archaeology.

Reach, I. S., W. S. Cooper, A. J. Firth, R. J. Langman, D. Lloyd Jones, S.A. Lowe, and I.C. Warner

2012 *A Review of Marine Environmental Considerations Associated with Concrete Gravity Base Foundations in Offshore Wind Developments*. A report for the Concrete Centre by Marine Space Limited.

Reger, Douglas R., J. David McMahan, and Charles E. Holmes

1992 *Effect of Crude Oil Contamination on Some Archaeological Sites in the*

*Gulf of Alaska, 1991 Investigations*. Alaska Department of Natural Resources, Division of Parks and Outdoor Recreation, Office of History and Archaeology Report no. 30.

RenewableUK

2014 RenewableUK. Electronic document, http://www.renewableuk.com/en/renewable-energy/wind-energy/uk-wind-energy-database/, accessed January 22,2014.

Rigzone

2014 Rig Report: Offshore Rig Fleet by Rig Type. Electronic document, http://www.rigzone.com/data/rig_report.asp? rpt=type, accessed January 4 2014.

Russell, Mark, and Antony Firth

2007 *Working Alongside the Marine Historic Environment: An Aggregate Dredging Industry Perspective*. CEDA Dredging Days 2007, Central Dredging Association, Rotterdam.

Shelton, John T.

2007 Omni-MAX Anchor Development and Technology. Electronic document, http://www.delmarus.com/uploads/MTSOceans2007TechnicalPapermodified.pdf, accessed January 4,2014.

Stewart, David J.

1999 Formation Processes Affecting Submerged Archaeological Sites: An Overview. *Geoarchaeology: An International Journal* 14(6): 565-587.

Tizzard, Louise, Paul Baggaley, and Antony Firth

2011 Seabed Prehistory: Investigating Palaeolandsurfaces with Palaeolithic

Remains from the Southern North Sea. In *Submerged Prehistory*, edited by J. Benjamin, C. Bonsall, C. Pickard, and A. Fischer, pp. 65 - 74. Oxbow Books, Oxford.

United Kingdom Offshore Operators Association (UKOOA)

2005 *UKOOA JIP: 2004*. Drill Cuttings Initiative-Phase Ⅲ. 20132900.

Wessex Archaeology

2007 *Historic Environment Guidance for the Offshore Renewable Energy Sector*. COWRIE Project ARCH - 11 - 05. COWRIE, Newbury, U.K.

Zingula, Richard

1977 Environmental Aspects of Drilling Fluid and Drill Cuttings Disposal. Paper at Oceans Conference, Los Angeles, 17 - 19 October. In *Oceans'77 Conference Record*, vol. 1, pp. 546 - 549. Marine Technology Society, Washington, D.C., and Institute of Electrical and Electronic Engineers, New York.

## 第七章

Arceo, Hazel O., Bertrand Cazalet, Porfirio M. Alino, Luisa Mangialajo, and Patrice Francour

2013 Moving Beyond a Top-Down Fisheries Management Approach in the Northwestern Mediterranean: Some Lessons from the Philippines. *Marine Policy* 39: 29 - 42.

Atkinson, Christopher Michael

2012 *Impacts of Bottom Trawling on Underwater Cultural Heritage*. Master's thesis, Texas A&M University, College Station.

Ballard, R. D., A. M. McCann, D. Yoerger, L. Whitcomb, D. Mindell,

J. Oleson, H. Singh, B. Foley, J. Adams, D. Piechota, and C. Giangrande

2000 The Discovery of Ancient History in the Deep Sea Using Advanced Deep Submergence Technology. *Deep-Sea Research I* 47: 1591 - 1620.

Beltrame, C., and D. Gaddi

2002 Report on the First Research Campaign on the Napoleonic Brick, *Mercure*, Wrecked off Lignano, Udine, Italy in 1812. *International Journal of Nautical Archaeology* 31: 60 - 73.

Brennan, M.L., R.D. Ballard, K.L. Croff Bell, and D. Piechota

2011 Archaeological Oceanography and Environmental Characterization of Shipwrecks in the Black Sea. In *Geology and Geoarchaeology of the Black Sea Region: Beyond the Flood Hypothesis*, edited by I. Buynevich, V. Yanko-Hombach, A. Gilbert, and R.E. Martin, pp. 179 - 188. Geological Society of America Special Paper 473.

Brennan, Michael L., Robert D. Ballard, Chris Roman, Katherine L. Croff Bell, Bridget Buxton, Dwight F. Coleman, Gabrielle Inglis, Orkan Koyagasioglu, and Tufan Turanli

2012 Evaluation of the Modern Submarine Landscape off Southwestern Turkey through the Documentation of Ancient Shipwreck Sites. *Continental Shelf Research* 43: 55 - 70.

Brennan, Michael L., Dan Davis, Chris Roman, Ilya Buynevich, Alexis Catsambis, Meko Kofahl, Derya Ürkmez, J. Ian Vaughn, Maureen Merrigan, and Muhammet Duman

2013 Ocean Dynamics and Anthropogenic Impacts along the Southern Black Sea Shelf Examined by the Preservation of Premodern Shipwrecks. *Continental Shelf Research* 53: 89 - 101.

Brennan, Michael L., and Robert D. Ballard

2013 Deep-Water Ancient Shipwrecks of the Mediterranean, Aegean, and Black Seas: 1988 - 2012. In *New Frontiers in Ocean Exploration: The E/V Nautilus 2012 Field Season*, edited by K. L. C. Bell and M. L. Brennan, pp. 22 - 25. *Oceanography* 26(1: supplement).

2014 Archaeological Oceanography. In *Encyclopedia of Natural Resources*.

Brylinsky, M., J. Gibson, and D. C. Gordon

1994 Impacts of Flounder Trawls on the Intertidal Habitat and Community of the Minas Basin, Bay of Fundy. *Canadian Journal of Fisheries and Aquatic Sciences* 51: 650 - 661.

Caddy, J. F.

1973 Underwater Observations on Tracks of Dredges and Trawls and Some Effects of Dredging on Scallop Ground. *Journal of the Fisheries Research Board of Canada* 30(2): 173 - 180.

Cho, Dong-Oh

2012 Eliminating Illegal Bottom Trawl Fishing in the Coastal Waters of Korea. *Marine Policy* 36: 321 - 326.

Church, Robert A., Daniel J. Warren, and Jack B. Irion

2009 Analysis of Deepwater Shipwrecks in the Gulf of Mexico: Artificial Reef Effect of Six World War II Shipwrecks. *Oceanography* 22(2): 50 - 63.

Collie, J. S., G. A. Escanerol, and P. C. Valentine

2000 Photographic Evaluation of the Impacts of Bottom Fishing on Benthic Epifauna. *ICES Journal of Marine Science* 57: 987 - 1001.

DeAlteris, J., L. Skrobe, and C. Lipsky

1999　The Significance of Seabed Disturbance by Mobile Fishing Gear Relative to Natural Processes: A Case Study in Narragansett Bay, Rhode Island. *American Fisheries Society Symposium* 22: 224－237.

Delgado, James P.

2009　Inside INA: A Letter from the President. *INA Quarterly* 36(3): 3.

2010　The Trouble with Treasure. *Naval History* 24: 18－25.

de Juan, S., and M. Demestre

2012　A Trawl Disturbance Indicator to Quantify Large Scale Fishing Impact on Benthic Ecosystems. *Ecological Indicators* 18: 183－190.

Flecker, Michael

2002　The Ethics, Politics, and Realities of Maritime Archaeology in Southeast Asia. *International Journal of Nautical Archaeology* 31: 12－24.

Foley, B.

2008　Archaeology in Deep Water: Impact of Fishing on Shipwrecks. Electronic document, http://www.whoi.edu/sbl/liteSite.do?litesiteid=2740&articleId=4965, accessed December 2009.

Forcada, Aitor, Carlos Valle, Patrick Bonhomme, Geraldine Criquet, Gwenael Cadiou, Philoppe Lenfant, and Jose L. Sanchez-Lizaso

2009　Effects of Habitat Spillover from Marine Protected Areas to Artisanal Fisheries. *Marine Ecology Progress Series* 379: 197－211.

Friedlander, A.M., G.W. Boehlert, M.E. Field, J.E. Mason, J.V. Gardner, and P. Dartnell

1999　Sidescan-Sonar Mapping of Benthic Trawl Marks on the Shelf and Slope off Eureka, California. *Fishery Bulletin* 97: 786－801.

German, Andrew W.

1984 Otter Trawling Comes to America: The Bay State Fishing Company 1905-1938. *American Neptune* 44(2): 117-127.

Greene, E.S., J. Leidwanger, R.M. Leventhal, and B.I. Daniels

2011 *Mare nostrum*? Ethics and Archaeology in Mediterranean Waters. *American Journal of Archaeology* 115: 311-319.

Harmelin-Vivien, Mireille, Laurence Le Direach, Just Bayle-Sempere, Eric Charbonnel, Jose Antonio Garcia-Charton, Denis Ody, Angel Perez-Ruzafa, Olga Renones, Pablo Sanchez-Jerez, and Carlos Valle

2008 Gradients of Abundance and Biomass Across Reserve Boundaries in Six Mediterranean Marine Protected Areas: Evidence of Fish Spillover? *Biological Conservation* 141: 1829-1839.

Humborstad, O.B., L. Nottestad, S. Lokkeborg, and H.T. Rapp

2004 RoxAnn Bottom Classification System, Sidescan Sonar and Video-Sledge: Spatial Resolution and Their Use in Assessing Trawling Impacts. *ICES Journal of Marine Science* 61: 53-63.

Ivanovic, Ana, Richard D. Neilson, and Finbarr G. O'Neill

2011 Modelling the Physical Impact of Trawl Components on the Seabed and Comparison with Sea Trials. *Ocean Engineering* 38: 925-933.

Jones, J.B.

1992 Environmental Impact of Trawling on the Seabed: A Review. *New Zealand Journal of Marine and Freshwater Research* 26: 59-67.

Kaiser, M.J., K.R. Clarke, H. Hinz, M.C.V. Austen, P.J. Somerfield, and I. Karakassis

2006 Global Analysis of Response and Recovery of Benthic Biota to

Fishing. *Marine Ecology Progress Series* 311: 1 - 14.

Kingsley, Sean A.

2010 Deep-Sea Fishing Impacts on the Shipwrecks of the English Channel and Western Approaches. In *Oceans Odyssey: Deep-Sea Shipwrecks in the English Channel, Straits of Gibraltar, and Atlantic Ocean*, edited by Greg Stemm and Sean Kingsley, pp. 191 - 233. Oxbow Books, Oxford.

2012 *Out of Sight, Out of Mind? Fishing and Shipwrecked Heritage*. Wreck Watch International, London.

Klust, Gerhard

1982 *Netting Materials for Fishing Gear*. FAO Fishing Manuals. Fishing News Books, Surrey, U.K.

Knudsen, Stale, Mustafa Zengin, and Mahmut Hakan Kocak

2010 Identifying Drivers for Fishing Pressure: A Multidisciplinary Study of Trawl and Sea Snail Fisheries in Samsun, Black Sea Coast of Turkey. *Ocean* and *Coastal Management* 53: 252 - 269.

Koruma ve Kontrol Genel Müdürlüğü (KKGM)

2006 Circular no. 37/1 of 2006 - 2008 Fishing Year Regulating Commercial Fishing in Seas and Inland Waters. Electronic document, http://www.kkgm.gov.tr/regulation/circular/37 - 1.html, accessed December, 2009.

Krumholz, Jason, and Michael L. Brennan

2015 Fishing for Common Ground: Investigations of the Impact of Trawling on Ancient Shipwreck Sites Uncovers a Potential for Management Synergy. In *Marine Policy* 61: 127 - 133.

Maarleveld, Thijs J.

2011　Open Letter to Dr. Sean Kingsley, Wreck Watch International, Regarding his Questionnaire on In Situ Preservation. *Journal of Maritime Archaeology* 6(2): 107－111.

March, Edgar J.

1953　*Sailing Trawlers: The Story of Deep-Sea Fishing with Long Line and Trawl*. David and Charles, Camden, Maine.

Marx, Deborah

2010　Fishing Threatens Historic Shipwrecks. *INA Quarterly* 36(4): 8.

Molloy, Philip P., Ian B. McLean, and Isabelle M. Cote

2009　Effects of Marine Reserve Age on Fish Populations: A Global Meta-analysis. *Journal of Applied Ecology* 46: 743－751.

National Research Council (NRC)

2002　*Effects of Trawling and Dredging on Seafloor Habitat*. National Academy Press, Washington, D.C.

Noevstad, Dag

2007　Cultural Heritage in Arctic Waters. In *Bottom Trawling and Scallop Dredging in the Arctic: Impacts of Fishing on Non-target Species, Vulnerable Habitats and Cultural Heritage*, edited by Elena Guijarro Garcia, pp. 287－335. Nordic Council of Ministers, Copenhagen.

Norse, Elliott A., Sandra Brooke, William W. L. Cheung, Malcolm R. Clark, Ivar Ekeland, Rainer Froese, Kristina M. Gjerde, Richard L. Haedrich, Selina S. Heppell, Telmo Morato, Lance E. Morgan, Daniel Pauly, Rashid Sumaila, and Reg Watson

2012　Sustainability of Deep-Sea Fisheries. *Marine Policy* 36: 307－320.

Oleson, J. P., and J. Adams

1997 Formation, Survey, and Sampling of the Wreck Sites. In *Deep-Water Shipwrecks off Skerki Bank: The 1997 Survey*, edited by A. M. McCann and J. P. Oleson. *Journal of Roman Archaeology* Supplementary Series no. 58.

O'Neill, F. G., K. Summerbell, and M. Breen

2009 An Underwater Laser Stripe Seabed Profiler to Measure the Physical Impact of Towed Gear Components on the Seabed. *Fisheries Research* 99: 234 - 238.

Polunin, N. V. C., and C. M. Roberts

1993 Greater Biomass and Value of Target Coral-Reef Fishes in Two Small Caribbean Marine Reserves. *Marine Ecology Progress Series* 100: 167 - 176.

Puig, Pere, Miquel Canals, Joan B. Company, Jacobo Martin, David Amblas, Galderic Lastras, Albert Palanques, and Antoni M. Calafat

2012 Ploughing the Deep Sea Floor. *Nature* 489: 286 - 289.

Rooper, Christopher N., Mark E. Wilkins, Craig S. Rose, and Catherine Coon

2011 Modeling the Impacts of Bottom Trawling and the Subsequent Recovery Rates of Sponges and Corals in the Aleutian Islands, Alaska. *Continental Shelf Research* 31: 1827 - 1834.

Royal, Jeffrey G.

2008 Description and Analysis of Finds from the 2006 Turkish Coastal Survey: Marmaris and Bodrum. *International Journal of Nautical Archaeology* 37: 88 - 97.

2009 Albanian Coastal Survey Project: 2008 Field Season. *INA Annual 2008*, 21 - 25.

2010 In Distress: Rescuing a Roman Merchantman 1700 Years Later. *INA Quarterly* 36(4): 9.

Sakellariou, D., P. Georgiou, A. Mallios, V. Kapsimalis, D. Kourkoumelis, P. Micha, T, Theodoulou, K. Dellaporta

2007 Searching for Ancient Shipwrecks in the Aegean Sea: The Discovery of Chios and Kythnos Hellenistic Wrecks with the Use of Marine Geological-Geophysical Methods. *International Journal of Nautical Archaeology* 36: 365 - 381.

Smith, C.J., H. Rumohr, I. Karakassis, and K.-N. Papadopoulou

2003 Analysing the Impact of Bottom Trawls on Sedimentary Seabeds with Sediment Profile Imagery. *Journal of Experimental Marine Biology and Ecology* 285 - 286: 479 - 496.

Steinmetz, Joyce Holmes

2010 *Examining Mid-Atlantic Ocean Shipwrecks and Commercial Fish Trawling and Dredging*. Master's thesis, East Carolina University, Greenville.

Strain, E.M.A., A.L. Allcock, C.E. Goodwin, C.A. Maggs, B.E. Picton, and D. Roberts

2012 The Long-term Impacts of Fisheries on Epifaunal Assemblage Function and Structure, in a Special Area of Conservation. *Journal of Sea Research* 67: 58 - 68.

UNESCO

2001 Convention on the Protection of the Underwater Cultural Heritage 2001. Electronic document, http://portal.unesco.org/en/ev.php-URL_ID=13520&URL_DO=DO_TOPIC&URL_SECTION=201.

html, accessed December, 2009.

U.S. Department of Commerce, National Oceanic and Atmospheric Administration

2010 *Stellwagen Bank National Marine Sanctuary Final Management Plan and Environmental Assessment*. NOAA, Office of National Marine Sanctuaries, Silver Spring, Maryland.

Ward, Cheryl, and Robert Ballard

2004 Black Sea Shipwreck Survey 2000. *International Journal of Nautical Archaeology* 33: 2-13.

Watling, Les, and Elliott A. Norse

1998 Disturbance of the Seabed by Mobile Fishing Gear: A Comparison to Forest Clearcutting. *Conservation Biology* 12: 1180-1197.

Williams, A., J. Dowdney, A.D.M. Smith, A.J. Hobdat, and M. Fuller

2011 Evaluating Impacts of Fishing on Benthic Habitats: A Risk Assessment Framework Applied to Australian Fisheries. *Fisheries Research* 112: 154-167.

## 第八章

Abbott, Charles

1802 *A Treatise of the Law Relative to Merchant Ships and Seamen*. London.

Adams, Chris, and Mike Davis

1998 Convict Establishment Bermuda. Electronic document, http://convicthulks.com/, accessed January 31, 2013.

Ahlström, Christian

1997 *Looking for Leads: Shipwrecks of the Past Revealed by Contemporary*

*Documents and the Archaeological Record*. Finnish Academy of Science and Letters, Helsinki.

Auer, Jens

2004 *Fregatten Mynden*: A 17th-century Danish Frigate Found in Northern Germany. *International Journal of Nautical Archaeology* 33(3): 264–280.

Bartholomew, Charles, Bert Marsh, and Richard Hooper

2006 *U.S. Navy Salvage Engineer's Handbook*, volume 1. Naval Sea Systems Command, Department of the Navy, Washington, D.C.

Bartholomew, Charles, and William Milwee

2009 *Mud, Muscles and Miracles: Marine Salvage in the United States Navy*. 2nd edition. Naval History and Heritage Command, Naval Sea Systems Command, Department of the Navy, Washington, D.C.

Bathurst, Bella

2005 The Wreckers. Harper Collins, London.

Benham, Hervey

1980 *The Salvagers*. Essex County Newspapers, Colchester.

1986 *Once Upon a Tide*. Harrap, London.

Bevan, John

1996 *The Infernal Diver: The Lives of John and Charles Deane, Their Invention of the Diving Helmet and Its First Application*. Submex, London.

Brice, Geoffrey

2003 *Maritime Law of Salvage*. Sweet and Maxwell, London.

Britannica

1911 *Encyclopedia Britannica*. Electronic document, http://www.1911encyclopediaz.org/, accessed November 20, 2004.

Broxham, Graeme, and Mike Nash

2000 *Tasmanian Shipwrecks: Volume Two 1900 -1999*. Navarine Publishing, Hobart.

Dean, Martin, Ben Ferrari, Ian Oxley, Mark Redknap, and Kit Watson (editors)

1992 *Archaeology Underwater: The NAS Guide to Principles and Practice*. Henry Ling, Dorset.

De Kerchove, Rene

1961 *International Maritime Dictionary*. Reinhold, New York.

Delgado, James

2009 *Gold Rush Port: The Maritime Archaeology of San Francisco's Waterfront*. University of California Press, Berkeley.

Driver, Felix, and Luciana Martins

2006 Shipwreck and Salvage in the Tropics: The Case of HMS Thetis, 1830 - 1854. *Journal of Historical Geography* 32: 539 - 562.

Duncan, Brad

1994 *The Ships' Graveyard Area Wrecks—A Case for Declaration as a Historic Shipwrecks Area*. Internal report, Maritime Heritage Unit, Heritage Victoria, Melbourne.

2000 Signposts in the Sea: An Investigation of the Shipwreck Patterning and Maritime Cultural Landscapes/Seascapes of the Gippsland Region, Victoria. Unpublished honours thesis, James Cook University, Townsville.

2004a Risky Business: An Investigation of the Role of Risk in the Development of the Cultural Seascape of the Gippsland Region of Victoria. *Bulletin of the Australasian Institute for Maritime Archaeology* 28: 11 - 23.

2004b *Maritime Infrastructure Heritage Project, Stage Two: Geelong*. Heritage Victoria, Melbourne.

2006a *The Maritime Archaeology and Maritime Cultural Landscapes of Queenscliffe: A Nineteenth Century Australian Coastal Community*. Ph.D. dissertation, James Cook University, Townsville.

2006b *Maritime Infrastructure Heritage Project, Stage One: Melbourne*. Internal Report, Heritage Victoria, Melbourne.

2008a Coch's/Koke's Shipbreaking Yard Survey. *Australasian Institute of Maritime Archaeology Newsletter* (December 2008)27(4): 15 - 16.

2008b Coch's/Koke's Shipbreaking Yard Survey. *Australasian Society for Historical Archaeology Newsletter* 38(4): 23 - 25.

Duncan, Brad, Martin Gibbs, and Till Sonnemann

2013 Searching for the Yellow Fleet: An Archaeological and Remote Sensing Investigation of the Prison Hulk Wrecks Deborah and Sacramento. *Bulletin of the Australian Institute for Maritime Archaeology* 37: 66 - 75.

Duncan, Brad, and Martin Gibbs

2015 *Please God Send Me a Wreck: Responses to Shipwreck in a 19th Century Australian Community*. Springer, Dordrecht.

Ford, Ben (editor)

2011 *The Archaeology of Maritime Landscapes*. Springer, Dordrecht.

Gibbs, Martin

2002 Behavioural Models of Crisis Response as a Tool for Archaeological Interpretation—A Case Study of the 1629 Wreck of the V. O. C. Ship Batavia on the Houtman Abrolhos Islands, Western Australia. In *Natural Disasters, Catastrophism and Cultural Change*, edited by John Grattan and Robin Torrence, pp. 66 - 86. One World Archaeology Series. Routledge, New York.

2003 The Archaeology of Crisis: Shipwreck Survivor Camps in Australasia. *Historical Archaeology* 37(1): 128 - 145.

2005 Watery Graves: When Ships Become Places. In *Object Lessons: Archaeology and Heritage in Australia*, edited by Jane Lydon and Tracey Ireland, pp. 50 - 70. Australian Scholarly Press, Melbourne.

2006 Cultural Site Formation Processes in Maritime Archaeology: Disaster Response, Salvage and Muckelroy 30 Years On. *International Journal of Nautical Archaeology* 35: 4 - 19.

Gould, Richard (editor)

1983 *Shipwreck Anthropology*. Albuquerque.

Gould, Richard

2000 *Archaeology and the Social History of Ships*. Cambridge University Press, Cambridge.

Gow, William

1917 *Marine Insurance: A Handbook*. MacMillan, London.

Gregson, Nicky, Mike Crang, and Helen Watkins

2011 Souvenir Salvage and the Death of Great Naval Ships. J*ournal of Material Culture* 16: 301 - 324.

Hardy, Debbie

1990 A Century on the Sea-Bed: The Centurion. *Bulletin of the Australian Institute for Maritime Archaeology* 14(2): 23 - 34.

Hardy Ivamy, Edward

1974 *Marine Insurance*. 2nd edition. Butterworths, London.

Hopkins, Manley

1867 *A Manual of Marine Insurance*. Smith and Sons, London.

Hosty, Kieran

2010 The Dunbar: A Melancholy Obsession. *Bulletin of the Australasian Institute for Maritime Archaeology* 34: 57 - 66.

Keith, Donald H., and Joe Simmons

1985 Analysis of Hull Remains, Ballast and Artefact Distribution of a 16th-Century Shipwreck, Molasses Reef, British West Indies. *Journal of Field Archaeology* 12(4): 411 - 424.

Knowles, Joan

1997 *Traditional Practices in the Tasmanian World Heritage Area: A Study of Five Com-munities and their Attachment to Place*. Report for the Steering Committee of the Traditional Practices in the World Heritage Area Project. Hobart.

Kot, Michael (director)

2004 *Shipbreakers (documentary film)*. National Film Board of Canada with Storyline Entertainment.

Langewiesche, William

2000 The Shipbreakers. *Atlantic Monthly* (August 2000), 286(2): 31 - 49.

Leach, John

1994　*Survival Psychology*. Palgrave Macmillan, Sydney.

Lenihan, Daniel J. (editor)

1987　*Submerged Cultural Resources Study: Isle Royal National Park*. Southwest Cultural Resources Center Professional Papers no. 8. Submerged Cultural Resources Unit, National Park Service, Santa Fe.

Love, Don

2006　*Shipwrecks around Port Phillip Heads*. Roebuck Society, Victoria.

Mandaraka-Sheppard, Aleka

2007　*Modern Maritime Law and Risk Management*. Taylor and Francis, London.

Martin, Colin

2011　Wreck Site Formation Processes. In *The Oxford Handbook of Maritime Archaeology*, edited by Alexis Catsambis, Ben Ford, and Donny Hamilton, pp. 47–67. Oxford University Press, London.

McCarthy, Michael

1996　*SS Xantho, an Iron Steamship Wreck: Towards a New Perspective in Maritime Archaeology*. Ph. D. dissertation, James Cook University, Townsville.

1998　Australian Maritime Archaeology: Changes, Their Antecedents and the Path Ahead. *Australian Archaeology* 47: 33–38.

2001　*Iron and Steamship Archaeology: Success and Failure on the SS Xantho*. Springer-Kluwer, New York.

Meier, Frank

1943　*Fathoms Below: Under-Sea Salvage from Sailing Ships to the Normandie*. Dutton, New York.

Melikan, Rose

1990 Shippers, Salvors, and Sovereigns: Competing Interests in the Medieval Law of Shipwreck. *Journal of Legal History* 11(2): 163 - 182.

Menzies, Jennifer

2010 Utilized Hulks in Sydney Harbour's Maritime Cultural Landscape 1788 - 1938: An Archaeological Consideration. Unpublished honours thesis, University of Sydney.

Molloy, Charles

1677 *De Jure Maritimo et Navali, or, A Treatise of Affairs Maritime and of Commerce in Three Books*. London.

Muckelroy, Keith

1976 The Integration of Historical and Archaeological Data Concerning an Historic Wreck Site: The "Kennemerland." *World Archaeology* 7(3): 280 - 289.

1980 *Maritime Archaeology*. Cambridge University Press, Cambridge.

Murphy, Larry

1983 Shipwrecks as Database for Human Behavioral Stxiudies. In *Shipwreck Anthropology*, edited by R. Gould, pp. 65 - 90. SAR Press, Albuquerque.

Pastron, Allen, and James Delgado

1991 Archaeological Investigations of a Mid-19th-Century Shipbreaking Yard, San Francisco, California. *Historical Archaeology* 25(3): 61 - 77.

Richards, Nathan

2008 *Ships' Graveyards: Abandoned Watercraft and the Archaeological Site*

*Formation Process*. University Press of Florida, Gainesville.

2011 Ship Abandonment. In *The Oxford Handbook of Maritime Archaeology*, edited by Alexis Catsambis, Ben Ford, and Donny Hamilton, pp. 856 – 878. Oxford Univer-sity Press, London.

Roover, Florence

1945 Early Examples of Marine Insurance. *Journal of Economic History* 5 (2): 172 – 200.

Seal, Jeremy

2003 *The Wreck at Sharpnose Point*. Picador, London.

Simpson, Glenn

1999 Historical Salvage and Maritime Archaeology. In *Underwater Archaeology*, edited by Adrianne Askins Neidinger and Matthew A. Russell, pp. 3 – 10. Society for Historic Archaeology, Salt Lake City.

Souza, Donna

1998 *The Persistence of Sail in the Age of Steam*. Springer, New York.

Stammers, Michael

2004 *End of Voyages: The Afterlife of a Ship*. Tempus Publishing, London.

Steinberg, David

2008 *Shipwreck Salvage in the Northern Territory: The Wreck of the Brisbane as a Case Study in Site Salvage and Material Culture Reuse*. Australasian Institute for Maritime Archaeology, Special Publication no. 14.

Stewart, David

1999 Formation Processes Affecting Submerged Archaeological Sites: An Overview. *Geoarchaeology: An International Journal* 14 (6): 565 – 587.

Viele, John

2001 *The Florida Keys: The Wreckers*. Pineapple Press, Florida.

Ward, James

1956 *Use of Explosives in Underwater Salvage*. Ordnance Pamphlet 2081. Bureau of Ordnance, Department of the Navy, Washington. Electronic document, http://www.eugeneleeslover.com/ENGINEERING/OP2081/OP2081.pdf.

Ward, Ingrid, Peter Larcombe, and Peter Veth

1999 A New Process-Based Model for Wreck Site Formation. *Journal of Archaeological Science* 26: 561 - 570.

Wheeler, George James

1958 *Ship Salvage*. George Philip and Son, London.

White, J. (editor)

2005 *Translation of Biondo Flavio (1474) Italy Illuminated, Volume 1*. Harvard University Press, Cambridge.

Wilkins, J.K.

2006 *US Navy Salvage Manual, Volume 1: Strandings and Harbour Clearance*. S0300 - A6 - Man - 010. United States Navy Sea Systems Command. Electronic document, http://www.rancd-association.com/DIVERS_DOWNLOADS_COMMERCIAL_DIVING_files/MANUAL-U.S.%20NAVY%20SALVAGE%20MANUAL%20VOLUME%201%20STRANDINGS%20AND%20HARBOR%20CLEARANCE.pdf.

Williams, Brad

2005 The Archaeological Potential of Colonial Prison Hulks: The Tasmanian

Case Study. *Bulletin of the Australasian Institute for Maritime Archaeology* 29: 77-86.

Young, Desmond

1933 *Ship Ashore: Adventures in Salvage*. J. Cape, London.

## 第九章

Camidge, Kevin

2009 HMS Colossus: An Experimental Site Stabilization. *Conservation and Management of Archaeological Sites* 11(2): 161-188.

2012 *HMS Colossus: Monitoring and Investigation 2012*. Report for English Heritage.

Camidge, Kevin, Charles Johns, and Phil Rees

2006 *Royal Anne Galley, Lizard Point, Cornwall: Marine Environmental Assessment Phase 1, Desk-Based Assessment*. Report for English Heritage. Historic Environment Projects, Cornwall County Council, Truro.

Camidge, Kevin, Charles Johns, Matt Canti, Miles Hoskin, and Ian Panter

2009 *Royal Anne Galley Marine Environmental Assessment: Phase 2, Field Assessment Report*. Report for English Heritage. Historic Environment Projects, Cornwall County Council, Truro. Electronic document, http://www.cornwall.gov.uk/idoc.ashx?docid=c59b2bef-7eec-461e-8a23-ced7c5383490&version=-1, accessed February 17, 2014.

Camidge, K., C. Johns, and I. Panter

2011 *Royal Anne Galley Marine Environmental Assessment, the Lizard, Cornwall: Phase 3, Monitoring: Initial Inspection and Recovery*.

Report for English Heritage. His-toric Environment Projects, Cornwall County Council, Truro. Electronic document, http://www.cornwall.gov.uk/idoc.ashx?docid=16e40adf-bed5-46be-9007-a800ced675d6&version=-1, accessed February 17, 2014.

Carrizales, Adam

2010 *Development and Refinement of Regional Sediment Mobility Models: Implications for Coastal Evolution, Preservation of Archaeological Potential, and Commercial Development*. Report for SeaZone Solutions Ltd., English Heritage funded project AMAP2. University of Southampton, Southampton. Electronic document, http://archaeologydataservice.ac.uk/archives/view/amap2_eh_2011/index.cfm, accessed May 24, 2013.

CISMAS

2005 *The Search for Colossus: A Story of Wreck and Discovery*. Cornwall and Isles of Scilly Maritime Archaeology Society, Penzance, Cornwall. Electronic document, http://www.cismas.org.uk/publication-dfs.php.

DEFRA

2009 *Our Seas—a Shared Resource: High Level Marine Objectives*. Department for Environment, Food and Rural Affairs, London. Electronic document, http://archive.defra.gov.uk/environment/marine/documents/ourseas-2009update.pdf, accessed May 30, 2013.

Dunkley, Mark

2012 Civilising the Rude Sea: Assessing and Managing Risk to England's Protected Historic Wreck Sites. In *IKUWA 3, Beyond Boundaries:*

*Proceedings of the 3rd International Congress on Underwater Archaeology 9th to 12th July 2008, London*, edited by Jon Henderson, pp. 105 – 111. Romisch-Germanische Kommission des Deutschen Archaologischen Instituts and Nautical Archaeology Society, Bonn, Germany.

2013 Petrolheads: Managing England's Early Submarines. In *Proceedings of the Advisory Council on Underwater Archaeology Conference, Leicester*, edited by Colin Breen and Wes Forsythe, pp. 179 – 184. Advisory Council on Underwater Archaeology.

Dunkley, Mark, and Ian Oxley

2009 The Management of Protected Historic Warship Wrecks in England's Waters. In *Shared Heritage: Joint Responsibilities in the Management of British Warship Wrecks Overseas*, edited by Steven Gallagher, pp. 69 – 86. University of Wolver-hampton and English Heritage, Wolverhampton. Electronic document, http://www.english-heritage.org.uk/publications/management-of-british-warship-wrecks-overseas, accessed January 17,2013.

English Heritage

2006 *Management of Research Projects in the Historic Environment: The MoRPHE Project Managers' Guide*. English Heritage, Swindon. Electronic document, www.english-heritage.org.uk/publications/morphe-project-managers-guide/, accessed May 28,2013.

2007 *Stirling Castle: Conservation and Management Plan*. Electronic document, http://www.english-heritage.org.uk/content/imported-docs/p-t/mgmtplan-stirlingcastlevfinal.pdf, accessed February 12,2014.

2008a *Conservation Principles: Policies and Guidance for the Sustainable Management of the Historic Environment*. Electronic document, http://www. english-heritage. org. uk/publications/conservation-principles-sustainable-management-historic-environment, accessed January 17,2013.

2008b *Protected Wreck Sites at Risk: A Management Handbook*. Electronic document, http://www. english-heritage. org. uk/publications/protected-wreck-sites-at-risk-handbook/, accessed January 17,2013.

2009 *The European Landscape Convention: The English Heritage Action Plan for Implementation*. English Heritage, London.

2010 *Protected Wreck Sites: Moving Towards a New Way of Managing England's Historic Environment*. Electronic document, http://www. english-heritage. org. uk/publications/protected-wreck-sites/, accessed February 28,2013.

2012a *The National Heritage Protection Plan*. Version: 3rd December 2012. Electronic document, http://www. english-heritage. org. uk/publications/nhpp-plan-framework/nhpp-plan-framework. pdf, accessed May 28,2013.

2012b *Designation Selection Guide: Ships and Boats, Prehistory to Present*. Electronic document, www. english-heritage. org. uk/publications/dsg-ships-boats/, accessed May 28,2013.

Flatman, Joe, and James Doeser

2010 *International Marine Aggregates Management Strategic Review: Short Report*. University College London, London.

Gregory, David

2009 In Situ Preservation of Marine Archaeological Sites: Out of Sight but Not Out of Mind. In *In Situ Conservation of Cultural Heritage: Public,*

*Professionals and Preservation*, edited by Vicki Richards and Jennifer McKinnon, pp. 1 – 16. Flinders University Program in Maritime Archaeology, Past Foundation, Columbus, Ohio.

Guthrie, Jodi N., Linda L. Blackall, David J. W. Moriarty, and Peter D. Nichols

1996 Decomposers of Shipwreck HMS *Pandora*. *Microbiology Australia* 17: 1 – 17.

HWTMA

2006 *Quantifying the Hazardous Threat: An Assessment of Site Monitoring Data and Environmental Data Sets. Project Report for English Heritage*. Hampshire and Wight Trust for Maritime Archaeology (HWTMA), Southampton. Electronic document, http://archaeologydataservice. ac. uk/archives/view/hazardous _ eh _ 2005/ index. cfm imaged 28 05 13.

Merritt, Olivia

2011 AMAP2—Characterising the Potential of Wrecks. SeaZone Solutions, Bentley. Electronic document, http://archaeologydataservice. ac. uk/archives/view/amap2_eh_2011/, accessed May 24, 2013.

Merritt, Olivia, David Parham, and Douglas M. McElvogue

2007 *Enhancing Our Understanding of the Marine Historic Environment: Navigational Hazards Project Final Report for English Heritage*. Bournemouth University, Bournemouth.

Middleton, Angela, Karla Graham, and Sarah Paynter

2012 Additional Reburial Objects. In *HMS Colossus: Monitoring and Investigation* 2012, edited by Kevin Camidge, pp. 89 – 94. Report for

English Heritage.

Owen, Norman

1991 Hazardous 1990 – 91 Interim Report. *International Journal for Nautical Archaeology* 20: 4.

Oxley, Ian

1992 The Investigation of the Factors Which Affect the Preservation of Underwater Archaeological Sites. In *Underwater Archaeology Proceedings from the Society for Historical Archaeology Conference, Kingston, Jamaica*, edited by Donald H. Keith and Toni L. Carrell, pp. 105 – 110. Society for Historical Archaeology, Tucson.

1998 The In Situ Preservation of Underwater Sites. In *Preserving Archaeological Re-mains in Situ. Proceedings of the Conference of 01 – 03/04/96 at the Museum of London*, edited by Mike Corfield, Peter Hinton, Taryn Nixon, and Mark Pollard, pp. 159 – 173. Museum of London Archaeology Service and University of Bradford, Department of Archaeological Sciences, London.

2001a Towards the Integrated Management of Scotland's Cultural Heritage: Examining Historic Shipwrecks as Marine Environmental Resources. *World Archaeology* 32(3): 413 – 426.

2001b Towards a Sustainable Management Scheme for the La Surveillante Wreck Site. In I*ntegrated Marine Investigations on the Historic Shipwreck La Surveillante: A French Frigate lost in Bantry Bay, Ireland, January* 1797, edited by Colin Breen, pp. 103 – 117. Centre for Maritime Archaeology Monograph Series no. 1. University of Ulster, Coleraine.

2004 Advances in Research into the in Situ Management of Historic Shipwreck Sites. In *Preserving Archaeological Remains in Situ? Proceedings of the 2nd Conference, September 11－14, 2001*, edited by Taryn Nixon, pp. 72－78. Museum of London Archaeology Service, London.

2007 Making the Submerged Historic Environment Accessible—Beyond the National Heritage Act (2002). In *Managing the Marine Cultural Heritage: Defining, Accessing and Managing the Resource*, edited by Julie Satchell and Paola Palma, pp. 87－95. CBA Research Report 153. Council for British Archaeology, York.

Oxley, Ian, and David Gregory

2002 Site Management. In *International Handbook of Underwater Archaeology*, edited by Carol V. Ruppe and Jane F. Barstad, pp. 715－725. Plenum Series in Underwater Archaeology, Kluwer Academic-Plenum Publishers, New York.

Pater, Chris, and Ian Oxley

2014 Developing Marine Historic Environment Management Policy: The English Heritage Experience. Marine Policy. Special Issue 45: 342－348. Electronic document, http://www.sciencedirect.com/science/article/pii/S0308597×13002078, accessed February 12, 2014.

Plets, Ruth M.K., Justin K. Dix, Jon R. Adams, Jonathan M. Bull, Timothy J. Henstock, Martin Gutowski, and Angus I. Best

2009 The Use of a High-Resolution 3D Chirp Sub-Bottom Profiler for the Reconstruc-tion of the Shallow Water Archaeological Site of the *Grace Dieu* (1439), River Hamble, UK. *Journal of Archaeological Science* 36:

408 - 18.

Quinn, Rory, Jonathan R. Adams, Justin K. Dix, and Jonathan M. Bull

1998 The Invincible (1758) Site: An Integrated Geophysical Assessment. *International Journal of Nautical Archaeology* 27(2): 126 - 138.

Ransley, Jesse, Fraser Sturt, Justin Dix, Jon Adams, and Lucy Blue

2013 *People and the Sea: A Maritime Archaeological Research Agenda for England*. CBA Research Report 171. Council for British Archaeology, York.

Roberts, Paul, and Steve Trow

2002 *Taking to the Water: English Heritage's Initial Policy for the Management of Maritime Archaeology in England*. English Heritage, London. Electronic document, http://www.english-heritage.org.uk/publications/taking-to-the-water, accessed January 17, 2013.

UNESCO

2001 *Convention on the Protection of the Underwater Cultural Heritage*. UNESCO, Paris.

Wessex Archaeology

2007 *Wrecks on the Seabed R2: Assessment, Evaluation and Recording*. Report for English Heritage. Wessex Archaeology, Salisbury. Electronic document, http://archaeologydataservice.ac.uk/archives/view/wrecks_eh_2006, accessed May 24, 2013 (further information from http://www.wessexarch.co.uk/projects/marine/alsf/wrecks_seabed/index.html).

2008 *Wrecks Ecology 2007 - 08 Final Report*. Report for English Heritage. Wessex Archaeology, Salisbury. Electronic document, http://www.

wessexarch.co.uk/sys tem/files/57456_Wrecks%20Ecology_web.pdf, accessed February 12,2014.

## 第十章

C & C Technologies, Inc.

2005 Company Files Written by C & C Scientists and Technicians (Unpublished).

Church, Robert R., Daniel J. Warren, Roy Cullimore, Lori Johnston, Morgan Kilgour, James Moore, Nicole Morris, William Patterson, William Schroeder, and Thomas Shirley

2007 *Archaeological and Biological Analysis of World War II Shipwrecks in the Gulf of Mexico: Artificial Reef Effect in Deepwater*. OCS Study MMS 2007-015. U.S. Department of the Interior, Minerals Management Service, New Orleans, Louisiana.

International Marine Contractors Association (IMCA)

2009 Deep Water Acoustic Positioning. Electronic document, www.imca-int.com, accessed September 30,2014.

Vickery, Keith

1998 Acoustic Positioning Systems: A Practical Overview of Current Systems. Paper presented to the Marine Technology Dynamic Positioning Conference, Houston, Texas.

Warren, Daniel J., Robert R. Church, Roy Cullimore, and Lori Johnston

2004 *ROV Investigations of the DKM U-166 Shipwreck Site to Document the Archaeological and Biological Aspects of the Wreck Site: Final Performance Report*. U.S. Department of Commerce, National Oceanic and Atmospheric Administration, Office of Ocean Exploration, Silver Springs, Maryland.

## 第十一章

Best, Angus I., William Powrie, Toby Hayward, and Max Barton

2000 Geotechnical Investigation of the Titanic Wreck Site. *Marine Georesources and Geotechnology* 18(4): 315 – 331.

Brooks, James M., Charles Fisher, Erik Cordes, Lliana Baums, Bernie Bernard, Robert Church, Peter Etnoyer, Chris German, Elizabeth Goehring, Ian McDonald, Harry Roberts, Timothy M. Shank, Daniel Warren, Susan Welsh, and Gary Wolff

2012 *Deepwater Program. Exploration and Research of Northern Gulf of Mexico Deep-water Natural and Artificial Hard Bottom Habitats with Emphasis on Coral Communities: Reefs, Rigs and Wrecks—"Lophelia II."* Interim Report. OCS Study MMS 2012 – 106. U.S. Department of the Interior, Minerals Management Service, Gulf of Mexico OCS Region, New Orleans.

Church, Robert A., Daniel J. Warren, Andy W. Hill, and Johnathan S. Smith

2002 The Discovery of U – 166: Rewriting History with New Technology. *Proceedings of the 2002 Offshore Technology Conference*. Houston, Texas.

Church, Robert, Daniel J. Warren, Roy Cullimore, Lori Johnston, Morgan Kilgour, James Moore, Nicole Morris, William Patterson, William Schroeder, and Tom Shirley

2007 *Archaeological and Biological Analysis of World War II Shipwrecks in the Gulf of Mexico: Artificial Reef Effect in Deepwater*. OCS Study MMS

2007 - 015. U. S. Department of the Interior, Minerals Management Service, New Orleans.

Church, Robert A., Daniel J. Warren, and Jack B. Irion

2009　Analysis of Deepwater Shipwrecks in the Gulf of Mexico: Artificial Reef Effect of Six World War II Shipwrecks. *Oceanography* 22(2): 50 - 63.

Church, Robert A.

2014　Deep-Water Shipwreck Initial Site Formation: The Equation of Site Distribution. *Journal of Maritime Archaeology* 9(1): 27 - 40.

Garzke, William H., Robert O. Dulin, David K. Brown, and Kevin Prince

2000　Marine Forensics for Naval Architects and Marine Engineers. *Naval Engineers Journal* 112: 249 - 264.

Henderson, E. D.

1942　Summary of Statements by Survivors of the SS Robert E. Lee, *U. S. Cargo-Passenger Vessel*. August 13. Navy department, Office of the Chief of Naval Operations.

USS PC - 566

1942　Logs of the USS PC - 566, Attached to the Gulf Sea Frontier, 7th Naval District, July 30, 1942. National Archives and Records Administration, Washington, D. C.

Warren, Daniel, Robert Church, Roy Cullimore, and Lori Johnston

2004　*ROV Investigations of the DKM U - 166 Shipwreck Site to Document the Archaeological and Biological Aspects of the Wreck Site: Final Performance Report*. U. S. Department of Commerce, National Oceanic and Atmospheric Administration, Office of Ocean Exploration, Silver

Spring, Maryland.

## 第十二章

Bernier, Marc-André

2007 Site Formation Process and Break-Up of the 24M Vessel. In The Underwater Archaeology of Red Bay: Basque Shipbuilding and Whaling in the 16th Century, vol. 4, edited by Robert Grenier, Marc-Andre Bernier, and Willis Stevens, pp. 215 - 290. Parks Canada, Ottawa.

Brooks, James M., Charles Fisher, Erik Cordes, Lliana Baums, Bernie Bernard, Robert Church, Peter Etnoyer, Chris German, Elizabeth Goehring, Ian McDonald, Harry Roberts, Timothy M. Shank, Daniel Warren, Susan Welsh, and Gary Wolff

2012 *Deepwater Program: Exploration and Research of Northern Gulf of Mexico Deep-water Natural and Artificial Hard Bottom Habitats with Emphasis on Coral Communities: Reefs, Rigs and Wrecks—"Lophelia II."* Interim Report. OCS Study MMS 2012 - 106. U.S. Department of the Interior, Minerals Management Service, Gulf of Mexico OCS Region, New Orleans.

Church, Robert, Daniel J. Warren, Roy Cullimore, Lori Johnston, Morgan Kilgour, James Moore, Nicole Morris, William Patterson, William Schroeder, and Tom Shirley

2007 *Archaeological and Biological Analysis of World War II Shipwrecks in the Gulf of Mexico: Artificial Reef Effect in Deepwater*. OCS Study MMS 2007 - 015. U. S. De-partment of the Interior, Minerals Management Service, New Orleans.

Conlin, David L. (editor)

2005 *USS Housatonic*: *Site Assessment*. National Park Service, Submerged Resources Center, Naval Historical Center, and South Carolina Institute of Archaeology and Anthropology.

Conlin, David L., and Matthew A. Russell

2009 Site Formation Processes Once-Removed: Pushing the Boundaries of Interdisciplinary Maritime Archaeology. In *ACUA Underwater Archaeology Proceedings 2009*, *Toronto*, *Canada*, edited by Erika Laanela and Jonathan Moore, pp. 83 – 90. Advisory Council on Underwater Archaeology.

Gibbins, David

1990 Analytical Approaches in Maritime Archaeology: A Mediterranean Perspective. *Antiquity* 64: 376 – 89.

Lenihan, Daniel J. (editor)

1990 *Submerged Cultural Resources Study*: *USS Arizona Memorial and Pearl Harbor National Historic Landmark*. Southwest Cultural Resources Center Professional Papers no. 23. Santa Fe.

Martin, Colin

2011 *Wreck-Site Formation Processes*. *In Oxford Handbook of Maritime Archaeology*, edited by Alexis Catsambis, Ben Ford, and Donny Hamilton, pp. 47 – 67. Oxford University Press, New York.

Muckelroy, Keith

1978 *Maritime Archaeology*. Cambridge University Press, Cambridge.

Murphy, Larry E.

1997 Site Formation Processes. In *Encyclopedia of Underwater and Maritime*

*Archaeology*, edited by James P. Delgado, pp. 386 - 388. Yale University Press, New Haven.

Murphy, Larry E. (editor)

1998 *H. L. Hunley Site Assessment*. National Park Service, Submerged Resources Center, Naval Historical Center, and South Carolina Institute of Archaeology and Anthropology.

O'Shea, John M.

2002 The Archaeology of Scattered Wreck-Sites: Formation Processes and Shallow Water Archaeology in Western Lake Huron. *International Journal of Nautical Archaeology* 31: 211 - 227.

Stewart, David

1999 Formation Processes Affecting Submerged Archaeological Sites: An Overview. *Geoarchaeology: An International Journal* 14(6): 565 - 587.

# 索　引


**A**

阿德拉尔号　16

阿尔科·普里塔号　199,201,202

阿姆斯特丹号　99

埃雷利　141

爱琴海　129,133,137,138

安大略湖　9,13,28,32

**B**

拜占庭沉船　141

贝尔法斯特湾　66

贝特西号　16

宾夕法尼亚州印第安纳大学　8,13,28,34

波罗的海　77

伯恩茅斯大学　185

博德鲁姆　133,134,138

布里斯托尔市号　67

**C**

侧扫声呐　28,29,48,62,69,131,133,134,137,187,188,195,205,209

查尔斯顿港　25

查尔斯顿学院　8,13,28,34

差分全球定位系统　192

长基线　191－193,195－197

超短基线　191－193

潮流能　119

潮汐能　109,119,120

《沉船保护法》　181,183,190

沉船墓地　164,165

冲刷　9,18－20,25,27,32,33,36,38,43－45,48,51－54,57－59,61－72,110,119

冲刷特征　71

船舶监测卫星数据　136

船蛆　15,37,95－98
船蛆科　95
磁力仪　28,29,31,45,48,187,188

D

达特恰半岛　134
道格拉斯海滩　21
得克萨斯大学奥斯汀分校　46,56
地理信息系统　185,193
地貌过程　14,19,23,24,29,46
地球物理遥感　47
蒂贝里亚沉船　66
动力定位　112,114,115,124
多学科研究　213

E

俄克拉何马历史学会　27

F

放射性同位素分析　52－54,56
飞行器　187
风险管理　156,190
弗吉尼亚号　199,200
福伊尔湾　68,69

G

钢壳船　46,203－205
港口开发　109,123
搁浅　22,32,146,150－153,156－160,167,181
格尔彭彭号
格科瓦湾　140
古代沉船　128,132－134,136,138,139,141,143
古尔夫号　203
骨料提取　109,121
管道安装　111,124,125
光环号　199,200
硅藻　94
国际沉船监测网　141
国际古迹遗址理事会　142
国家海洋合作计划　205
国家文化遗产保护计划　189

H

哈达号　89
海平面上升　20,21,24
海笋蛤亚目　95
海洋保险　149,150,156
海洋沉船考古潜力区　185,186
海洋环境评估　179

海洋能源管理局　45,56,111,191,205,213
合金　74-76,79,81-85,92
黑海　3,9,77,129,137,138,141
黑河　9,30,31,33,34
黑河湾　28-30,32,33
黑色金属　82
亨利号　25,53,73,213
红河　9,25-28,32,33
胡萨托尼克号　25,53
皇家安妮号战船　182

J

加拿大公园管理局　7,213
甲烷　100
旧金山　167
飓风雨果　25
卷筒铺管船　124

K

壳牌　205,208
可再生能源　109,118,119,127
克尼多斯　138-141,143
克尼多斯沉船　143
跨学科研究　213,215

L

莱夫利号　89
雷德贝湾　2,7,213
利维可持续发展基金　184
联合国教科文组织　142,173
流态　48,52,58,66,67
硫酸盐还原　87,100
路易斯安那州立大学　46
罗伯特·李号　199,200,203-211
《罗德海法》　150

M

马尔马里斯　133,134,138,143
马蹄涡　59,60,65
玛丽·罗斯号　2,213
迈卡沉船　125,126
冒险号　180
美国国家公园管理局　5,7,213
美国国家海洋与大气管理局　195
墨西哥湾　1,10,18,22,35,36,40,43,45,46,53,54,111,112,114,115,124,125,135,191,195,199,204-206

N

南安普敦大学　9,57,186
凝结物　78,79,81-85,87,92

女英雄号 25-28,32-34

## P

普丽西拉号 22

## Q

潜艇 73,177,195,198,203-206,210,211
浅地层剖面仪 28,29,48,205
侵蚀 14,16-24,26-28,30,33,36,38,39,44,45,47,53,54,57-59,61,66,91,97,98,101-105,110,176,180-182
侵蚀细菌 102-105
丘克环礁 76
缺氧水域 128,138

## R

RPM航海基金会 133
R.W.加拉格尔号 48-50
溶解氧 15,36,37,75,76,78,82,90,96,98,99,103,179
软腐 102,103,105

## S

萨基茨港 28,29,34
扫描电镜
深海沉船项目 191,194,195,199-202
声学定位 191,192,195,199-202
声学多普勒海流剖面仪 48
圣乔治岛 22,32
石墨化 81,82
水下文化遗址
斯特勒威根海岸国家海洋保护区 135,143
斯特灵城堡号 37,43
斯特皮号 68,69
斯托尔斯港
碎片分布模型 205
隧道细菌 102,103,105

## T

泰坦尼克号 77,204
探地雷达 31,34
特伦斯湾 4
天鹅号 16
托莱多城市服务号 48,49,51

## W

威塞克斯考古学会 187
微生物 6,37,93,94,99-102,176,

184,204
微藻 94
尾涡 59,60,63-65
文化遗址形成过程 145,146,148,166-168
文化资源管理 4,111
无敌号 16
五大湖区历史协会 8,13,28,34

## X

西澳大利亚博物馆 73,82
西佛罗里达大学 46
希尔兹参数 59
锡诺普 137,141
溪谷号 22
系泊 30,109,110,120,126,159,164,165
幸存者 145,153,156
休伦湖 76
旋涡 59,60,63,64

## Y

亚得里亚海 133
亚利桑那号 7,213
厌氧细菌 61,77,79,82
氧化还原 99,179
氧同位素分析 86
伊丽莎白夫人号 83
遗产管理 2,5,7,8,10,13,45,55,169,171,173,174,184-189,212,215,294
遗址分布方程 203,204,206,211
遗址劣化模型 6
遗址形成理论 2,58,171,172,189
溢出 143,144
英格兰遗产委员会 1,10,171-174,176-178,180,182-185,189,190
英国海洋骨料生产商协会 121,122
英国皇家海军福克斯号 22,32
英国皇家海军巨人号 178,181
英国皇家海军潘多拉号 60
英国皇家海军胜利号 136
英国皇家海军天狼星号 90,91
英国考古潜水处 5
英国水文局 66,187
英吉利海峡 64,135,136,186
尤斯特龙图解 16,17
油气开发 126,197
有色金属 82,85,92
原生动物 94
约克镇 16

## Z

障壁岛　21,22,36

中程理论　14

蛀木水虱　15,98,105,106

子囊菌　102

自然形成过程　4,13

自升式钻井平台　112－114

自治式潜水器　111,205

钻机　112,117

钻井泥浆　115,116

钻井液　115－117

钻屑　115－117

# 译后记

全面地理解考古遗址不仅是了解遗址的遗迹遗物，还必须了解遗址形成后数百上千甚至万年的埋藏过程中被哪些因素扰动过，最终形成了今天考古学家调查或发掘时观察到的状态。沉船是水下考古的重要对象，因其被认为保留了船舶沉没时的状态而称为历史研究的“时间胶囊”，备受考古学家重视。

事实上，我们在开展水下考古调查时，会发现部分散落在沉船遗址裸露船体旁的遗物，比如在清晚期沉船遗址里发现了元明时期的完整瓷器，这些早期遗物是否在清晚期船舶沉没时就存在了？这种在陆地遗址中司空见惯的现象出现在水下遗址中时，就需要谨慎地解释。正如我们会思考是哪些因素影响了陆地遗址，同样地，我们也想知道是什么影响着水下沉船遗址的形成。

出于这样的想法，在选择“水下考古译丛”的目标图书时，执行主编翟杨研究员提出应该将国外在水下遗址埋藏学或遗址形成过程研究方面的著作译成中文，丰富我们在此方面的认识。幸运的是，我们很快就找到了这么一部专题论著。但是它有一个明显的“缺点”，即该书是2016年出版的，要知道购入此书版权是2018年，一部新出版著作未经过时间检验其学术地位，与此同时，购入版权、翻译、出版等一系列的动作需要投入大量的公共资源，这一切是不是值得？权衡的结果是当年我们购入了此书的版权，并立即启动了翻译工作。

翻译的过程不断肯定了我们选择的正确性。本书详细地阐述了可能影响沉船遗址的各种因素，大体上可以分为自然和文化两类，读者翻看一下目录便能迅速地了解。这本新出版的专著的确从多个角度相当全面地解读了水下沉船遗址现状的成因，其中一些视角是我们以往没有关注过的。此外，书中还列举了水下遗址形成研究的应用，比如帮助政府制定水下遗址管理策略、协助研究人员从更多角度分析和验证已有研究成果等。

翻译本书是个愉快且痛苦的过程。愉快的是能够深入了解原书作者的想法，同时提升或检验译者的已有认知；痛苦的是学术翻译似乎并不是读懂原文就可以用母语准确地表达出来。在翻译过程中，国家文物局考古研究中心朱砚山先生、宁波市文化遗产管理研究院金涛博士、交通运输部上海打捞局张杰先生等都热心帮助译者确认专有名词和术语的中文译法。译稿完成后，华东师范大学河口海岸学国家重点实验室王张华教授、国家文物局考古研究中心席光兰博士、复旦大学文物与博物馆学系曹小燕博士、上海大学文学院杨谦博士等分别认真校对了本书的全部或部分章节内容。在此表示衷心的感谢！

此外，还要感谢上海交通大学出版社科技分社社长钱方针和编辑陈琳女士，她们为“水下考古译丛”和本书的编辑出版付出良多。

最后，希望本书的出版有助于我们的同行或有兴趣的读者更好地了解水下沉船遗址。

赵　荦

2021年9月25日

记于上海·松江